arucco
あなたのプチぼう〔けん〕
ミニ情報をいっぱい〔つめこみました〕

どの
ぼうけんに
しようかな？

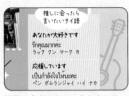

地元の人とのちょっとしたコミュニケーションや、とっさに役立つひとこと会話を、各シーンにおりこみました☆

知っておくと理解が深まる情報、アドバイス etc. をわかりやすくカンタンにまとめてあります☆

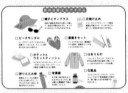

女子ならではの旅アイテムや、トラブル回避のための情報もしっかりカバー☆

右ページのはみだしには編集部から、左ページのはみだしには旅好き女子のみなさんからのクチコミネタを掲載しています☆

パワースポットでタムブン

TOTAL
0.5時間〜

オススメ時間	8:00〜16:00
予算	600B〜

💡 バンコクから離れたスポットもワット・パクナーム、エーラーワンの祠、プラ・トリムールティはBTSを使って行ける。ワット・サマーン・ラタナラームはバンコクから離れているため、移動に時間がかかる。半日はみておこう。

プチぼうけんプランには、予算や所要時間の目安、アドバイスなどをわかりやすくまとめています☆

■発行後の情報の更新と訂正について
発行後に変更された掲載情報は、『地球の歩き方』ホームページ「更新・訂正情報」で可能なかぎり案内しています
（ホテル、レストラン料金の変更などは除く）。
ご旅行の前にお役立てください。
URL www.arukikata.co.jp/travel-support/

物件データのマーク ─────

- 🏠……住所、立地
- 📞……電話番号
- FAX……ファクス番号
- 🗾……日本での問い合わせ先
- Free……フリーダイヤル（日本）
- 🕐……営業時間、開館時間
- 🈳……休日（祝日は省略）
- 🈶……料金（入場料、予算など）
- Card…クレジットカード
  A：アメリカン・エキスプレス、
  D：ダイナース、J：JCB、
  M：マスターカード、V：Visa

- 予……予約の必要性
- ⚓……ドレスコード
- 🈁……日本語メニューあり
- 英……英語メニューあり
- (((日))) ……日本語会話OK
- (((英))) ……英語会話OK
- 室……客室数
- 交……交通アクセス
- URL……URL
- ⓞ……Instagram
- ✉……e-Mail アドレス

別冊MAPのおもなマーク ─────

- ⬤……見どころ、観光スポット
- Ⓡ……レストラン、食堂
- Ⓒ……カフェ

- Ⓢ……ショップ
- Ⓑ……ビューティスポット、マッサージ
- Ⓗ……ホテル

本書のデータは、2023年2〜6月の取材に基づいていますが、ご旅行の際は必ず現地で最新情報をご確認ください。また掲載情報による損失などの責任を弊社は負いかねますので予めご了承ください。

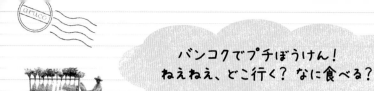

バンコクでプチぼうけん！
ねえねえ、どこ行く？ なに食べる？

観光にグルメにお買い物、マッサージ。

うーん、やりたいことはキリがない！

ココ行っておけばよかった、

あれ食べとけばよかった……。

そんな後悔をしないように、

ピピッときたものにはハナマル印をつけておいて！

バンコクには
「おいしい、かわいい、
オモシロい」がいっぱい！
Happyさがしの
旅へGO！

4

バンコク通への最短コース！これはゼッタイ見たい！やりたい！

みんな大好きマムアンちゃんの
最新ショップをチェック☆
P.18

もう見た？まだ見てない？
タイドラマの聖地へ！
P.24

バンコクは SNS 映えカフェが急増中！
今日はどのカフェへ行く？
P.30

ローカルに人気の夜の過ごし方
ナイトマーケットも進化中です★
P.44

キラキラが止まらない！
最新のルーフトップバーへ
P.48

最新スポットも
しっかりチェック
しましょ♪

円安＆物価高もマイペンライ！
屋台ごはんはココで食べよう
P.54

バンコクから日帰りできちゃう
ビーチリゾート「ラーン島」へGO！
P.58

コレを食べなきゃ帰れない！ アロイ マーク（とってもおいしい）なタイごはん

トムヤム・クンにガパオライス
絶対ハズせないタイ料理はコレ！

P.76 →

ウワサのローカル食堂で
安うま名物タイ料理を食べ比べ！

P.84 →

ハイハイ、
ダイエットは
帰国してから

今日も明日も麺が食べたい！
イケ麺さんいらっしゃ〜い★

P.88 →

女子ひとり旅の強い味方！
フードコートへ行こう

P.92 →

Cheevit
cheeva

インスタ映えも狙える！
おしゃれローカルカフェ案内

P.96 →

デザートは別腹です！
甘くておいしいマンゴーはいかが？

P.98 →

スパ、マッサージ天国バンコクで、
ココロもカラダも癒やされよう☆

予算別にご紹介♪
クチコミで評判のスパでキレイに **P.108 →**

800年の歴史をもつ伝統医療
タイ古式マッサージの人気店 **P.112 →**

今、日本でも話題！
タイのプチプラコスメをチェック **P.116 →**

アレもコレも！　欲しいモノがありすぎて困っちゃう！

世界中から宝石が集まる！
JTC でトレジャーハンティング♪ **P.123 →**

今が買いドキ
バンコクです

週末のみオープンする
東南アジア最大級のマーケットへ **P.124 →**

ぜ〜んぶ欲しい♥
ゾウ&タイ文字グッズ **P.130 →**

ICONSIAM は行った？
ショッピングセンター攻略法！ **P.132 →**

Contents

便利だね!

巻末　"取りはずせる"別冊MAP

ざっくり知りたいバンコク基本情報

これだけ
知っておけば
安心だね

お金のコト

通貨・レート **1B＝約4.1円**（2023年7月30日現在）
タイの通貨単位はB（バーツ、Baht、THB）

両替 両替は両替所が便利

バンコクの中心部には両替所や銀行が多数あり、すべて日本円OK。レートも必ず掲示されている。公認両替商は、店によっては銀行よりレートがいい。日本で両替するとレートが悪いので、両替するなら最低限にしておこう。国際ブランドのクレジットカードがあれば、現地ATMでのキャッシングも可能（手数料と金利に留意を）。

チップ 場所により必要

ホテルやレストラン、スパ、マッサージ店では払ったほうがスマート。食堂やタクシーは不要。

チップについて詳細はP.185をチェック！

物価 日本の3分の2程度

（例：🧴(500mℓ)=6〜12B、🚕=初乗り35B）

お金について詳細はP.184をチェック！

交通費は日本の1/3から1/2とかなり安い。デパートに並ぶ服や靴などのファッションアイテムは、日本とあまり変わらない

ベストシーズン 11月〜2月上旬

バンコクの年間平均最高気温は31〜36℃。季節は大きく雨季（5月中旬〜10月中旬）、乾季（10月中旬〜2月中旬）、暑季（2月中旬〜5月中旬）に分けられる。ベストシーズンは気温が下がる乾季。雨季も雨が1日中降り続くことはないが、短時間に大雨が降り、道路が冠水して数時間身動きが取れなくなることがある。

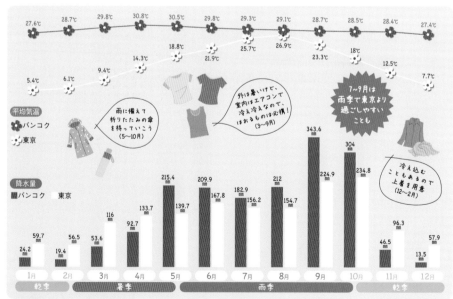

平均気温
🌸バンコク
🌼東京

降水量
■バンコク □東京

雨に備えて折りたたみの傘を持っていこう（5〜10月）

外は暑いけど、室内はエアコンで冷え冷えなので、はおるものは必携！（3〜9月）

7〜9月は雨季で東京より過ごしやすいことも

冷え込むこともあるので上着を用意（12〜2月）

	1月	2月	3月	4月	5月	6月	7月	8月	9月	10月	11月	12月
バンコク最高気温	27.6℃	28.7℃	29.8℃	30.8℃	30.5℃	29.8℃	29.3℃	29.1℃	28.7℃	28.5℃	28.4℃	27.4℃
東京平均気温	5.4℃	6.1℃	9.4℃	14.3℃	18.8℃	21.9℃	25.7℃	26.9℃	23.3℃	18℃	12.5℃	7.7℃
バンコク降水量	24.2	19.4	53.6	92.7	215.4	209.9	182.9	212	343.6	304	46.5	13.5
東京降水量	59.7	56.5	116	133.7	139.7	167.8	156.2	154.7	224.9	234.8	96.3	57.9

乾季	暑季	雨季	乾季

データ：気象庁 世界の天候（平年値）

日本からの 飛行時間

約**4**時間**30**分〜**6**時間

成田／羽田／中部／関西／札幌
⇒バンコク＝6時間
福岡⇒バンコク＝5時間20分
那覇⇒バンコク＝4時間30分

ビザ

30日以内の 観光は必要なし

（入国から30日以内に出国の予約済み航空券および1人1万B、家族で2万B相当の現金を持っている場合）
パスポート残存有効期間＝
タイ入国時に6ヵ月以上必要。

時差

−**2**時間（サマータイムはない）

日本	8	9	10	11	12	13	14	15	16	17	18	19	20	21	22	23	0	1	2	3	4	5	6	7
バンコク	6	7	8	9	10	11	12	13	14	15	16	17	18	19	20	21	22	23	0	1	2	3	4	5

言語

タイ語

公用語はタイ語。英語は外国人向けのホテルやレストランなどである程度通じる。タクシーやマーケット、庶民的な食堂ではほとんど通じない。

交通手段

BTS＆MRTが便利

詳細はP.179〜182 ➡

2023〜24年の祝祭日

タイでは太陽暦と仏暦が併用されている

1月1日	元日
3月6日	★マーカブーチャー（万仏節）※〈2024年は2月24日〉
4月6日	チャクリー王朝記念日
4月13〜15日	ソンクラーン（タイ正月）[地域によって多少異なる]
5月1日	レイバーデー（一般企業のみ休み）
5月4日	戴冠記念日
5月17日	プートモンコン（農耕祭。官公庁のみ休み）
6月3日	スティダー王妃誕生日
6月3日	★ウィサーカブーチャー（仏誕節）※〈2024年は5月22日〉
7月28日	ワチラーロンコーン国王（ラーマ10世）誕生日
8月1日	★アーサーンハブーチャー（三宝節）※〈2024年は7月20日〉
8月2日	★カオ・パンサー（入安居）※〈2024年は7月21日〉
8月12日	シリキット皇太后誕生日
10月13日	ラーマ9世記念日
10月23日	チュラーロンコーン大王記念日
10月29日	★オーク・パンサー（出安居）※祝日ではないが禁酒日〈2024年は10月18日〉
12月5日	ラーマ9世誕生日
12月10日	憲法記念日
12月31日	大みそか

ふ〜んしらなかったなぁ

タイの暦について

タイでは、公文書やカレンダーには仏暦が使われている。仏暦は西暦に543を足したもので、西暦2023年はタイ暦で2566年。食品の賞味期限に「15-12-66」とあれば2023年の12月15日まで大丈夫なので、安心して購入しよう。

アルコールの販売制限

タイでは毎日11:00〜14:00と17:00〜24:00のみ酒類の販売可。販売不可の時間帯は、酒類を出さない飲食店もある。また仏教関係の祝日（左の表内※印）と、選挙の前日18:00〜当日18:00は酒類の販売および飲食店での提供が禁止されているので注意。

VATの還付について

タイではほとんどの商品にVAT（付加価値税）7%が課されている。「VAT REFUND FOR TOURISTS」の表示のある店で、1店舗で同日に2000B以上の買い物をした際は、スタッフに還付手続きを申し出よう。空港での手続きはP.176参照。

★は毎年日にちが変わる。祝祭日が土・日曜と重なった場合、月曜が振替休日となる。※印は禁酒日。

バンコクの詳しいトラベルインフォメーションは、P.171〜をチェック！

3分でわかる！
バンコクかんたんエリアナビ

到着！

Thailand
バンコク

バンコクの面積は東京都の70%程度とけっこう広い。
でも観光客が訪れるエリアは意外にコンパクトで、
渋滞がなければタクシーで30分もあれば移動できてしまう。
大きくは、王宮などがある旧市街（A〜D）と、
ビジネスの中心である新市街（E〜I）、郊外（J〜K）に分けられる。

バンコク三大寺院がある観光の中心

A 王宮周辺
Grand Palace
`旧市街`

かつての行政地区で、バンコクの街はこのエリアから始まった。王宮や重要な寺院が立ち並び、周辺は昔ながらの町並みが広がっている。見どころを観光したあとは、街を散策するのがおすすめ。

王宮とワット・プラケオ →P.156

必見の寺院だよ

ワット・アルン → P.160　　ワット・ポー → P.158

I ♥ Bangkok

N

0　　1km

カオサン通り周辺
Khao San Rd.

王宮周辺
Grand Palace

B

サヤーム・スクエア周辺
Siam Square

進化したバックパッカーの聖地

B カオサン通り周辺
Khao San Rd.
`旧市街`

1980年代に安宿、旅行会社、飲食店が急増し、バックパッカーの聖地となった通り。雑然とした雰囲気はそのままに、地元の若者からは夜遊びスポットとして注目を集める。

カオサン通り → P.151

A

C

I

パワフルな中華街

C チャイナタウン周辺
China Town
`旧市街`

華人が多く暮らすエリアで、漢字の看板が並び、同じ旧市街でも少し違った装いを見せる。ローカル市場も多く、雑多な雰囲気。フカヒレやツバメの巣などの高級食材を手頃に食べられる。

チャイナタウン周辺
China Town

E

チャルーン・クルン通り周辺
Charoen Krung Rd.

D

チャイナタウン→P.152

チャオプラヤー川沿いの旧市街

D チャルーン・クルン通り周辺
Charoen Krung Rd.
`旧市街`

川沿いに開けた昔ながらのビジネス街。現在はリバービューの高級ホテルが立ち並び、新しい商業施設アイコンサヤームや、ナイトマーケットのアジアティークがある。

アジアティーク・ザ・リバーフロント → P.46

K パホンヨーティン通り周辺
ローカル向けののんびりしたエリア
Phahonyothin Rd.

郊外

週末のみ開かれるウイークエンド・マーケットをはじめ、ローカル向けのスポットが点在する。中級以下のホテルも多い。

チトゥチャック・
ウイークエンド・マーケット → P.124

J ラチャダーピセーク通り周辺
新スポットが続々オープン
Ratchadaphisek Rd.
郊外

ローカル向けのショッピングセンターや最近人気のナイトマーケットがあるエリア。一部の高級ホテルもこのエリアにオープンしている。

パホンヨーティン通り
周辺
Phahonyothin Rd.

ラチャダーピセーク通り
周辺
Ratchadaphisek Rd.

プラトゥーナーム周辺
Talat Pratunam

トンロー＆
エカマイ通り周辺
Soi Thong Lo & Soi Ekkamai

シーロム通り
周辺
Silom Rd.

スクムウィット通り
周辺
Sukhumvit Rd.

コープクンカ

I サヤーム・スクエア周辺
バンコクの渋谷的存在
Siam Square
新市街

チュラーロン
コーン大学 → P.52

サヤーム・スクエアは、小さなショップが立ち並び、若者が多く集まるエリア。BTSサヤーム駅前にはショッピングセンターも密集し、ショッピングもグルメもよりどりみどり。

サヤーム・
センター → P.144

H スクムウィット通り周辺
高級住宅地であり商業の中心
Sukhumvit Rd.
新市街

ターミナル → P.133
21

タイの中間層や外国人が多く暮らすエリア。BTSの駅前を中心にハイセンスなレストランやカフェ、ショッピングセンター、スパなどが続々とオープンしており、常に目が離せない。

スクムウィット → P.146
通り

G プラトゥーナーム周辺
衣料品を扱う市場がある
Talat Pratunam
新市街

チットロム駅から北上しセーンセーブ運河を越えた一帯。2022年にプラトゥーナーム交差点に面したチャルームラープ市場は再開発で取り壊され、商業施設やホテルに生まれ変わる予定。

プラティナム・
ファッションモール → P.122

F トンロー＆エカマイ通り周辺
最先端おしゃれエリア
Soi Thong Lo & Soi Ekkamai
新市街

トンロー＆
エカマイ通り → P.148

スクムウィット通りの東側のソイ（路地）、トンロー通りとエカマイ通り周辺には、おしゃれなレストランやカフェ、ナイトスポットが点在。最新スポットはさらに郊外にも急増中。

E シーロム通り周辺
オフィスビルが立ち並ぶ
Silom Rd.
新市街

バンコクの丸の内とも呼べるオフィス街。ランチタイムには会社員が財布片手に屋台やレストランに繰り出す様子が見られる。一大歓楽街、パッポン通りがあるのもこのエリア。

シーロム通り → P.142

13

世界を飛び回る、大人気のタイの俳優 4人をキャッチ！

Bright & Win & Dew & Nani

世界で大ブームとなっているタイドラマ。ストーリーのおもしろさはもちろん、俳優の高い演技力、歌唱力、ビジュアルが話題となり、放送後はTwitter世界トレンド1位になったり、日本でもハマる人が続出。なかでもタイ版『花より男子』の『F4 Thailand／BOYS OVER FLOWERS』に出演したBright、Win、Dew、Naniは、2023年7月時点でインスタグラムのフォロワー数合計4300万人以上と大人気。ファンミーティング（※）で来日した4人に、パフォーマンスや旅、タイの魅力について地球の歩き方arucoが直撃しました！

inside story こぼれ話

Brightはタイ、Winは日本を指さし、地球儀を中心にして並ぶ4人。みんなで「なんか企業の記念式典の写真を撮っているみたい！」「新しくできた鉄道路線の開通式に出ているようじゃない？」と言い始め、撮影を中断するほど4人で大笑い。その後、一瞬できりっと美しい表情に戻り、撮影モードに！

Brightが持つ地球儀をみんなで眺めながら「ここは中国で、ここは……」と世界各国の話を始めると止まらない仲のよい4人。「せーの」で指さした場所を「ここはエジプト！」と言い合ったり、筆者が持参した『地球の歩き方』をTravel Guidebookと伝えると「あ～！」と言って4人で読み込んだり……旅や世界に興味津々ということが伝わってきました。

※2023年3月に行われた「Shooting Star Asia Tour in JAPAN」

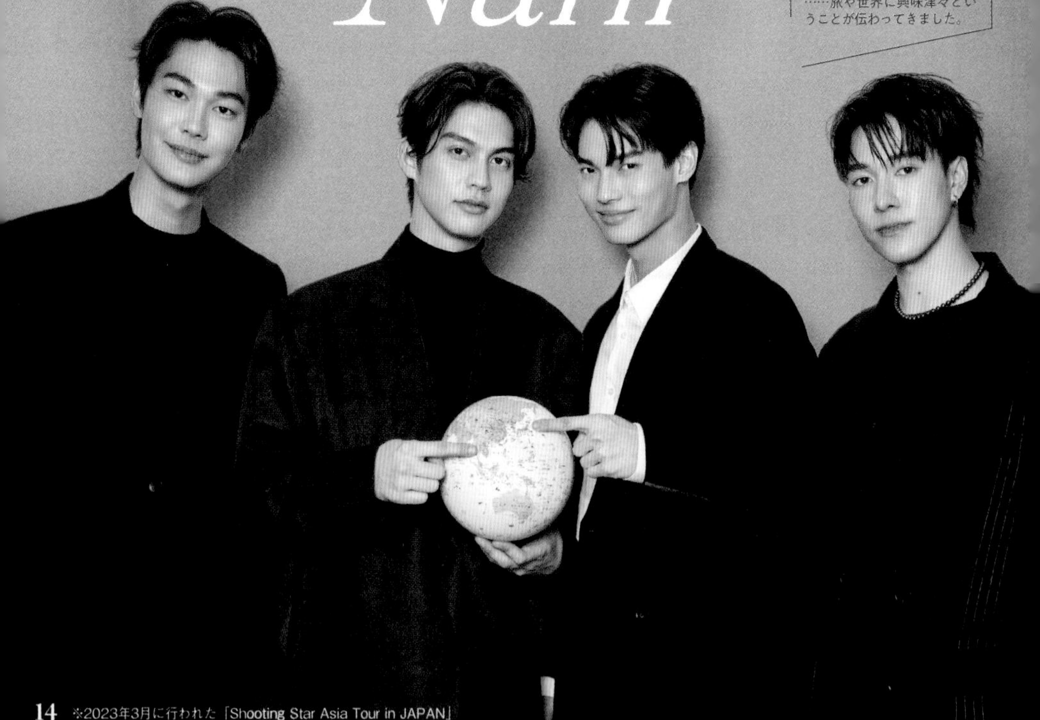

Q 今回の来日イベントで、いちばん楽しみなのはどういったところですか?

Bright/何より楽しみなのはファンのみなさんに会えること(即答)。前回のイベント(※)でたくさんの方に会えて感動したので、今回も気持ちが高ぶっています。

Win/僕も同じで、日本のファンのみなさんに会いに戻ってくることができて、もうとってもうれしいです!

Nani/さらに楽しみなのは前回できなかった声出しができること。日本のみなさんからたくさんのパワーをもらえると期待しています。

Dew/僕もものすごくワクワクしていて……日本のファンに再会できて、しかも声が聞ける……。幸せな時間になるはずです。
※2022年8月横浜で行われた「GMMTV FAN FEST 2022」

Q みなさんそれぞれ、パフォーマンスのどの部分に注目してほしいですか?

Bright/特に注目してほしいのは歌です。日本のために用意してきたショーがあり、それを早く見てもらいたいととにかくワクワクしています。

Win/僕も歌! 日本のファンの方のために自ら選んだ曲があって……その曲は喜んでいただけるかなと思っています。

Nani/ほかの国ではやっていない演目を予定していて、そのためにいろいろと準備を重ねてきました。ぜひ見てほしいです。

Dew/歌はもちろんですが、トークやゲームなど、ファンのみなさんとやりとりを通じて、お互いをより知ることができるのではないかと思っています。

Q 日本でのイベントの内容は、どのように考えたのですか?

Bright/個人で歌うソロパートを自分たちでまず決めてきて、4人でやること、歌う内容については、みんなで直接会ってアイデアを出し合いながら考えました。

Q 世界を飛び回るみなさんの「旅の必須アイテム」を教えてください。

Bright/僕の場合は、フィルムカメラ。常に新しい景色、すてきなスポットを探していて、撮った写真を友達に見せたくて……。常に持ち歩いています。

Win/旅先でも、どこに行っても、スマートフォンとお財布のふたつだけは欠かせないです!

Nani/僕もスマートフォンとお財布だけは絶対必要(笑)!

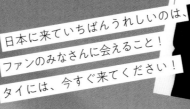

日本に来ていちばんうれしいのは、ファンのみなさんに会えること!
タイには、今すぐ来てください!

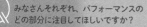

Bright

ブライト
Vachirawit Chivaaree／1997年12月27日 ナコーン・パトム出身。2020年ドラマ「2gether the series」で主演を務め、大ブレイク

Win

ウィン
Metawin Opas-iamkajorn／1999年2月21日 バンコク出身。2020年、Brightとともにドラマ「2gether the series」で主演。タイン役でデビュー

Dew

デュー
Jirawat Sutivanichsak／2000年10月30日 バンコク出身。2021年、「F4 Thailand／BOYS OVER FLOWERS」のレン役でドラマデビュー

Nani

ナニ
Hirunkit Changkham／1997年10月30日 チェンマイ出身。2021年、「F4 Thailand／BOYS OVER FLOWERS」のM.役でドラマデビュー

Dew/イヤホンです。移動中、音楽を聴きながら、外の景色を眺めるのが好きなんです。あ、「この3人と一緒だとうるさいから耳をふさぎたい」ということではないですよ!(一同、爆笑)

Q タイでおすすめの観光スポットや旅のテーマを教えてください

Bright/海、山、森、何でも揃っているプーケットがおすすめです。寺院からムエタイのスタジアムまであって、タイの文化が全部楽しめると思います。

Win/タイでしか味わえないスイーツがたくさんあるので試してほしいです。特におすすめなのが「SOURI」(自身がCEOを務めるパティスリー)です(笑)。

Nani/日本の焼肉もおいしいですが、タイもムーガタという鍋と焼肉を合わせたような豚の焼肉があって、とってもおいしいので、ぜひ試してほしいです。

Dew/タイというと海のイメージが強いかもしれませんが、美しい山も多くて、僕は山が大好き。北部のプー・タップ・ブークという山がおすすめ。

Q タイに行くaruco読者にメッセージを!

Bright/タイは料理がおいしくて、海がきれい! さらに古式マッサージもおすすめので、必須はムエタイ観戦! タイのユニークさを楽しんでほしいです。

Win/魅力が詰まったタイ。すぐに来て、そして何より安全に旅行してほしいと願っています!

Dew/タイには、今すぐ、いつでも、何回でも来てください! タイは何を食べてもおいしいですが、僕は特に辛い料理が好き。ぜひチャレンジを。

Nani/ロケット祭りなどのお祭りや影絵劇も楽しいですし、チェンマイのラーンナー文化など地域によって文化にも違いがあるので、いろいろな場所を訪問してほしいです。

How to watch

タイドラマはさまざまなプラットフォームで視聴できる。もちろん日本向けの配信サイトでも視聴可能で、例えばTELASA(テラサ)は話題のタイドラマ&バラエティを見放題で配信しているので、初心者におすすめ。またテレビ朝日の泰流コンテンツサイトやSNSでは、イベント情報なども定期的に配信されているのでチェックしてみよう。
TELASA [URL]telasa.jp
テレビ朝日の泰流コンテンツ [URL]www.tv-asahi.co.jp/gmmtvasahi

撮影：本多晃子
衣装：Raweenoun Apaiponchan
タイ語通訳：ゴーウェル株式会社(細田明子)、上村万里子

aruco バンコク 最旬 TOPICS

INFORMATION

空路での入国の場合 入国カードが廃止になった！

2022年7月2日より、空路で入国する際の入国カードおよび出国カードが廃止になった。陸路・海路の入国の際には引き続き必要。タイ国政府は時限的なものと発表したが、再開期は未定、完全廃止になる可能性もある。

機内で入国カードは配布されないよ

渋滞知らずでラクラク移動

ドーン・ムアン国際空港から市内の高架鉄道SRTダークレッドラインがつながった！

2021年11月、SRTダークレッドライン（タニーラタヤライン）が開通。ドーン・ムアン国際空港から所要16分でクルンテープ・アピワット中央駅にアクセスできるようになった。

2023年1月に正式開業！ クルンテープ・アピワット中央駅

2021年より一部運用をスタートしたバンコクの新ターミナル駅「バーン・スー中央駅」が、「クルンテープ・アピワット中央駅（Krung Thep Aphiwat Central Terminal）」として2023年に正式開業。おもに地方への長距離列車が発着している。

新ターミナル駅が誕生！

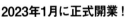

↑旧ターミナル駅フアラムポーン駅は近距離線で運用

便利になってうれしい！

P.181で「Grab」を紹介。新規参入の「Bolt（ボルト）」もある

タクシー＆トゥクトゥクも！ みんなが使っている 配車アプリって？

バンコクのタクシーが配車アプリ（→P.181）の登場で利用しやすくなった。乗車拒否や不当に高額請求されることなく、タイ語ができなくても問題ない。2018年にはEVトゥクトゥクの配車アプリ（→P.28）も運用を開始。

MRTやBTSがどんどん延伸！ 郊外へのアクセスが便利になった

1999年開業の高架鉄道BTSと、2004年開業の地下鉄MRTは、現在も延伸工事と新路線の建設工事が進められている。2019年にMRTが旧市街の王宮やチャイナタウンまで延伸したので、旅行者も観光がしやすくなった。

MRTの一部は地上を走る

↑MRTの改札機はタッチ決済可能なVISAとマスターカードで、そのまま入場できるようになった

二次元コードなど キャッシュレス 決済が増えています

日本と同様にタイも非接触型決済が普及。屋台や市場でも二次元コード決済ができるようになったが、もちろん日本のものは使えない。おすすめはBTSのラビットカード。チャージをしておけばフードコードなどでタッチ決済ができる。

ラビットカードの詳細はP.179

バンコクの街はコロナを経て大きく変わった。気になる最新情報をアップデート！

SIGHTSEEING

バンコクっ子はSNSが大好き！はやりの映えスポットへ行こう♪

スマートフォンとSNS普及率は日本以上と言われるタイ。タイ人はインスタグラムなどのSNSに、自撮り写真をアップするのが大好きで、人物入りの写真がおしゃれに撮れる場所が人気。最近話題になっているエリアはこちら！

アーリー ARI
↑もともと高級住宅街だったアーリーはおしゃれカフェ巡りが楽しい。トンヨイ・カフェ（→P.30）

トンヨイ・カフェは花がテーマ

サムヤーン SAMYAN
↓2019年開業の商業施設「サムヤーン・ミットタウン Map 別冊 P9-C1」とMRTの駅をつなぐトンネル

写真を撮りに来る人が多い

タラート・ノーイ TALAT NOI
↑古いエリアにおしゃれなカフェやストリートアートが点在。シチズン・ティー・キャンティーン（→P.33）

ソイ・ナーナー SOI NANA
→旧市街の小さな路地に、ギャラリーやバーが続々オープン。ウォールフラワーズ・カフェ（→P.32）

NIGHTMARKET

2023年4月オープン！ジョッド・フェアズ・デーンネラミット

今バンコクで一番人気のナイトマーケット「ジョッド・フェアズ（→P.44）」が新たなナイトマーケットをオープン！遊園地の跡地を利用しており、その名残のお城やクラシックカーの展示がライトアップされ雰囲気は抜群。

お城があるよ

人気のソフトクリーム

ジョッド・フェアズ・デーンネラミット
Jodd Fairs DanNeramit
Map 別冊 P.3-C1外 バンコク郊外

🏠RHC7+4WM, Phahonyothin Rd.
☎09-2713-5599 🕐16:00～24:00
無休 BTS Ha Yeak Lat Phrao駅④
出口から徒歩6分 @jodd_fairs

トレンドのグルメがいっぱい

1. 飲食店が7割、ショップが3割程度 2. 地面はきれいに舗装されており、通路も広々としているので歩きやすい 3. ここにも人気のレンセープの店がある

CAFE

みんな大好き♡
マムアンちゃんに
会えるカフェがオープン

↑テイクアウト用のボックス　→雑貨販売もある

カオサン通りの徒歩圏内の場所に2020年12月にオープン。マムアンちゃんの作者タムくんの友人が経営するカフェで、作品ファンにはたまらないメニューがずらり。隣にはタムくん本人が経営する雑貨ショップがある。

容器は持ち帰りOK

マムアンちゃん
漫画家ウィスット・ポンニミット（通称タムくん）の描く漫画の主人公。マムアン（マンゴー）ヘアがかわいい

1. マンゴー・パッション・フルーツソーダ140B　2. ブルーレモン、サクラ各45B、ココナッツ・クランブル55Bなど　3. 食パン120B　4. 畳の小上がりがある

マムアンちゃんがいっぱい♡

1. アイスキャンディー100B　2. ベビーカステラ110B　3. 店内にはタムくん選曲の音楽が流れる　4. マナオくんのクッキーがのるチョコレートミルクシェイク140B

2022年2月にマムアン・カフェから徒歩8分の場所にドーナツショップがオープン。隣に中学と高校があるため、時間によっては学生でいっぱい。今後店舗は増える予定あり。

マムアン・カフェ Mamuang Cafe
Map 別冊P.5-D2　カオサン通り周辺

🏠2 Nakhon Sawan Rd.
☎08-0283-9659
🕙10:00～18:00 🗓無休
Card 不可 表 〈英〉
🚇MRT Sam Yot駅①出口から徒歩15分
@mamuangcafe

マムアン・ドーナツ
Mamuang Donuts
Map 別冊P.5-C1　カオサン通り周辺

🏠77/2 Ratchadamnoen Klang Rd.　☎06-1440-9191 🕙9:00～18:00 🗓無休 **Card**不可
表 〈英〉 🚇MRT Sam Yot駅③出口から徒歩17分 @mamuangdonuts

RESTAURANT

『アジアのベスト
レストラン50』No.1は
バンコクにある！

グルメ評論家など300人以上のメンバーが投票で決める「アジアのベストレストラン50」。日本は2位のSEZANNEはじめ10店がランクイン。タイは首位のLe Duのほか10位以内にNusara、Gaggan Anand、SORNも選出された。

バンコクはグルメな街ですよ

ル・ドゥー Le Du
Map 別冊P.9-C2　シーロム通り周辺

🏠399/3 Soi 7, Silom Rd.　☎09-2919-9969 🕙18:00～22:00 🗓休 **Card**J.M.V.
🗓要予約 表 〈英〉
🚇BTS Chong Nonsi駅④出口から徒歩すぐ
URL www.ledubkk.com

1. ミシュランの星も獲得。美しいデザート　2. オープンは2013年。ガラス張りのキッチンからシェフの様子が見えるモダンな店内　3. 独創的なタイ料理が楽しめる。メニューはディナーのコースのみ4品3900B、6品4500B

18

HOTEL

高級ホテルの
オープンラッシュが
止まらない！！

さすが観光都市といえるブランドホテルが続々オープン。人気ドラマのロケ地として有名になったローズウッドや、川沿いにはカペラやフォーシーズンズ、展望台が人気のマハーナコーンにもおしゃれなザ・スタンダードがオープンしている。

1,2. 客室は最低でも50㎡の広さ 3. アフタヌーンティーも人気（写真はすべてフォーシーズンズ・ホテル・バンコク・アット・チャオプラヤー・リバー）

くつろいでくださいね

2019年3月	ローズウッド Rosewood Bangkok Map 別冊P.13-D3 プルンチット駅周辺 URLwww.rosewoodhotels.com
2020年10月	シンドーン・ケンピンスキー Sindhorn Kempinski Hotel Bangkok Map 別冊P.14-A3 プルンチット駅周辺 URLwww.kempinski.com
2020年10月	キンプトン・マーライ Kimpton Maa-Lai Bangkok Map 別冊P.13-D3 チットロム駅周辺 URLwww.kimptonmaalaibangkok.com
2020年10月	カペラ Capella Bangkok Map 別冊P.2-A3 チャルーン・クルン通り周辺 URLcapellahotels.com
2020年12月	フォーシーズンズ・ホテル・バンコク・アット・チャオプラヤー・リバー Four Seasons Hotel Bangkok at Chao Phraya River Map 別冊P.2-A3 チャルーン・クルン通り周辺 URLwww.fourseasons.com
2022年7月	ザ・スタンダード・バンコク・マハーナコーン The Standard, Bangkok Mahanakhon Map 別冊P.9-C2 シーロム通り周辺 URLwww.standardhotels.com
2023年7月	ホテルJALシティバンコク Hotel JAL City Bangkok Map 別冊P.17-C2 トンロー駅周辺 URLwww.okura-nikko.com

など

PARK

2022年2月巨大な公園が誕生！
ベーンチャキティ森林公園

2006年から植樹や遊歩道の整備が進められていたベーンチャキティ公園の西側の広大な土地が、ベーンチャキティ森林公園としてオープン。遊歩道・スカイウオークが整備され、ルムピニー公園までつながり、20分ほどで歩けるようになった。

夜も美しいスカイウオーク

高層ビルと自然とのコントラストがおもしろい景色

ベーンチャキティ森林公園
Benchakitti Forest Park
Map 別冊P.11-D1・2 シーロム通り周辺

🏠Ratchadaphisek Rd. ●5:00～21:00 休無休 料無料 交MRT Queen Sirikit National Convention Centre駅③出口から徒歩6分

RELAX

帰国の飛行機が深夜便の際、入浴に便利。喫茶処も併設

ここに寄ってから空港へ！

バンコクでもサウナ！
湯の森でととのう

日本のスーパー銭湯の感覚で利用できる「湯の森」はタイの源泉が運ばれている温泉施設。サウナ、スチームサウナ、水風呂もあり、入浴・サウナのあとにタイ古式マッサージ60分1000Bが受けられるのが魅力。

セルフロウリュができる

湯の森
Yunomori Onsen & Spa
Map 別冊P.9-C3 シーロム通り周辺

🏠54 Soi Suksawittaya, Sathom Nua Rd. ☎0-2164-2643 ●10:00～24:00 休無休 料入浴550B CardA.J. M.V. 予マッサージは要予約 英 (Wi-Fi)あり 交BTS St. Louis駅③出口から徒歩3分 URLwww.yunomorionsen.com

19

バンコク3泊5日 aruco的 究極プラン

プチぼうけん しちゃうぞ！

寺院、パワースポット、グルメ、スパ、マッサージ……、
ああ、ショッピングはどうしよう！
そんなよくばり女子のための究極プランをご案内♪

Day 1
夕方にバンコク到着！
初日はマッサージとグルメに決まり☆

夕方着の初日でも楽しめること満載。まずは移動の
疲れを癒やして、一気に南国モードにスイッチオン！

タクシー 30分	16:30	スワンナプーム国際空港到着
	17:30	ホテルにチェックイン
	18:30	タイ古式マッサージの「アジアハーブアソシエイション」で旅の疲れを癒やす P.112

日本の半分の金額でマッサージ♪

凝ってます！

| タクシー 15分 | | |
| | 20:30 | 「パタラ・ファイン・タイ・キュイジーヌ」でマッサマンカレーディナー P.77 |

世界一おいしい料理

| タクシー 25分 | | |
| | 22:30 | 「ヴァーティゴ」でロマンティックな夜景にカンパイ♪ P.51 |

サイコー！☆

| | 24:00 | ホテル到着 |

曜日別アレンジのヒント

週末限定のマーケットがあります！
チャトゥチャック・ウイークエンド・マーケット（→P.124）と、
アムパワー水上マーケット（→P.64）に行きたい人は、必ず金〜
日曜を絡めて旅のプランを立てよう。

恋の神様は木曜がおすすめ！
恋をかなえてくれる神様プラ・トリームールティ（→P.37）は、
木曜の21:30にパワーを発揮する。事前に予定に組み込みたい。

月曜は博物館や美術館はお休み
寺院などは無休だが博物館や美術館は月曜が定休日。目的地まで
行ったのにクローズしてた！なんてことがないよう注意。

チェンマイは日曜の夜に滞在すべし！
雑貨ショッピング好きならチェンマイのサンデーマーケット（→P.
73）はマスト。日曜の夜限定なので、プランニングに注意。

Day 2
バンコク三大寺院と定番グルメ
夜は話題のナイトマーケットへ！

午前中は定番の寺院を巡ってタイ文化を堪能。
現地ツアー（→P.183）を使うのも賢い手です。

| | 8:00 | 寝釈迦仏の「ワット・ポー」でルーシーダットン＆観光 P.40, P.158 |

おはよ！

| 徒歩+渡し船 10分 | | |
| | 10:00 | 暁の寺「ワット・アルン」で変身写真に挑戦！ P.160 |

こんな気軽に変身写真が撮れるとは！

| 渡し船+徒歩 13分 | | |
| | 11:30 | 観光のハイライト「王宮とワット・プラケオ」へ P.156 |

見どころいっぱい！時間が足りないよ〜

| 船+徒歩 25分 | | |

おなかペコペコ

| | 14:00 | 「プラチャック」でローカル食堂ランチ P.85 |

| BTS+ソンテオ 25分 | | |
| | 15:00 | 美しすぎる寺院「ワット・パクナーム」へ P.34 |

| タクシー 40分 | | |
| | 17:00 | 最新のナイトマーケット！「ザ・ワン・ラチャダー」で夜ごはん☆ P.45 |

| | 23:00 | ホテル到着 |

Day3 世界遺産のアユタヤー遺跡と
グルメを満喫する1日

アユタヤーへは現地旅行会社のツアーを利用するのが
オススメ！ バンコクへ戻ったらグルメを楽しんで☆

6:30

「アユタヤー遺跡」
ツアーへ出発！ P.162

木の根に
仏頭が！！

ゾウにも
乗れるよ！

13:30 午後バンコクに帰着

14:00 **「フェザーストーン」**で ＼SNS映え／
ランチタイム P.149

タクシー
10分 🚕

15:30

**「チースイホン
足裏マッサージ」**へ P.118

アユタヤー
疲れたでしょ〜。
ほぐすよ〜

BTS+徒歩
55分 🚃

地上
314mからの
眺めはステキ

17:30 **「マハーナコーン・
スカイウォーク」**で
サンセット☆ P.48

徒歩
5分 👣

19:00

マハーナ
コーンの
建物内
なので便利

**「タイテイスト・
ハブ」**でディナー
P.92

21:00 **バラマキみやげ**は
コンビニでチェック P.138

22:00 ホテル到着

Day4 最終日はとことんショッピング！
パワースポットも行っちゃうよ☆

ショッピングセンターを賢く巡って、自分へのご褒美
もおみやげも全部手に入れちゃいましょう！

8:30 お願い♡
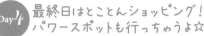
何でも願いをかなえてくれる P.36
「エーラーワンの祠」へ
徳を
積みましょう！

徒歩
10分 👣

9:00 **「プラティナム・
ファッション
モール」**でプチプラ服
をまとめ買い P.122

安カワ！

11:30 いったんホテルに戻って
パッキング＆チェックアウト

12:30

「アイコンサヤーム」
でタイファッションをチェック＆
「スックサヤーム」
で屋台ランチ P.95,P.132

おしゃれ
アイテムを
探そう

タイの
屋台メシ
が揃う

船+徒歩
30分 🚤

17:00 ワット・アルンビューの
「ザ・デック」で最後の
タイ料理ディナー P.153

これで本場の
タイ料理
食べ納めです

タクシー
30分 🚕

19:00

日帰り入浴ができる
「湯の森」で
深夜便の前にリフレッシュ
P.19,P.147

タクシー
30分 🚕

21:00 ホテルで荷物をピックアップして空港へ good bye
Bangkok

深夜 スワンナプーム国際空港発、日本へ（翌日着）

ビューン

こんなおみやげ
買っちゃいました

シーチャンの
パウダー295B
P.117

タイ文字バッグ
350B P.131

マスキングテープ
各160B P.121

キーホルダー
各150B P.132

現地の雑誌
120B P.25

タイティー味の
チョコレート180B
P.132

21

よくばりさんにオススメ！

2・3日目をちょっとディープにアレンジ！

もう三大寺院もアユタヤーも行っちゃったよ〜！という、バンコクは2度目3度目の人にオススメのプラン♪
寝台列車で古都チェンマイ（→P.70）や日帰りでラーン島（→P.58）へ行くプランもぜひ！

アレンジ 1　ココロもカラダもキレイに！
話題のパワスポ＆美を追究する1日

郊外のパワースポットで心のデトックス！
ネイルサロンとスパでカラダもピカピカに。

アレンジ 2　タイ沼民さん大満足♡
念願のバンコク推し活ルート

ライトなタイエンタメ好きでも楽しめちゃう！
バンコク中心部・聖地巡礼プラン。

7:00

ネイルサロン
「ゲーガイ」は
早朝オープン P.146

ロットゥー＋ソンテオ
2時間30分

10:30
ピンクのガネーシャで有名な
「ワット・サマーン・ラタナーラーム」へ
P.38

願い事は
ネズミに
伝えよう

ソンテオ＋ロットゥー
＋タクシー
3時間

フードコートも
あるのでランチは
ここで！

18:00
「オリエンタル・スパ」で
バンコクNo.1の
スパ体験 P.108

バンコクの
スパレベル
高過ぎるわ〜

タクシー
30分

21:00
ディナーは野菜が
たっぷり取れる
「タイスキ」に
決まり♪ P.86

タイスキ
は辛くない
のもいいね

23:00 ホテル到着

8:00

朝食は『2gether』のロケ地
「ミニストリー・オブ・
ロースターズ」 P.26

BTS＋徒歩
45分

10:00
推しに会えてしまうかも……♡ P.25
「GMMグラミービル」

憧れ
の場所

大学によって
30分〜
1時間

12:00

ランチは推しの出身
「大学」学食へ！
P.52

大学によって
30分〜
1時間

15:00
タイの芸能人御用達！
「バンブー・スパ」で
マッサージ P.113

タクシー
40分

17:30

『SOTUS』『SOTUS S』のロケ地
「ラーマ8世橋」で
サンセットを過ごす
P.27

船＋徒歩
40分

20:30
『SOTUS』で気になったタイ版焼肉ムーガタは
「バーンラック・バザール」で食べる！
P.57

ローカル
にも人気の
料理！

船＋徒歩
30分

21:00 まだまだ行ける！ P.46
『F4 Thailand』のロケ地
「アジアティーク」へ

24:00 ホテル到着 P.26

ロケ地になった
ホテルを
予約！

22

もっともっと
スキになる！

パワフル＆ディープに
バンコクを楽しむ
とっておきのプチぼうけんへ！

ワット・ポーは行った？　エーラーワンの祠も知ってる？
そんなバンコク好きにも教えてあげたい
最新の推し活情報から、SNS映えスイーツまで。
14のプチぼうけん、全部制覇しちゃお☆

夢にまで見た人も！ 初心者も楽しい！ バンコクでタイ沼聖地巡礼

今、タイのドラマをはじめとしたエンターテインメントが熱い！
バンコクに点在する話題作のロケ地を巡って、ドラマの世界を楽しもう♪
GMMのショップでグッズを買おう！

『SOTUS』のアーティット先輩が好きなピンクミルクはファストフードのメニューにもある

タイ沼って何？

タイドラマに代表されるタイエンタメに、沼から抜け出せないように夢中になること。「タイ沼の住民」「沼落ち」などと表現することも。

甘いよ

『2gether』のタインが好きなブルーハワイはドリンク屋台やカフェの定番

布教コメント①

Twitter世界トレンド1位！
『2gether』は2020年2月の放送開始と同時に、タイはもちろん日本、世界で話題となり、第5話公開後にはTwitterの世界トレンド1位に！

布教コメント②

出演者がイケメンで演技力も最高！
キャスティングが絶妙＆抜群の演技力！ タイン役のWinがドラマ初主演。ふたりとも身長180cm超えのイケメンです。

#คั่นกู
#2gethertheseries

เพราะเรา คู่กัน

จากที่สุดของนิยายชวนใจนักอ่าน ของ JittiRain

ทุกวันศุกร์ 22:00 น. เริ่ม 21 กุมภาพันธ์ นี้ ทางช่อง GMM25

『2gether the series』2020年放送スタート時のポスター

布教コメント③

タイ文化が見られて旅が何倍も楽しくなる
短期旅行だけでは体験することができない「タイあるある」を自然に理解できるようになる。食事やファッションにも注目して！

布教コメント④

俳優のSNSフォロワーが楽しい
インスタフォロワー数はBright1800万人超え、Win1400万人超え！ ファンや家族への愛が垣間見られる投稿にキュンとなる。

P.14に登場の4人の写真集
『BWDN』950B
（GMMショップ）

BWDN

何かを嗅いだり嗅がせたりするシーンが出てくるが、タイ人なら誰でも持っているといわれるヤードム（嗅ぎ薬）

初心者がまず観るなら『2gether the series』

今話題のタイドラマ人気の火付け役が、2020年放送の『2gether the series』。Bright演じるサラワットとWin演じるタインのさわやかな青春ラブコメディで、BLドラマに興味がない人も夢中になるストーリーと映像の美しさが魅力。

かっこよすぎ！

BrightとWinのスタンディー390B
（GMMショップ）

タイ沼聖地巡礼

TOTAL 3時間〜

オススメ時間：営業時間ならいつでも
予算：500B〜

聖地の迷惑にならないように
ロケ地は普通に営業しているカフェやレストラン、ホテルであることが多い。飲食店なら食事がてら、ホテルなら泊まりながら楽しむのが基本。

『2gether the series』を観るなら……

TELASA テラサ
URL telasa.jp

タイドラマを視聴できるプラットフォームはさまざまあるが、多くの人気作品を制作するタイのGMMTV社と業務提携をしているのがテレビ朝日。そのテレビ朝日の公式配信プラットフォームTELASA（テラサ）では、『2gether』の1話目が登録せずに無料で視聴できるので旅の前にチェック！

『2gether』のキャストが出演するバラエティ番組『Play 2gether』も見放題配信中

ドラマファン憧れの聖地へ！

スムージー・バーも行こう

ずっと行きたかった！

注意
偶然アーティストに出会うこともある。サインや握手がOKの場合もあるが、様子を見て声をかけてほしいとのこと。

1,2 EarthとMixのクッション各890B 3. 1階フロア奥にあるスムージー・バーでドリンク購入も定番 4. GMMTV SHINING NOTEBOOK 2023（450B）はGMMTV所属俳優の写真集。御朱印帳のように会えたアーティストのページにサインをしてもらうファン多数 5,6. GMMグラミービルの入口は世界中のファンからの広告がいっぱい 7. スタバでさり気なく出待ちすることも可能

推しに会ったら言いたいタイ語

あなたが大好きです
รักคุณมากค่ะ
ラック クン マーク カ

応援しています
เป็นกำลังใจให้นะคะ
ペン ガムランジャイ ハイ ナカ

サインをください
ขอลายเซ็นได้ไหมคะ
コー ラーイセン ダイマイカ

写真を撮ってもいいですか？
ถ่ายรูปได้ไหมคะ
タイループ ダイマイカ？

How to buy 推しグッズ

カウンター

1 受付で入館証を受け取る
1階エレベーター手前の受付で30階のショップに行きたいと伝えて、パスポートと引き替えに入館証を受け取る。

2 30階で商品をチョイス
ショップは一部の商品見本を展示。パネルで欲しい商品をチェックして奥の会計へ。商品の在庫は基本的に公式オンラインショップと同じ。

サワディーカ

3 お会計
欲しい商品を伝えて購入。パネルで売り切れ表示でも、入荷とタイムラグがあるので聞いてみて。会計横の扉の奥に会議室があり（入室不可）、俳優は仕事の際にはここを通る。

サインを発見

BrightとWinが所属するGMMTVの本社ビル

GMM Grammy Building
ジーエムエム・グラミービル

GMMTVの本社は、アソークのオフィス街に立つ43階建てのオフィスビル。入口にはファンからの広告が掲示され、行くだけでテンションMAXに。30階のグッズショップと1階のフォトブースを目指そう。30階は動画撮影禁止。

Map 別冊P.15-C2
アソーク駅周辺

🏠 50 GMM Grammy Place, Sukhumvit 21 Rd. ☎0-2669-8999 🕘9:00～18:00 🈺土・日・祝 Card J.M.V.（500B～）英 🈚 🚇BTS Asoke駅①出口から徒歩10分 URL www.gmm-tv.com/shop/

フォトブースで写真を撮ろう

撮れたよ

1階のフォトブースは、毎月俳優の写真が変わる。支払いは二次元コード決済のみ。旅行者は30階で事前に支払うこと

旅行者が観光で普通に訪れる場所にエンタメ要素がいっぱい！
街には人気俳優が起用された広告もあふれている☆

バンコクはまるでドラマの世界！

イベント遭遇率が高い
セントラルワールドやサヤーム・パラゴン、アイコンサヤームなど、大型の商業施設ではイベントが頻繁に行われている。

注意
俳優の写真動画撮影は必ず許可を取ること。SNSに勝手にアップするのも×。個人情報保護法（PDPA）により罰金は最大500万Bになる可能性がある。

書店で雑誌をゲット！
タイで出版されている雑誌はセントラル・チットロム **Map 別冊P.13-D2-3** G階にある書店がおすすめ。売り場は狭いが欲しいものが見つかるはず。

俳優が経営するショップ
タイの俳優はファッションブランドやレストランを経営する人が多い。WinがP.15のインタビューでふれていた「SOURI」の情報はインスタをチェック。◎souri.bkk

ロケ地カフェは普通に営業中！

2gether

サラワットの名言が聞こえてきそう

Plearn Por Dee Restaurant
プルーン・ボー・ディー・レストラン

サラワットが「1か2か選べよ」とタインに伝えた店。タインが仲間たちとたびたび訪れるカフェで、ドラマそのままの雰囲気が楽しめる。

Map 別冊P.3-D3外 バンコク郊外

🏠38 Soi Sanphawut 2
📞09-8557-7899
🕐7:00〜15:00、17:00〜21:00 (LO) 休毎月第2または第3の土・日 Card不可
(英)▶ 🚉BTS Udom Suk駅④出口から徒歩20分

1. 一品100B程度でタイ料理がいろいろ楽しめる店 2. 屋根付き屋外席の奥に撮影された部屋がある 3. いまにもサラワットが現れそう！

2gether

いろいろなシーンが撮影された

Ministry of Roasters
ミニストリー・オブ・ロースターズ

ロケマップを掲示！

第1話でタインが歴代の彼女たちとデートをしたカフェ。内装は変わったが、俳優やスタッフが実際に飲んだコーヒーが注文できる。

Map 別冊P.3-D3外 バンコク郊外

🏠1 between Soi Wachiratham Satit 7-9, Sukhumvit 101/1 Rd. 📞09-6697-5060
🕐8:00〜19:00 休無休 Card A.D.J.M.V. (300B〜) 🚉BTS Punnwithi駅③出口から徒歩15分 📷ministryofroasters

1. 隣接するチョコレートショップとの間に掲示 2. チョコレートショップの庭はチアの新入生歓迎会の会場 3. タイではやりのオレンジコーヒーも飲める 4. 男子トイレの入口

注意
男子トイレもロケ地だけど、女性は入らないように！

泊まるホテルは……♡

ふたりの家に泊まれる！

2gether

今や人気で予約が困難！

Lasalle Suites & Spa
ラサール・スイート＆スパ

ふたりが同棲を始めたコンドミニアムは、実在するレジデンス兼ホテル。便利とはいえない場所だが、ドラマファンで予約が難しくなっている。屋内外にプールあり。

Map 別冊P.3-D3外 バンコク郊外

🏠19 Soi Lasalle 33, Sukhumvit 105 Rd.
📞0-2095-2770 🕐1泊1350B〜 Card M.V.
(英)▶ 🏨32室 🚉BTS Bang Na駅③出口からタクシーで10分 🔗lasallesuitesandspa.com

1. 撮影に使われたのはメゾネットタイプの「3 Bedroom Residence」 2. ここにソファが置かれていた 3. 屋内プール

Still 2gether

続編『Still 2gether』の聖地

The Tepp Serviced Apartment
ザ・テップ・サービスアパートメント

続編ではラサール・スイートから約1kmの場所にあるサービスアパートが愛の巣に。インターナショナル料理のレストランやスパも併設。

Map 別冊P.3-D3外 バンコク郊外

🏠88 Soi Lasann 36, Sukhumvit 105 Rd.
📞0-2744-4804 🕐1泊1500B〜 Card A.D.J.M.V. (+3〜5%) 🏨79室 🚉BTS Bang Na駅④出口からタクシーで10分 🔗thetepp.com

1. 外観もドラマに登場 2. 切ないシーンに使われたプールサイドもそのまま 3. 撮影に使われた部屋のカテゴリーは「Triple Suite」

その他ドラマのロケ地も！

『SOTUS』
ソータス
大学工学部が舞台のタイBLドラマの金字塔。放送は2016年。Krist演じるアーティット先輩と、Sing演じるコングポップのラブストーリー。

SOTUS
ふたりが愛を確かめ合った
King Rama VIII Bridge
ラーマ8世橋

『SOTUS』、続編『SOTUS S』、その後を描いた『Our Skyy』に登場した斜張橋。橋のたもとにあるラーマ8世公園もロケ地。

Map 別冊 P.2-A2
バンコク郊外

🔺Rama VIII Rd.、🚌N14Phra 8 Bridge船着場から徒歩10分

よく見ると
左右非対称

夜のライトアップは21:00まで

1,2. 1916年竣工のタイ最古の駅。ドイツのフランクフルト駅がモデルで、レトロな雰囲気はどこも絵になる

Theory of Love
感動のシーンは旧中央駅で撮影された

Hua Lamphong Station
フアラムポーン駅

カイとサードの気持ちが通じ合う、感動のシーンが撮影されたバンコクの旧中央駅。今は近距離路線が発着している。

Map 別冊 P.7-D2
チャイナタウン周辺

🔺1 Rongmuang Rd.、🚇MRT Hua Lmphong駅②出口直結

『Theory of Love』
セオリー・オブ・ラブ
『2gether』の原作者ジッティレインが描く、芸術学部に通う大学生の物語。Off演じるカイに片思いをする、Gun演じるサードの切ないラブストーリー。

F4 Thailand
まるで遊園地のようなナイトマーケット
Asiatique The Riverfront
アジアティーク・ザ・リバーフロント

Bright演じるタームが第3話でデートの待ち合わせ場所に指定した時計台があるナイトマーケット。タームが苦手な観覧車など、敷地内にロケ地が点在する。

Map 別冊 P.2-A3
チャルーン・クルン通り周辺
データは → P.47

着ぐるみに
嫉妬した場所

1. 時計台は2ヵ所あるが、中央のほうがロケ地 2. メリーゴーラウンドも登場

1,2. 第10話でタームとゴヤーが偶然会ったドーナツショップ「Drop by Dough」 3. タームと婚約者リターがデートした映画館もある

高級ショッピングモールもロケ地多数！
EmQuartier
エムクオーティエ

第7話でDew演じるレンとゴヤーがトランポリンを楽しんだBounce、Win演じるガウィンがゴヤーの親友カニンとお茶をしたCafé Kitsunéなどロケ地が多数！

Map 別冊 P.16-B1
プロムポン駅周辺
データは → P.133

『F4 Thailand』
エフフォー・タイランド
2021年放送スタートのタイ版『花より男子』。P.14でインタビューに登場した4人がF4を演じる。主人公ゴヤー（牧野つくし）を演じるのはTu。

忖度アイテムも買えるよ！

タイドラマでは劇中にスポンサー商品、いわゆる忖度アイテムが登場するのが当たり前。バンコクで買えますよ！

郊外のロケ地はどう回る？

現地旅行会社（→P.183）に相談を。どちらの旅行会社もプライベートチャーターでの案内になる。ドラマの知識がある日本語ガイドはあまりいないため、通訳はできるが、自分でどこに行きたいのか、どこを見たいのかある程度調べて行くと安心。ロケ地の大学に行きたい場合、許可を取るのが難しいため、ケースバイケースになる。

ドーイカムジュース
さまざまなフレーバーがサラワットとタインの家の冷蔵庫に入っていた（17B）。
［Still 2gether］

インスタント麺
タインがサラワットに作ってあげていたママーの麺（15B）。
［Still 2gether］

海苔スナック
おやつとして食べられているスナックがドラマで頻出（40B〜）。韓国のりより分厚く食べ応えあり。

ビタミンCサプリ
BrightとWinが広告に起用され、タインが日常的に飲んでいる設定で登場（99B）。
［2gether］

Oishiのドリンク
こちらもいろいろな味がさまざまな重要シーンで登場（各30B）。
［2gether］
［Still 2gether］

タイの名物トゥクトゥクで バンコクの街を走りたい！+推し活 ⭐

Evトゥクトゥク 登場！

滞在中に1度乗ってみたいタイの三輪自動車トゥクトゥクは今、配車アプリ利用がおすすめ。
個人で広告を出せるサービスが登場し、推し活できると話題です！

トゥクトゥクは こうなっている！

トゥクトゥクに乗る、広告を出す	**TOTAL 0.5時間～**

オススメ時間	8:00～18:00	予算	乗車100B～

🔊 **配車アプリがおすすめ！**
トゥクトゥク乗車は、トラブルになりにくい配車アプリ利用が便利。サヤーム、MBK、セントラルワールド、チューラー大エリアの人気エリアを走るトゥクトゥク広告は1ヵ月前を目安に予約しよう。

屋根がある
これで小雨くらいなら大丈夫だが、窓はないので多少ぬれるのは覚悟のうえ乗車しよう

座席は2～3人乗り
荷物の量によるが2～3人乗りが基本になる

タイヤは三輪
タイヤは前一輪、後ろ二輪。コンパクトな作りなので小回りが効くのが特徴

How to get on tuktuk
トゥクトゥク配車アプリ MuvMi（ムーブミー）登場！

2018年にスタートしたEVトゥクトゥクの配車アプリ。料金交渉の必要がなく、乗車降車の場所をアプリ内で、英語で指定できる。

タイSIMカード購入・利用方法は地球の歩き方ニュース&レポートをチェック！

このときはチャイナタウンからタマサート大学へ移動

相乗り59B、貸し切り177Bだった

1 アプリをダウンロード

タイの電話番号付きSIMを入れたスマートフォンにダウンロードすること。アプリは英語対応。

2 タイの電話番号を入力

すべての番号をそのまま入力すると、SMSで4桁のコードが送られてくるので入力。

3 乗車&降車場所を選ぶ

地図上から選択。バンコク中心街ならほぼカバーしているが台数が少ないので待つことも。

4 乗車人数を選択
貸し切りにしたい場合は下の「I want a whole car」にチェック。相乗りのほうが安い。

5 予約完了

予約完了画面に車の番号が出てくる。画面からドライバーの写真と名前も確認できる。

ドライバーの詳細

6 支払い

予約が完了したら支払い方法を選択。旅行者はいちばん下のクレジットカードが一般的。J.M.V.に対応。

クレジットカードの場合、1バーツ単位でチャージできる

7 乗車！

フロント窓の下に車の番号があるのでまず確認。乗り込む際に運転席と座席の間の二次元コードをアプリでスキャン。

配車されるトゥクトゥクの位置はアプリで確認できる

ココに二次元コードがある

行き先もわかっているので、希望の場所に着いたら降りるだけ

出発前に！
推しの広告を出そう

トゥクトゥクに俳優やアーティストの広告を出すサービスが登場！ 推しの誕生日などを祝って出すのが一般的だが、1台からオーダーできるので、友人や家族へのメッセージ広告を出して、旅行中に写真を撮りつつ乗るのもアリ！

一般人の広告も出せるよ！

両サイドにも広告を出せる

友達や家族の広告も出すのはOK 旅の記念にいいかも 背面広告のサイズは80×50cm

サイドのみの広告は出せないが背面とセットで可能 左サイドは50×20cm、右サイドは100×20cm

トゥクトゥク広告といえばココ！
トゥック・アップ Tuk Up

トゥクトゥクのガレージを営む会社が、コロナで収益が減った運転手のためにスタートした広告サービス。人気エリアは1ヶ月前、それ以外も7日前までに予約をしよう。

📞08-5061-9835
🕐8:00～16:00 ※問い合わせ可能時間
🈚無休 ✉tuk_up ＠outlook.com
📷tuk_up.official

1 Tuk Upのインスタをフォロー＆LINEで問い合わせ

タイ語ができない場合、英語でLINEからの問い合わせがスムーズ。インスタには英語でもサービス内容が出ている。「①広告を出したい時期と期間②走らせるエリアと台数③デザインについて」決めてから相談するとスムーズ。

サービス内容はインスタグラムで確認

2 肖像権&著作権が問題ない写真を用意してデザイン

デザインはプラス400B（両サイド込み）でお任せできる。肖像権と著作権が問題ない写真なら、タイ俳優の場合、公式ファンクラブに相談するのが早い。日本のタレントの場合は事務所へ連絡を。

塗りつぶし広告ならOKと許可が出たことも

★背面のみ Back banner
7日間790B、15日間990B、1ヵ月1190B
★背面と両サイド Whole set of banner
7日間1090B、15日間1390B、1ヵ月1690B

※ 人気ルート Special route（サヤーム、MBK、セントラルワールド、チュラー大）は各＋200B

料金表

3 旅行の時に乗るための予約をしよう

旅行のタイミングで自分が広告を出したトゥクトゥクに乗りたい場合、無料で予約까で行ってくれる。広告を出すエリアを自分の滞在先のホテルがある場所で選ぶのもおすすめ。

バンコク中心部は網羅している

支払い 日本からの注文の場合、Pay Pal利用（＋6%チャージ）か、タイの銀行口座やWise口座への振り込み（別途手数料）になる。

交渉制のトゥクトゥクも上手に乗りこなそう

トゥクトゥクは基本的にメーターがないので、料金交渉が必要。英語がわからないドライバーが多いので簡単なタイ語を覚えておこう。

CAUTION 気をつけること
客待ちしている車は避けたいが、旅行者が多い場所はほとんどが客待ちをしている車なので半ば諦めも肝心。トゥクトゥクには窓がないので、バイクによるひったくり被害が出ている。

1 トゥクトゥクをつかまえる
カオサン通り～チャイナタウンの下町周辺が流しのトゥクトゥクをつかまえやすい。手を斜め下に出して呼び止める。

2 料金交渉をする
乗る前に料金交渉。あまりに法外な額を言う運転手の車には乗らないほうがいい。一般的にタクシーより高くつく。

3 いよいよ乗車

場所がわからなくても走り出すドライバーもいるので、地図で位置を常に確認し、おかしいと思ったら停車させる。

4 降車&支払い

目的地に着いたら降りてから支払い。おつりがないと言われないように、小額紙幣を用意しておこう。

おすすめエリア
王宮～カオサン通り周辺の下町が、排気ガスも少なく利用しやすい。記念に乗るなら下町を周遊するのもいい。

料金の目安
カオサン～王宮周辺
100B
カオサン～サヤーム駅
200～250B
サヤーム駅～王宮周辺
200～250B
※スクムウィットのソイの奥～ソイの入口は40Bで交渉。

トゥクトゥクに便利なタイ語

ワット・プラケオまでいくらですか？
ไปวัดพระแก้วเท่าไหร่คะ？
パイ ワットプラケーオ タオライカ？

えー高い！
แพงจัง
ペーン チャン！

100Bでどうですか？
หนึ่งร้อยบาทได้ไหมคะ？
ヌンロイバー（ト）ダイマイカ？

ありがとうございます
ขอบคุณคะ
コープ（ク）ンカ

バンコクのカフェブームをリサーチ！
SNS映えカフェに潜入しよ ★

タイの若い子たちはSNS映えする写真が大好き！
おしゃれなカフェは当たり前のバンコクで、
今行きたいいちばんホットな店を
キャッチしました！

もう東京を超えている!?
バンコクのカフェ事情

おしゃれなカフェに慣れている人でも目を奪われるようなインテリアデザインの店が、数え切れないほどあるバンコク。話題の店は郊外にもどんどん増えているので、ぜひ足を延ばしてみて！

SNS映えカフェ潜入

TOTAL 1.5時間〜

オススメ時間 開店と同時　予算 500B〜

混雑時間を避けるのがベスト
SNSで話題のカフェはどこも混雑しているので、特に休日の昼過ぎや夕方はすぐに入れないことも。開店と同時に入ればゆっくりできる。

น่ารักสุดๆ！

トンヨイです！
たくさん写真を撮ってね♪

オーナー兼ファッションデザイナーのトンヨイさん **A**

撮影POINT
人気は1階中央のテーブル席。店名のロゴとフラワーウォールを背景にポーズをキメて。

伝統菓子が楽しめる
ゴールデンセット690B
（4〜6人用）**A**

トンヨイさんが内装をプロデュース **A**

タイらしい色使い！

A インテリアも伝統菓子もフォトジェニック
Thongyoy Cafe
トンヨイ・カフェ

Map 別冊P.2-B1

おしゃれカフェ激戦区・アーリーの花あふれるカフェ。華やかなフラワーウォールが女性に大人気。タイの伝統菓子を今風にアレンジした可憐なスイーツがおすすめ。ケーキやドリンク付きのセットメニューを数人でシェアするのも楽しい。

パホンヨーティン通り周辺
24/4 Soi Ari 4　09-8748-4661　10:00〜21:30　無休　Card M.V.　不可　BTS Ari駅①出口から徒歩15分　thonhyoi_cafe

---

B ワット・アルンを望む最高の立地
Vivi the Coffee Place
ヴィヴィ・ザ・コーヒー・プレイス

Map 別冊P.4-B3 王宮周辺

旧市街の観光の途中で立ち寄るのに便利な川沿いにあるカフェ。インテリアはごく普通だが、ここはワット・アルンを入れた映え写真が撮れる最高のロケーション。メニューはドリンクが中心で、アイスのカプチーノやラテは各105B。

394/29 Maharat Rd.　0-2226-4672　10:00〜20:00　無休　Card不可　不可　MRT Sanam Chai駅①出口から徒歩5分　vivi_coffeeplace

撮影POINT
サンセットの時間は連日満席。混雑を避けるなら午前中を狙ってテラス席へ！

カラフルなレインボー・ケーキ135Bは甘さ控えめ B

ドリンクを片手にワット・アルンを入れて撮影♪ B

ว้าว!! สวยจัง!

わぁ!! きれい!!

私たちがシェフです！

壁のタイ文字は昔のタイプライターの文字列 C

アイス・バタフライピー・ラテ140B D

撮影POINT
映える壁を探して撮影しよう。中心をずらすとこなれた感じになるのでトライ！

撮影POINT
かわいいタイ文字の壁を入れて撮影！ なるべく壁近くの席を選んで座ろう。

店名どおりの青いクジララテ D

ホワ森ジュレで味わう生ガキ各149B、シーフードスパゲティ459Bなど

店内もきれいな青い空間 D

1階のカフェではホームメイドケーキでコーヒータイムを過ごせる

ワット・ラーチャボピットが見える

ใโลเคชันเยี่ยมยอด!

最高のロケーション！

C Im En Ville
タイ文字壁がキュートなグルメカフェ
イム・エン・ヴィレ

古い印刷工場だった建物をリノベーションして2022年にオープン。1階は手頃なタイ料理とチェンマイ産コーヒーが飲めるカフェ、2階はこだわり食材のモダンフレンチが楽しめるビストロになっている。タイ文字壁があるのは1階カフェ。

Map 別冊P.4-B2　王宮周辺

🏠59 Fuang Nakhon Rd.　☎06-5612-6888　⏰9:00～19:00 (2階ビストロは～21:00LO、土・日・祝は～22:00LO)　休無休　カードM.V./1000B　🚇MRT Sam Yot駅①出口から徒歩8分　📷imenville

D Blue Whale
バンコクのSNS映えカフェの先駆け
ブルー・ホエール

バタフライピー(タイ語でアンチャン)という豆科の花を使ったラテとラテアートが話題の店。古い建物をリノベーションした店内も青色で統一されている。トーストなどの軽食もおいしいので、朝食やランチにもおすすめ。

Map 別冊P.4-B3　王宮周辺

🏠392/37 Maharat Rd.　☎09-6997-4962　⏰9:00～17:30 (LO)　休月　カード不可　🚇MRT Sanam Chai駅①出口から徒歩5分

バンコクのカフェは
デザインと広い空間が魅力

バンコクは〝デザイン先進国〟と思えるほど自由な発想のインテリアやデザインが楽しめる街。また、都心にあるカフェでも高い天井と広々とした空間をもつ店が多く、ゆったりくつろげるのも魅力。

圧倒的なグリーンの空間

撮影POINT
店名のライトがある壁は定番のフォトスポット。椅子に座って寄って撮影しよ♪

ผ่อนคลายไปกับ
ความเขียวขจี
グリーンが気持ちいい♪

席同士が離れていてゆったりできるガーデン席も。夜にはライトアップされ、また違った雰囲気になる E

コーヒーメニューはタイ南部産のコーヒー豆のみを使用している E

ローズとオレンジのエデンサマーは250B(左) F

自家製ケーキだけを買いに来る人も多い E

撮影POINT
カラフルなエディブルフラワーが入るように真上から撮影してみて！

ケーキは180B～。左は酸味が不思議なタマリンド・コーヒー250B F

ココナッツケーキ150B、ルークイー・アーモンドハニークリームタルト120B E

伝統菓子のディスプレイも

日替わりケーキも多数

E 緑の空間で癒やしの休日を
Camin Cuisine Cafe
カミン・キュイジーヌ・カフェ

クラビー出身の女性オーナーが2019年にオープンした一軒家カフェ。敷地に入って左がカフェ、右がレストランの建物。できるだけ化学調味料を使わず自家製にするというこだわりで、旬の果物やタイティーなどを使ったケーキが絶品。

Map 別冊P.3-C1外
バンコク郊外

151-3 Soi Prasen Manukit 2
09-5615-6615 6:00～21:00(L.O.) 無休 J.M.V 500B～ BTS Sena Nikhom駅5出口から徒歩15分
camin.cuisineandcafe

F アンティーク×フラワーな空間
Wallflowers Cafe
ウォールフラワーズ・カフェ

おしゃれなソイ（路地）として有名な、旧市街ソイ・ナーナーの流行を牽引するカフェバー。バンコクの有名フラワーショップのオーナーが始めた店で、オーガニックのエディブルフラワーを多用したフードやドリンクが話題に。

Map 別冊P.7-D2
チャイナタウン周辺

31-33 Soi Nana 09-0993-8653 6:00～18:00(417:30～24:00LO) 無休 不可 MRT Hua Lamphong駅3出口から徒歩5分
wallflowerscafe.th

บรรยากาศสุดชิค
おしゃれ空間♥

古い建物をリノベーション。ルーフトップも雰囲気がいい **F**

昼はカフェ、夜はバーになる **F**

バンコクのコーヒーは年々おいしくなっている！

スターバックスコーヒーがタイに上陸して25年、外国人や旅行者が利用する店では、甘くないおいしいコーヒーが飲める店が増えている。最近ではオレンジ果汁や炭酸で割って飲むのもトレンド。屋台や庶民的な場所では砂糖や練乳がたっぷり入った甘いタイコーヒーが今も一般的。

ラテアートも一般的

茶葉50g 350Bや、竹かご850Bなど雑貨の販売も

古い建物を生かしたデザイン **G**

茶葉と甘さが選べるタイミルクティー150Bと、タイコーヒー100B **G**

オーナーが好きな虎モチーフ雑貨も **G**

📷 **撮影POINT**
店内を覆うアーティフィシャルフラワーを、画面いっぱいに入れて撮影！

パスタもおすすめ

商業施設内とは思えない優雅な店内で、カフェタイムを過ごせる **H**

📷 **撮影POINT**
タイティー色のインパクトあるエントランス。人物入りで撮影するのもおすすめ。

古ぴた路地裏に突然現れる目を引くデザイン **G**

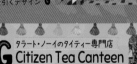

アンスタ映えする♪
ลงไอจีเก๋ๆ!

G タラート・ノーイのタイティー専門店
Citizen Tea Canteen
シチズン・ティー・キャンティーン

タイティー好きのオーナーがその魅力を知ってもらいたいとオープン。タイ人アーティストも集まる、文化サロンのような雰囲気。タイティーは6種類の茶葉から選べ、甘いタイコーヒーはサイフォンでていねいに入れてくれる。

Map 別冊P.7-C3
チャイナタウン周辺

☎784 Soi Wanit 2 ☎09-5119-6592 🕙10:00～17:30 ㊡水 💳不可 🌐www.citizenofnowhere.info ☎MRT Hua Lamphong／3出口から徒歩11分

H 花と緑のカフェレストラン
The Blooming Gallery
ザ・ブルーミング・ギャラリー

まるで庭園のような花と緑にあふれたカフェレストラン。料理や店内のデザインは画家クロード・モネの作品からインスピレーションを得ている。ドイツ産中心のブレンド紅茶は30種類ほどあり80B～楽しめる。平日ランチは100～200B。

Map 別冊P.17-C2
トンロー駅周辺

☎G Fl., 8 Thong Lo, 88/36 Soi 55, Sukhumvit Rd. ☎0-2063-5508 🕙10:30～20:00 ㊡無休 💳M.V. 🌐@thebloominggallery ☎BTS Thong Lo駅3出口から徒歩15分

プチぼうけん 4

バンコク最強パワスポ巡りでタムブン(徳積み)して幸せGET♥

敬虔な仏教徒が多いタイならではの習慣がタムブン。ローカルの誰もが認める最強パワースポットから恋の神様、SNSで話題の寺院まで……。幸福祈願に行ってみよう！

タムブンって何のこと？

タイ語で「徳を積む」という意味。現世での行いが来世の幸せにつながると強く信じられ、寺院への寄進や、托鉢僧への喜捨が盛んに行われている。もちろん寺院などへの参拝もタムブンに含まれる。

仏塔は80体もの龍に囲まれている

ここがSNSで話題のパワースポットです！

まるで天上世界のような幻想的な空間が広がる、美しい寺院へ。目指すは大仏塔の5階。誰もが圧倒されるエメラルド色のガラス仏塔や極彩色の天井仏画からパワーをもらおう。

パワースポットでタムブン

TOTAL 0.5時間～

オススメ時間 8:00～16:00　予算 600B～

バンコクから離れたスポットも

ワット・パクナーム、エーラーワンの祠、プラ・トリームールティはBTSを使って行ける。ワット・サマーン・ラタナーラームはバンコクから離れているため、移動に時間がかかる。半日はみておこう。

幻想的な天井画で知られる

ワット・パクナーム

Wat Paknam

アユタヤー王朝時代に建立された、高僧の故プラ・モンコン・テムニー師にゆかりがある第3級王室寺院。瞑想の場としても有名で、平日でも地元参拝者が多い。

Map 別冊P.2-A3　バンコク郊外

住 300 Rachamongkhon Rd.
☎ 0-2415-3004　営 8:00～18:00
[休] 無休　[料] 無料　[交] MRT Bang Pai駅①出口から徒歩8分

ズームで撮影！

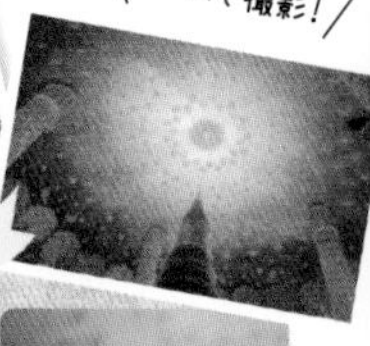

すてき写真はココから

参拝所とは逆の場所へ。カメラを床に置いて低い位置から撮影すると迫力ある1枚に

思いきって天井画をクローズアップして撮影。非現実の世界が画面いっぱいに広がる

仏塔の上部に小さな仏像が！

タイ式の参拝をしてみよう

タイのお辞儀だけでもしっかりマスター！
靴や帽子は必ず取って仏様に失礼のないように。

最初に胸元でワーイ（合掌）をし、深々とお辞儀を3回

読み上げるお祈りの紙が用意されているが、タイ語なので、心の中で祈願しよう

祈願しながら右回り（時計回り）に3回し、元の場所に戻ったら正座する

最後にワーイをして深々とお辞儀を3回繰り返して終了

大仏塔の下の階や本堂も参拝しよう！

寺院の敷地は広く、大仏塔をはじめ、本堂や案内所、寄宿舎、図書館などがある。時間があれば本堂もお参りしよう。本堂と大仏塔どちらも靴を脱いで参拝して。

本堂

黄金色の仏像を祀るほか、通路の奥にはテムニー師の像、その横にある建物2階には、テムニー師の棺が安置されている。

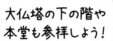

5階

エメラルド色のガラス仏塔と仏陀の生涯が描かれている極彩色の天井画。異次元の世界へ誘われる美しさ

大理石の床と柱、その奥には金の仏像が

テムニー師の像。金箔を貼って良縁や交通安全を祈願できる

まばゆいばかりの装飾を施したテムニー師の棺

4階

テムニー師の黄金色仏像が鎮座するメモリアルホール

仏像や仏具、装飾品を展示する博物館

3階

赤い絨毯が敷かれた瞑想ホール。儀式や会議なども行われる

2階

日本語案内もあるので安心！

ソンテオ乗り場

駐車場

アーケード

本堂

大仏

トイレ

大仏塔

大仏も完成

大仏塔

高さ80mの白い大仏塔。5層構造になっていて、各階にさまざまな見どころが。最上階は寺院のハイライト、ガラス仏塔と極彩色の天井画が広がる。

1階

農耕具や調度品などタイの文化・芸術品を展示する博物館

大仏は高さ69m、タイで2番目に高い

CAUTION

マナーを守ってお参りしよう

SNS映えスポットとして人気だけど、ここは格式高い王室寺院。大声で騒いだり、撮影に夢中になって参拝や瞑想している人の妨げにならないように。また、タンクトップに短パンなど肌の露出の多い服はNG。

バンコク最強の パワースポットはココ！

まずは
お供え物を
用意して

この神様がいます！

何でも願いかなえますよ

ブラフマー神

ヒンドゥー教の前身バラモン教の最高神であり、ヒンドゥー教ではシヴァ、ヴィシュヌと並ぶ三大神のひとつ。天地創造の神としてあがめられ、4つの顔と4本の腕をもつ。仏教では梵天と呼ばれる。

「最近どこのパワースポットに行っても効き目がなくて信憑性がない！」と思っている人にも、おすすめできるのがココ。元祖パワスポといっても過言ではなく、その御利益のすごさから地元の人は近くを通り過ぎる際に当たり前のように必ず手を合わせる。

DONATION BOX AT ENTRANCE
カレシができますように
願いを叶えてください
お供え物セット
50Bのセットを下さい
ขอชุดยี่สิบบาทค่ะ
コーチュットハーシップバートカ

エーラーワンの祠は朝から晩まで参拝者が絶えない

試験に
合格します
ように

悩み多き人々集まれ～！

エーラーワンの祠 (ターオ・マハー・プラマ)

Erawan Phum（Thao Maha Brahma）

1953年のエラワン・ホテル建設の際、トラブル続きで工事が進まなかったことから占星術師のすすめで造られた。その後工事が順調に進み、願いがかなう祠として人々のうわさに。

Map 別冊P.13-C3 チットロム駅周辺

🕘6:00～22:00 [休]無休 [料]無料
[交]BTS Chit Lom駅⑥出口から徒歩2分

いざ参拝！

1 まずはお供え物を購入

線香、ろうそく、花輪が基本のお供えセット。50Bからあり、金額によって花が豪華になる。木彫りのゾウなどは願いがかなった人がお礼に奉納するもの。

2 線香に火をつける

境内の数ヵ所に火が用意されているので、線香に火をつける。ろうそくはまだ点火しない。

3 心を込めて参拝しよう

幸せになりたいです

線香を手に持ったまま拝む。裸足で正座をして行うのが正式な方法だが、靴を履いたままでも立ったままでもかまわない。ブラフマー神の顔を四方向から拝む人もいる。

4 お供えをする

線香を立て、ろうそくはすでに立てられているものから火をもらって立てる。花輪をお供えしたらカンペキ！

後日願いが叶ったら……

5 タイ舞踊を奉納しよう

奉納する人は踊り子の前に座る

境内の東屋ではタイ舞踊が見られるが、これは願掛け祈願や、願いがかなった人がお礼に踊りを奉納するため。踊り子の人数で料金も異なり、ふたり260B～。

CAUTION お供え物は境内で買うこと！

境内の外で売られている花や線香などのお供え物は、法外な金額を請求されることがあるので注意。お供えを手に持って売り歩く人も相手にしないこと。

境内の外にいる供え物売り

参拝しよう！

近くに売っているので便利♪

1 お供え物を購入する

祠の近くの道沿いでお供え物のバラの花、赤い線香、赤いろうそくを買う。バラと線香の本数はタイで縁起のいい9本が基本。

恋人ができますように

2 線香に火をつける

用意されている火で線香に火をつける。赤い線香を眺めているだけで恋がかなう気分に……。

ろうそくにはまだ火をつけないのね

3 お願い事をしましょう

バラの花と線香、ろうそくを持ち、お願い事をしよう。お供える白い紙にある文を読み上げるのが通例だが、タイ語のみなので読めないぶん、ていねいに。

地元っ子をマネしてね

裸足になりひざをついてお願い事をしよう

シゴトに悩む人はお隣のガネーシャ神へ

プラ・トリームールティのすぐ隣に並んで立つ祠（プラ・ピッカネート）には、商業や学問の神ガネーシャが祀られている。お供えは線香9本、ろうそく、花輪を。

4 お供えをして終了！

線香をお供えしてから、ろうそくにも火をつけて置き、バラも所定の場所に供える。祠の前には赤いバラが山のように積まれている。

いいことがありそう♥

この神様がいます！

トリームールティ神

あまりなじみのない名前だが、ヒンドゥー教の三大神、破壊神シヴァ、維持神ヴィシュヌ、創造神ブラフマーが三位一体になった最高神のこと。何だか恋愛以外にも御利益がありそう！ セントラルワールドの目の前という一等地にあるのもまた人気の理由。

本気の恋かないます♥
木曜21:30に参りましょう

とりわけ恋愛に強いプラ・トリームールティは、エーラーワンの祠から徒歩5分の場所にある。ここがさらにパワーを発揮するのは木曜の21:30。ぜひこの時間にお参りしよう。

恋人が欲しい人はこちらへ参りましょう

プラ・トリームールティ
Phra Trimruti

東南アジア最大級のショッピングセンター、セントラルワールドの目の前に鎮座するふたつの祠。向かって左が、ここ数年話題の恋愛の神様だ。地元の若い女性がひっきりなしに参拝に訪れる。

Map 別冊P.13-C2　チットロム駅周辺

🕐24時間　休無休　料無料　BTS
Chit Lom駅⑥出口から徒歩7分

木曜の21:30はものすごい数の人が集まり熱気に圧倒される

恋の神様に供えるのは赤いバラの花

昼はこんな感じです

ここに来れば恋がかなうよ〜

昼間でも赤いバラと線香を持って参拝する人が絶えない

手前がプラ・トリームールティ、奥がプラ・ピッカネート

バンコクからのアクセス

バンコクからロットゥーに乗り、途中でソンテオに乗り換える。所要約2時間10分。
アクセスが不安な場合はバンコク発のオプショナルツアー（→P.183）を利用しよう。

帰りは混むので
早めに乗車を

①東バスターミナルへ
まずはバンコクの東バスターミナルへ。BTSエカマイ駅の出口のすぐそばなので、わかりやすい。

②乗車券を購入
18番カウンターへ。チャチューンサオまで片道105B、所要約1時間30分。20〜30分おきに発車。

③ロットゥーに乗車
乗車券を買ったらスタッフが乗り場まで案内してくれるので、18番カウンター近くで待機。

④ソンテオに乗り換える
チャチューンサオ・バスターミナルで6265番のソンテオに乗り換える。片道40B。人数が集まり次第発車。

⑤到着後に乗車代を支払う
エラワン象のすぐ前が乗降場。帰りの便は30分〜1時間おき、最終便は16:30。

ピンクの
ガネーシャの
看板あり！

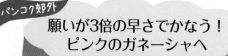

バンコク郊外

願いが3倍の早さでかなう！
ピンクのガネーシャへ

バンコクから東へ約90km、チャチューンサオ県にあるワット・サマーン・ラタナーラームはタイ最大級のピンクのガネーシャ像で有名な寺院。願いがすぐにかなう＆カラフルでフォトジェニックと大人気。ひと足延ばして参拝へ！

願いを
かなえるぞぉ〜

金運・
学業・
仕事運

A

ガネーシャ
ひときわ目を引くガネーシャ像。ヒンドゥー教の神様で商売繁盛など金運をもたらす

ガネーシャ像の前にある建物内ではガネーシャやネズミ、仏像に金箔を貼ってタムブンできる

具体的な願い事はネズミの像に

具体的な願いはガネーシャの周りに立つお使いのネズミに伝えよう。基本は生まれ曜日の色のネズミ。願い事が3倍のスピードでかなうといわれる。

願い事が
外に漏れない
ように…

反対の耳を手でふさいで、
願い事を伝えよう

金運に
御利益
あり

**黄金色のネズミは
全員マスト参拝！**
ガネーシャの目の前に立ち、とにかく人気。靴を脱いで踏み台へ

何曜日
生まれ？

**生まれ曜日色の
ネズミに具体的な
願いを伝える**

生まれた曜日の色は右でチェック。各曜日も反対の耳をふさごう

にぎやかな信仰の場

ワット・サマーン・ラタナーラーム

Wat Saman Rattanaram

バーンパコン川沿いに広がる、仏教からヒンドゥー教までさまざまな神様に合える信仰の場。なかでも幅16m、高さ22mものピンクのガネーシャ像は願いがかなうのはもちろん、色鮮やかで写真映えするとSNSでも話題。

Map 別冊P.3 タイ全図

⌂Moo 2,Tambom Bang Kaeo, Amphoe Muang Chachoengsao, Chachoengsao
☎08-1983-0400 ◷8:00～17:00
[休]無休 [料]無料 [交]東バスターミナルからロットゥーで終点チャチューンサオ・バスターミナルまで約1時間30分、バスターミナルから6265番のソンテオで約40分、終点下車

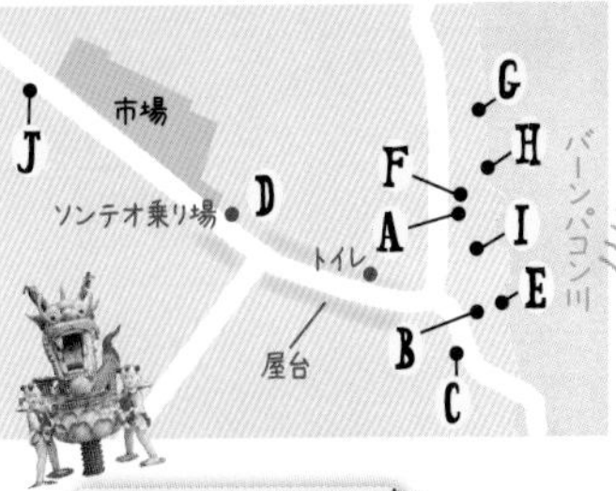
市場
J
ソンテオ乗り場
D
F
A
G
H
I
トイレ
E
B
C
屋台
バーンパコン川

ピンクの
ガネーシャ以外にも
開運スポットが
たくさん！

ピンクのガネーシャ以外にも巨大な釈迦像にブラフマー神、蛇神など、色彩豊かで、御利益とインパクト大の神様が鎮座。まるで神様のテーマパークみたい！

4面の神像

出世・諸願成就

B ブラフマー神

ヒンドゥー教の三大神のひとつ。台座の中には仏像が収められている

ブッダとも呼ばれる

諸願成就

C 釈迦

巨大な白いお釈迦様。ピンクの台座がかわいい。内部はみやげ物屋になっている

口から水が出る

厄除け・健康運

E ナーガ（蛇神）

川沿いに立つ、インド神話に登場する蛇神。尻尾の長さに注目

F 千手のガネーシャ

ピンクのガネーシャの隣に立つ。手にお札を供える参拝者が多い

金運・学業・仕事運

商売繁盛・学業運

D エラワン象

仏教の守護神、インドラ神（帝釈天）が乗る3つの頭をもつ巨大な象

高僧のフィギュアが並ぶ。まるで生きているようなリアルな作り

G

尻尾をくぐれる！

口から水を吐き出す2頭の龍

H

ランチSPOTも！

アーケードに屋台が並ぶフードコート **I**

ソンテオ乗り場近くにはレストランも

J

卵のせガパオライス

＼生まれ曜日のネズミをチェック／

タイでは生まれた曜日が重要とされ、曜日ごとに色や仏像も決まっている。曜日占いもポピュラー。事前に自分の生まれた曜日を調べておこう。

日曜 [赤]　月曜 [黄]　火曜 [ピンク]　水曜 [緑]　木曜 [オレンジ]　金曜 [青]　土曜 [紫]

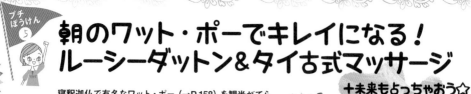

朝のワット・ポーでキレイになる！
ルーシーダットン＆タイ古式マッサージ
＋未来もよっちゃおう☆

寝釈迦仏で有名なワット・ポー（→P.158）を観光がてら
キレイになっちゃうのが賢いaruco女子！
無料のレッスン＆伝統のマッサージで朝活しましょ。
時間がある人は占い小屋ものぞいてみて！

ルーシーダットン＆タイ古式マッサージ　TOTAL 1.5時間～

オススメ時間 7:50～9:30　予算 360B～

予約不要！ 早めに到着しておくこと
ルーシーダットンはワット・ポーにある
マッサージ小屋の前で行われる。寺院の
入場料を払っていれば無料で、予約も不
要。入口からマッサージ小屋まで4～5分
かかるので、早めに到着しておくと安心。

ルーシーダッ
トンのポーズを
とっているよ

24体のルーシ
ーダットン
像があるよ

ラーマ3世の
時代に造られ
たものだよ

早起きして
リフレッシュ！

レッスンにな
いポーズの像
もいるよ

像はもともと
80体あった
んだ

ルーシーダットンって何？
"ルーシー" はサンスク
リット語で「仙人」「修行
僧」、"ダッ"はタイ語で「ス
トレッチ」「矯正」、"トン"
は「自分」という意味を
もち、もともとは僧侶た
ちが自分の体を矯正する
ためにしていた体操とい
われる。ヨガとは異なり、
細かい呼吸法や難しい
ポーズも少ない。

早朝のすがすがしい寺院で
1（ヌン）、2（ソーン）、3（サーム）

バンコク三大寺院のひとつワット・ポーで
毎朝行われるルーシーダットンのレッスン。
もともとはマッサージ師の準備体操を兼ね
て行われていたが、観光客も予約なしで参
加することが可能。朝の涼しい空気のなか
で受けるレッスンは最高の気持ちよさ。

1 7:50

マッサージ小屋の前に集合
マッサージ小屋の前に10分
前には着いておこう。場所は
事前にP.158の地図でチェック！

レッスンスタート！
時間になると先生が現れ、おも
むろにレッスンがスタート
する。見よう見まねでOK。

2 8:00

タイ古式マッサージの総本山
ワット・ポー Wat Pho

Map 別冊P.4-B3　王宮周辺

🏠2 Sanam Chai Rd.　☎0-2226-0335
🕐8:00～18:30（ルーシーダットンは8:00～
8:30）　休無休（ルーシーダットンは雨天中止）
料200B（外国人料金）　MRT Sanam Chai
駅①出口から徒歩5分

3 8:30

終了後お茶で休憩
終わる頃にはじんわり
汗をかいてくる。終了
後は冷たいお茶が配ら
れるのがうれしい。

ポーズはわりとカンタン♪

頭から足の先までを動かす、簡単な立ちポーズが中心。全部で20あるポーズのなかから、ダイジェストで代表的な動きを紹介！

これが基本の立ちポーズ

1

基本の立ちポーズ
肩幅に足を開き、均等に体重をのせる。両手を胸の前で合わせる

ヌン、ソーン、サーム

2

上半身のストレッチ
「1、2、3」のかけ声に合わせ、首、肩、腕の順でストレッチ

マッサージ小屋で無料のレンタルあり

3

腕を左右に伸ばす
両手を組み前方に伸ばして左右に振る。次に上に伸びをして同様に左右に振る

まだまだ余裕

4

足のストレッチ
上半身が終わると下半身へ。片足に重心をのせ、もう片方の足を伸ばす。上半身の動きと組み合わせたポーズもある

8

股関節のストレッチ
両足を広げ股関節のストレッチ。その後、腕と手のストレッチをして終了！

お疲れさまでした〜

「シンプルなポーズが多いので、腹筋などを意識的に使うようにしてくださいね」

こんなウエアで参加しよう！
ヨガウエアがベストだが、そのまま観光することを考えて決めよう。

トップス
寺院内なので体のラインが出ないゆったりTシャツがベター

かばん
自分の足元や近くのベンチに置くことができるので何でもOK

パンツ
スカートはNG。寺院内なのでパンツは膝丈より長いものを

靴
レッスン中は裸足が基本。靴を履きたい人はスニーカーをチョイス

7

最後の全身運動
片足が曲がらないよう前に伸ばしながら、もう片方の足の裏を地面に付けたまま腰をおとす

むずかしくなってきた〜

6

バランスのポーズ
この状態から、バランスをとりつつ片足でかがむ。前屈みにならないように！

5

弓のポーズ
次は全身のストレッチ。バランス感覚と筋力も必要になる。後ろへ足を上げることに集中しよう

あ、同じポーズだ！

41

タイ古式マッサージの総本山で全身スッキリ！ デトックス☆

800年前に仏教とともにタイに伝わった伝統医療のマッサージ。ワット・ポーはその教えを世に広める総本山として活動してきた。現在も寺院内にあるマッサージ小屋で、伝統のマッサージを受けることができる。マッサージは予約不要。（☎0-2221-2974）。

マッサージルームはエアコンの効いた大部屋のみ

ワット・ポー内には、経絡などに関する壁画も残っている

伝統のスゴ技をチェック！

1 まずは足からです

まずは仰向けの状態で、足裏→ふくらはぎ→太ももの順でマッサージ。その後、手と腕のマッサージに入る

2

次は横向きになり、太ももから腰、腕をマッサージ。ひねることで関節の可動域を広げ、姿勢を正しい位置に促す

3 あうう～ かたいですね～

次はうつ伏せの状態でマッサージ。足のむくみ取りのあと、肩甲骨や背中全体のストレッチ

6 スッキリする～！

ラストは脊椎と股関節のストレッチ。ボキボキと鳴っても痛くないから不思議

5

最後に座位で、肩や首、頭を重点的にマッサージ。凝りをほぐす。仰向けになって行うこともある

4 チカラは抜いてね～

再度仰向けになって、足と腰の部分を中心としたストレッチ

タイ旅行中なら2日に1回のペースで受けるのが体にいちばんいいですよ

マッサージで使えるタイ語

寒い（暑い）です	強く（弱く）してください	ちょうどいいです	痛いです	肩が凝っています
ﾊﾅｳ(ﾛｰﾝ)ｶﾂ	ﾚｰﾝｾﾞ(ﾊﾞｵﾊﾞｵ)ﾖｲｶﾂ	ｶﾟﾗﾝﾃﾞｰｶﾞ	ﾁｪｯﾌﾟﾉｶﾞ	ﾑﾜｲﾗｲｶ
ﾅｰｵ(ﾛｰﾝ)ｶ	ﾚｰﾝﾚｰﾝ(ﾊﾞｵﾊﾞｵ)ﾉｲｶ	ｶﾑﾗﾝﾃﾞｨｰｶ	ﾁｪｯﾌﾟｶ	ﾑﾜｲﾗｲｶ

Q&A タイ古式マッサージの魅力

先生に聞く！

ワット・ポー・タイ・トラディショナル・メディカル＆マッサージスクール クン先生

Q タイ古式マッサージって何ですか？

A 2500年前に仏教とともに伝わったタイの伝統医療です。100以上ある基本の型を行うことで、センと呼ばれる体中のツボのようなものを刺激して、健康な体に導きます。

Q 痛そうに見えますが大丈夫？

A アクロバティックな型が知られているので、痛そうに見えますが、ほとんど痛みはありません。施術中に眠ってしまう人も多いですよ。安心して利用してください。

Q タイ人にとってマッサージって？

A とても日常的なものです。街のいたるところにマッサージ屋があるので、疲れを感じたとき、風邪のひきはじめなどに行く人もいます。街歩きに疲れた気軽に立ち寄ってください。

Q マッサージを受ける際の注意は？

A 高熱があるとき、飲酒後や、食後1.5時間以内は受けないほうが良いです。女性は妊娠中、生理中も避けておきましょう。心臓の持病がある人は、かかりつけの医師に事前に相談を。

参拝してから未来を占ってもらおう！

日本以上に占いが盛んなタイ。実は、ワット・ポーに占い師が在籍していて、境内の案内板にも「Fortune Teller（占い師）」と記載されている。場所は大寝釈迦仏のすぐ近くにある売店の奥。

場所はP.158の地図でチェック！

おみやげ店の奥へ！
ワット・ポーの占い
⏱9:00～16:30　💰700B
(英)▶

英語で占いますよ

占いの流れ

占い師は3名いるが、休憩などで不在の場合もある。
また、英語が話せない人もいるので、
Google翻訳などを駆使しよう。

まずは占いデータ（生年月日、出生時間、名前、国籍）を英語で記入。出生時間がわかるとより詳しく占える

お金入るけど、出ていくのも早いですね～

ソントンさん
御年なんと90歳！ 占い師歴35年の大ベテラン。生年月日と出生時間、手相で占う。
※2023年5月現在、ソントンさんは退職され、代わりに娘さんが在籍している。

全体的な運勢、性格などを教えてくれる。次に運気の流れや仕事、恋愛や結婚について。メモ帳とペンを貸してくれるので、大事なことは書き留めておこう

最後に手相を観て、今後の運勢を占う。所要40分～1時間程度で終了。聞きたいことがあったらどんどん質問しよう

タイ式のホロスコープが完成！

これをもとにソントンさんが占いを開始。分厚いタイ語の占星術本をもとにタイ式のホロスコープを作成する

今年と来年、運気いいですよ！動きます

大人気！

ワット・ポーで占いをしていた
日本語堪能なチャトリーさんに占ってもらう

バンコク在住の日本人から「怖いくらい当たる！」と絶大な人気を誇る占い師・チャトリーさん。オンラインでの占いも可能で、その場合はPay Palで支払う。

チャトリーさん
元ワット・ポー在籍の占い師。これまで4000人以上の日本人を鑑定してきた。占術はタイ占星術、手相など。大の日本好きで毎年数回来日している。

🔗astrologyinter.com
💰1500B（対面の値段）

予約
まずは公式サイトへ。予約フォームやLINEは英語で、電話は日本語で予約できる。その際、生年月日と出生時間、国籍を伝える。鑑定場所はスクムウィット界隈のホテルやカフェなど好きな場所でOK。

当日
スムーズに待ち合わせができるように、到着したら電話する。洋服の特徴を伝えるなど、あらかじめ決めておいたほうがいい。

★実録・ライターKの体験レポート★

専用の占星術計算で鑑定
生年月日、出生時間をもとに、先生にしかわからない占星術計算メモを見ながら鑑定開始

運勢や運気のいい時期を教えてくれる
「あなたの運勢は大吉です。楽しいことが大好きな自由人。飽きっぽい性格ですね」（飽きっぽい……確かに。）「今年10月～来年5月が好運気。出会い運ありますよ。転職するのもいいです」（やった！ えっ、まさかの転職!?）

ラッキーな色や場所も
「ラッキーナンバーは2、3、6、7。1と5は×。水色と黒、紫がラッキーカラー。赤とオレンジは×。ラッキースポットは大きな国や花がきれいなところです」

注意すること、未来のことも
「気管支が弱いので注意。ビタミンCを取って。温泉でデトックスもいいです」「将来はいろいろな仕事しますね、ギャンブルはダメ」

日本語は独学で勉強しました

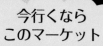

プチぼうけん 6

毎日がお祭りみたい！

ローカルにも大人気！ナイトマーケットをアップデート♪

今行くならこのマーケット

最近はフード中心のマーケットが人気。紹介するふたつのマーケットはMRTの隣駅にあるので、1日で両方行くこともできる。

ジョッド・フェアズ JODD FAIRS

今いちばん勢いがあるナイトマーケット。週末にはローカルの若い人たちでにぎわい、フードを購入しても、席を見つけるのが大変なほど。

Map 別冊P.3-C2 ラチャダーピセーク通り周辺

⌂Rama 9 Rd. ☎09-2713-5599 🕘17:00～24:00 [休]無休 [交]MRT Phra Ram 9駅②番出口からセントラル・ラーマ9経由で徒歩4分 ◎jodd_fairs

📷 上からマーケットを見下ろす写真は、セントラル・ラーマ9の駐車場から撮れるよ！ 5階くらいがきれい★

Let's Go! 地元っ子でいっぱいのマーケットへ！

MRTの駅を出ると、ショッピングセンターのセントラル・ラーマ9が直結していて便利。ナイトマーケットに近い出口を探すと、1階のスタバの近くに看板を発見！

超混雑！フードがいっぱい！

この日は週末だったので、人・人・人……。店によっては満席や行列のところも！

モヒート&スムージー・バイ・1958・カフェ

◎mojito_smoothies_by_1958_cafe

人気のマンゴースムージー屋さん発見

フレッシュマンゴーがドーンと付く贅沢なマンゴースムージーは90B。ジューシーで幸せ♡

インパクト大の「レンセープ」は、ゆでた豚骨にトムヤムスープをかけた料理。マーケット内に数店舗あって、どこも混雑していました★ ひとりだったので注文できず……涙。

ウワサのレンセープの店

雑貨や虫も見つけたよ～！

はやりのフードがいっぱい！

マーケット内はフードエリアとショップエリアに分かれているけれど、フードがメインの印象。ショップはローカルの若者向けで、安カワ雑貨も！ あと、ここで昆虫食にトライできます（笑）。

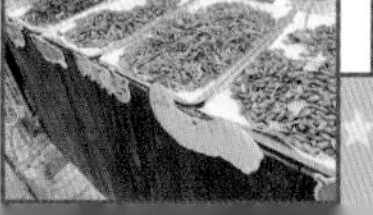

NEWS

ジョッド・フェアズ・フェーズ2もオープン！

2023年5月に「フェーズ2」として敷地を広げ、新たに400店がオープンしているよ！

2023年末をめどに移転の予定あり！

ザ・ワン・ラチャダー（P.45）と同じタイランド・カルチャー・センター駅 Map 別冊P.3-C2 から徒歩数分の場所に移転が決まっているよ！ SNSで最新情報をチェックしてね★

ワクワク！

常夏の都市バンコクでは、涼しくなる夕方にオープンするナイトマーケットが人気。市内のあちらこちらにできているが、なかでも人気の三大マーケットに潜入&レポ！

ナイトマーケットさんぽ

オススメ時間 18:00〜22:00　　予算 800B〜

帰る時間&盗難に注意！
ナイトマーケットからホテルまで帰る手段をあらかじめ考えておこう。タクシーは深夜に女性のみで乗るのは避けたい。週末など混雑しているときには、リュックを前に抱えるなど盗難に気をつけて。

THE ONE RATCHADA

ザ・ワン・ラチャダー

カラフルなテントで人気だったタラート・ロットファイ・ラチャラー跡地に、2022年9月オープン。屋根付きのバーなどが充実。

Map 別冊P.3-C2
ラチャダーピセーク通り周辺
🏠 55/10 Ratchadaphisek Rd.　☎ 0-2006-6655
🕐 17:00〜24:00　休 無休
🚇 MRT Thailand Cultural Center駅3出口から徒歩2分　URL theoneratchada.com

Let's Go!
旅行者にイチオシはこっち!!

上からマーケットを見下ろすには、隣接するショッピングセンター、エスプラナーデ4階から駐車場へ移動。

テントはこちらも白で統一！

こっちは雑貨も多くて楽しい♪

ジョッド・フェアズ（P.44）よりもおみやげにぴったりの雑貨が充実している印象。あ！タイパンツも売ってる！！

ネイルサロンを利用している子がけっこういました！エスプラナーデから入ると奥側には屋根付きのバーもあります。電飾キラキラ★

バーやネイルサロンもあるね

定番のタイ料理から、日本や韓国から来た話題のスイーツまで、何でも安うま！食べ歩きにぴったり♪

フードも楽しいよ〜！

イーサーン・ソーセージ50B　ココナッツ・スムージー50B

ローカルの若者向けのプチプラファッションも多いね〜。掘り出し物が見つかるかも？

ファッションアイテムもチェック！

川沿いナイトマーケットが
アミューズメントパーク化！

古い倉庫群をリノベーションした、ナイトマーケットの先駆け的存在。観光客向けでエンターテインメント施設が増えている。

アジアティーク・ザ・リバーフロント

ASIATIQUE
THE RIVERFRONT

Let's Go!
ナイトマーケットの
先駆け・アジア
ティークへ！

BTSサパーン・タークシン駅からすぐのサートーン船着場から無料シャトルボートを利用！待合所がわかりにくかったので事前に確認を（→P.182）

無料シャトルボートでアクセス！

川沿いをぶらぶら歩いて、観覧車のほうへ歩いてみたよ。メリーゴーラウンドと、隣にお化け屋敷を発見！お化け屋敷は乗り物で移動するタイプ。

かわいいメリーゴーラウンドとお化け屋敷！？

A

メリーゴーラウンド
Grand Carousel1人100B
（17:00〜23:00、金〜日・祝は16:00〜）

A **お化け屋敷**
Mistery Mansion1人300B
（17:00〜23:30、金〜日・祝は16:00〜）

アジアティーク・ザ・スカイ
Asiatique the Sky
1人500B（17:00〜24:00、金〜日・祝は16:00〜）

回転スピードが速いというウワサの観覧車。速くて楽しい〜！しかも3周してくれます！エアコンも効いていました★

B

オープン当時からある観覧車に乗ります♪

コロナ前はセンスのいいショップが多くて楽しかったショッピングですが、ほとんどが入れ替わっている様子でした。昔ながらのアジア雑貨が多い印象で残念……涙。でも、くまなく歩くといい感じのショップもちらほらありましたよ！

マッサージ店も営業中！

ショッピングも楽しめるかな？

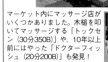

マーケット内にマッサージ店がいくつかありました。木槌を叩いてマッサージする「トックセン（30分350B）」や、10年以上前にはやった「ドクターフィッシュ（20分200B）」も発見！

タイティーのチャー・トラ・ムーでひと休み♪

カフェを探していたら、タイティーのチェーン店を見つけました。タイティーはアイスが基本です。普通だととても甘いので、メニューにある「70%Less Sweet」で注文！40B。ここは昼間から営業しています。

C

46

19世紀後半に活躍した倉庫群をおしゃれにリノベーションし、2012年にオープン。コロナ前のショップ総数は1500！ 川に面した雰囲気のいいレストランや、気軽な食堂なども充実している。

Map 別冊P.2-A3 チャルーン・クルン通り周辺

🏠2194 Charoen Krung Rd. ☎0-2108-4488 (10:00～18:00) ⏰11:00～24:00 休無休 BTSサパーン・タクシン駅②土口近くのCEN Sathorn船着場から無料シャトルボートで10分、またはタクシーで10分 www.asiatiquethailand.com

無料シャトルボートが便利！
BTSサパーン・タクシン駅からすぐのサートーン船着場から、16:00～23:30の約15分おきに無料ボートが出ている。運行時間外はタクシーや、チャオプラヤー・エクスプレス・ボートの青遊船(8:30～19:15、30B)を利用しよう。

Warehouse6の食堂もお店が変わっていました。新しい店の呼び込みがすごくて逃げたくなり、静かな川沿いのシーフードタイ料理店へ。ここは何でもおいしいです。川エビのグリル600B、ヤム・ウン・セン290Bなど。

コーダン・タレー
Kodang Talay
(☎0-2108-4498
⏰16:00～24:00)

川沿いのレストランでディナー

コロナ禍では閉鎖されていたカリプソ・キャバレーが2022年12月に営業再開していました！ よかった！

カリプソ・キャバレー D
Calypso Cabaret→P.170

遊びに来てね♡
キャバレーショーも再開！

まだまだ閉鎖のところも多かった

看板を見ると自分のいい場所がわかるよ！

アジアティークはコロナで長く閉鎖されていたため、ほとんどの店が撤退を余儀なくされたようです。マンゴー・タンゴや、リボンバッグで知られるナラヤ、タイ料理のバーン・カニタなど、日本人に人気の店はありませんでした。今は改装中の場所も多いので、今後に期待！

コーダン(warehouse)タイ語で倉庫という意味。

トローク(Trok)タイ語で小径という意味。

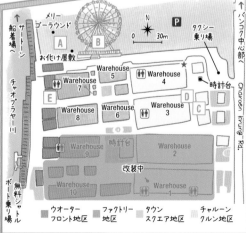

メリーゴーラウンド
P タクシー乗り場
N 0　30m
サートーン船着場へ
お化け屋敷
A B
Warehouse 7
Warehouse 5
Warehouse 4
時計台
E
Warehouse 8
Warehouse 6
Warehouse 3
D
C
チャオプラヤー川
Warehouse 9
時計台
Warehouse 2
改装中
無料シャトルボート乗り場
Warehouse 10
Warehouse 1
↑バンコク中心部へ
Charoen Krung Rd.

■ウォーターフロント地区　■ファクトリー地区　■タウンスクエア地区　■チャルーンクルン地区

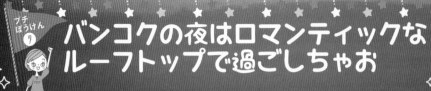

バンコクの夜はロマンティックな
ルーフトップで過ごしちゃお

バンコクの夜はルーフトップにあるレストランやバーで過ごすのがおすすめ！
窓ガラスなどの隔たりがない夜景は、日本では味わえない特別感♡

新・観光名所となっている
マハーナコーンタワー

ガラスの展望台をもつバンコクの新名所。
地上314mの高さから地上を足元に見下
ろすスリリングな体験ができる。

ココを選ぶワケ

高さ 74・78階
予算 880B〜

入場料がかかるが、飲食しなくても利用できる。昼も楽しめるのも魅力。

シューズカバーをしてから入場

Day

地上314mから
バンコクを見下ろす

Mahanakhon skywalk

マハーナコーン・スカイウォーク

ルーフトップで夜景を楽しむ★

TOTAL 5時間〜

オススメ時間 17:00〜22:00

予算 1000B〜

事前の予約がオススメ！
世界中から旅行者が戻っているので、満席のことも。とっておきの景色のイスをキープするなら予約がベター。ID提示が必要な店にはパスポートを持参しよう。

マハーナコーンタワーはタイで2番目に高い建物（1番は318mのアイコンサヤームだが、レジデンスなので展望台はない。免税店キングパワーの運営なので、ショッピングも楽しめる。

Map 別冊P.9-C2・3
シーロム通り周辺

114 Narathiwas Rd.
☎0-2677-8721（9:00
〜18:00）⏰10:00〜
24:00（スカイウォークの入場は〜18:30）休無休 Card A.J.M.V.
表⏰10:00〜15:30は880B、15:30〜19:00は1080B、19:00〜24:00は1ドリンク付き1080B 交BTS Chong Nonsi
駅③出口直結 URLkingpowermah
anakhon.co.th

74・78階
スカイウォーク Skywalk

最上階が人気の展望台スカイウォーク。スカイビーチSky Beachというバーを併設。

ガラス部分にはカメラや携帯を含む手荷物一切持ち込み不可。近くの棚に預ける

76・77階
オホ・バンコク Ojo Bangkok

絶景が楽しめるメキシコ料理レストラン。食事をすると78階へも無料でアクセスできる。

23〜73階
レジデンス Residences

中〜高層階は住居用フロア。運営はリッツ・カールトン The Ritz-Carlton。

74階の屋内展望台にある二次元コードを読み取ると、スマホからバンコクの名所がわかる

1〜18階
**ザ・スタンダード・バンコク・マハーナコーン
The Standard Bangkok Mahanakhon**

2022年7月に開業した高級ホテル。女子旅にぴったりのキュートなデザイン！

**マハーナコーン・キューブ
Mahanakhon Cube**

レストランやフードコート、スパなど、商業施設が集まった建物。タワーとは隣接した別棟になっている。

BTSの駅直結のマハーナコーン・キューブ。タワーへはキューブを抜けてアクセスする。キューブ内のフードコートもおすすめ（→P.92）

ココがマハーナコーン

**遠くからでも
目立つ建物**

ルーフトップは夜のスタンダード！

街は夜になると魔法にかかったように装いを変える。食事やアルコールを楽しみながらキラキラの夜景を堪能しよう！

Yào Rooftop Bar

点心が食べられるルーフトップバー

ヤオ・ルーフトップバー

バンコクでは数少ない中国料理が提供されるルーフトップバー。バンコク・マリオット・ホテル・ザ・スリウォンの32階にあり、360度のパノラマビューを楽しめる。値段も手頃。

カクテルで乾杯

マハーナコーンも見えるよ

20歳未満の入店は、20時まで

ココを選ぶワケ
[高さ] 32階
[予算] 1000B～
チャオプラヤー川、マハーナコーン、アイコンサヤームなど名所を一望。

クリスマスや年末年始は2ヵ月前までの予約がおすすめ

[Map] 別冊P.8-B2　シーロム通り周辺

🏠32nd Fl., Bangkok Marriott Hotel the Surawongse, 262 Suriwong Rd.　☎0-2088-5666　🕘17:00～24:00（食事は21:30LO、ドリンクは23:30LO）［休］無休　[Card]A.J.M.V.　👠スマートカジュアル　［予］したほうがよい　[英]　[英]　［交］BTS Chong Nonsi駅③出口またはMRT Sam Yan駅①出口から徒歩15分　[URL]www.yaobangkok.com

ホタテとエビのシュウマイ258B、エビの豆腐包み288Bなど

ドレスコードに注意しよう

これらのレストランではドレスコードを設けているところがほとんど。ジーンズやカジュアルな短パン、ビーチサンダルやスリッポンはNG。ちょっとおしゃれをして行ったほうが雰囲気をより楽しめるはず。

遊びに来てね！

1.西欧料理やタイ料理が中心。おすすめはエビの揚げ春巻き230B　2.12星座をモチーフにしたドリンク。獅子座（425B）はパッションフルーツが爽やか　3.ソファやカウンターなど60席

ココを選ぶワケ
[高さ] 29・30階
[予算] 1000B～
駅から近く交通至便。ルーフトップ初心者やゆっくり飲みたい人にも◎。

子供は21時まで入店可能。屋根があるので雨天も安心

Hi-So Rooftop Bar

ルムピニー公園を見下ろす絶景！

ハイソー・ルーフトップバー

「SO/バンコク」の29階と30階を占める開放的なバー。夕方明るい時間は緑豊かなパークビュー、夜はきらびやかなシティビューを楽しめる。90年代の曲が流れる店内は居心地のよさ抜群。

[Map] 別冊P.10-B2　シーロム通り周辺

🏠29-30th Fl., SO/ Bangkok, 2 Sathron Nua Rd.　☎0-2624-0000　🕘17:00～23:00（LO）［休］無休　[Card]A.D.J.M.V.　👠スマートカジュアル　［予］したほうがよい　[英]　[英]　［交］MRT Lumpini駅②出口から徒歩5分　[URL]www.so-bangkok.com/dining/hi-so/

Tichuca Rooftop Bar
ティチュカ・ルーフトップ・バー

巨大ツリーの幻想的な空間へ！

ブラジルのジャングルのイメージ

「都会の中の森」をイメージしたジャングルのようなライトがSNS映えする人気のルーフトップバー。ノリのいい音楽とアルコールを楽しむのがメインで、フードはフライドポテト程度の軽食のみ。

Map 別冊P.17-C3 トンロー駅周辺

🏠46-50th Fl., T-One Bldg., 40 Sukhumvit Rd. ☎06-5878-5562 ⏰17:00～24:00LO（金・土は～翌1:00LO）休無休 Card D.J.M.V. 日～木のみ可能 要 映 BTS Thong Lo駅④出口から徒歩5分 URL www.paperplaneproject.net

ココを選ぶワケ
高さ 46～50階
予算 500B～
エネルギッシュなバンコクの夜を体感したい人におすすめ。値段も手頃。

基本的に予約不可なので行列必至。開店時に入店がベター

1.「T-One」ビル46階から入店。階段で50階まで上がれる 2.予約は日～木曜10席のみ可能 3.左はジンとパイナップルベースの「ユズ・コラーダYuzu Colada」480B

Octave Rooftop Lounge & Bar
オクターブ・ルーフトップ・ラウンジ＆バー

トンローエリアの人気ルーフトップバー

在住者に人気のルーフトップバー。45～49階とそれほど高さはないが、値段が手頃でドレスコードが厳しくない気軽さも魅力。フードは軽食からグリル料理まで幅広く、いろいろなシーンで利用できる。

Map 別冊P.17-C2 トンロー駅周辺

🏠45-49th Fl., Bangkok Marriott Hotel Sukhumvit, 2 Soi 57, Sukhumvit Rd. ☎0-2797-0000 ⏰17:00～翌2:00（食事は～23:30LO）休無休（オープンエア部分は雨天時）Card A.D.J.M.V. スマートカジュアル 要 映 BTS Thong Lo駅③出口から徒歩2分 URL www.marriott.co.jp

1.カクテル390B～、モクテル280B～ 2.ゆっくり過ごせるソファやカウンターも 3.旅行者にもうれしいタイ風サラダ380Bやカーオニャオ・マムアン250Bなどもある（写真はイメージ）

ココを選ぶワケ
高さ 45～49階
予算 500B～
高さがないので光の中に自分がいる感覚を楽しみたい人へ。価格も控えめ。

スタンディングでお酒を楽しむなら予約なしでOK

特別な夜になったね

バンコクの街を360度眺める
Vertigo
ヴァーティゴ

バンヤンツリー・バンコクの屋上にある老舗のルーフトップバー＆レストラン。夜景と上質の食材を使ったグリル料理950B～が楽しめる。1階下のヴァーティゴ・トゥーは屋内なので、雨の日でも利用できる。

Map 別冊P.10-B2 シーロム通り周辺

住 61st Fl., Banyan Tree Bangkok, 21/100 Sathorn Tai Rd. ☎0-2679-1200 営18:00～22:30（バーは17:00～翌1:00）休無休（雨天時は要問い合わせ）[Card]A.D.J.M.V. ドレスコード スマートカジュアル 予したほうがよい [英] 英メニュー 交MRT Lumphini駅②出口から徒歩8分 [URL]www.banyantree.com

1.特別な日に利用したい贅沢なメニュー。3品コースのセットが2900B 2.手前のヴァーティゴ・サンセットは550B 3.おしゃれをして

地上61階、196mから見下ろすオフィス街は絶景

ココを選ぶワケ
[高さ] 61階
[予算] 500B～
地上からの高さ、サービスのよさの両方を求めている人におすすめ。

予算オーバー？ それならバー利用をしよう

ヴァーティゴは食事をするには予算4000B程度～。予算的にキビシイけど雰囲気だけは楽しみたいときには、1～2杯だけバーを利用するのがおすすめ。

ヴァーティゴのバーカウンターの混雑ぶりはすごい

地上46階のガラスの橋を渡ろう
Cielo Sky Bar & Restaurant
シエロ・スカイバー・レストラン

食事利用の人が多い印象。屋内席も充実している

プラカノンのおしゃれ複合施設「Wディストリクト」にある。夜景を少し離れた場所から眺める感覚で、ゆったりした雰囲気。シーフードのパスタやメイン料理が楽しめる。

ココを選ぶワケ
[高さ] 46階
[予算] 300B～
場所柄混雑し過ぎることがない穴場。静かな雰囲気を求める人向け。

Map 別冊P.3-C3 プラカノン駅周辺

住 46th Fl., Sky Walk Condominium, W District, 69-70 Sukhumvit Rd. ☎0-2348-9100 営17:00～翌1:00（食事は～24:00LO）休無休 [Card]A.D.J.M.V. 予したほうがよい [英] 英メニュー 交BTS Phrakanon駅③出口から徒歩5分 [URL]www.cieloskybar.com

1.デザートとアルコールのみ利用するのもいい（写真はイメージ） 2.46階から建物の中を見下ろすガラス張りのフロア 3.パッションフルーツやパイナップルなどを使ったカクテル420B～

バンコク都心にキャンパスがある
タイの名門大学めぐり♪

チュラー大の
売店

タイ指折りの名門大学が集まる首都バンコク。
実は観光地のすぐ近くにキャンパスがあり、
気軽に学生生活を垣間見ることができます!

今日のお昼
何にした?

学生生活
最高!

チュラー大は
学部ごとに
学食がある

制服姿が
新鮮!

チュラー大の講堂は
伝統的なタイ建築

チュラー大は外
のベンチも多い

観光の途中で立ち寄れる
おすすめの大学はこちら!

旅行者がアクセスしやすいのは、"バ
ンコクの渋谷" サヤームにある「チュ
ラーロンコーン大学」と、王宮のす
ぐ近くにある「タマサート大学」「シ
ラパコーン大学」のふたつの大学。

バンコクの大学に潜入

TOTAL
1時間〜

オススメ
時間　9:00〜
　　　16:00

予算
30B〜

休みの日は学食もクローズ
大学が休みの土・日曜、祝日と、
5〜7月の夏休み、12月の学期休
みは避けたい。長期休み期間も
キャンパスに入れないことはない
が、学食は多くの店が閉店する。

タイの東大と呼ばれる
チュラーロン
コーン大学
Chulalongkorn
University

夏休み期間中の学食はとても静か

サヤームに巨大なキャンパスをもつタ
イの最高学府。1917年創設の国立大
学で、2017年には100周年記念公園
がオープンし話題になった。点在する
学食を目指して歩いてみよう。

Map 別冊P.12-B3〜P.13-C3

サヤーム・
スクエア周辺

🏠254 Phayathai Rd. ☎0-2218-3331〜5 🚉BTS
Siam駅⑥出口から徒歩10分 🌐www.chula.ac.th

左/ビータン入りのガパ
オ35B 下/カイ・トー
トは1ピース30B（どち
らも文学部の学食）

カイ・トートください!

おいしい鶏の
から揚げよ!

学食は各学部に
あり、店舗総数
は100以上!

（地図内ラベル）
Rama 1 Rd.
BTS ナショナル・スタジアム駅
サヤーム・センター
Siam Center
サヤーム・
パラゴン
Siam Paragon
BTS サヤーム駅
国立競技場
National Stadium
MBK
サヤーム・スクエア
Siam Square
薬学部
医学部
大学家
チュラーロンコーン
百周年記念公園
CU Centenary Park
芸術学部
ロイヤル・
バンコク
スポーツクラブ
Royal Bangkok
Sports Club
理学部
教育学部
Phayathai Rd.
Henri Dunant Rd.
大学寮
工学部
政治学部
Rama 4 Rd.
0　200m
N
商学部
サムヤーン・ミットタウン
Samyan Mitrtown
MRT サムヤーン駅
チュラーロンコーン大学
…出入口
…学食

タイで2番目に古い国立大学

タマサート大学
Thammasat University

時計台はシンボル

手前は大学を創設したプリーディー・バノムヨンの像

経済学部に隣接する学食。学生以外の人も気軽に利用OK

チャオプラヤー川に面したキャンパスを有する、1934年創設の歴史ある大学。法学部が有名で国内トップレベル。歴代首相を輩出しているほか、俳優Win（→P.15）の出身校としても知られる。

Map 別冊P.4-B1・2　王宮周辺

🏠 2 Prachan Rd.　☎ 0-2613-3333
🚢 Tha Maharaj船着場から徒歩3分
🔗 tu.ac.th

大学のグッズを扱うブックセンター

川に面した気持ちのいいキャンパス

アートセンターでは無料の展示会を不定期で開催

考古学にも強いタイの芸大

シラパコーン大学
Silpakorn University

アートショップを併設

タイの芸大と呼ばれる1943年創設の国立大学。キャンパス内にはアートが点在し、歩くだけで自由な空気が楽しめる。マムアンちゃん（→P.18）の生みの親、タムくんの出身校としても知られる。

Map 別冊P.4-A・B2　王宮周辺

🏠 31 Na Phra Lan Rd.　☎ 0-2221-3841
（アートセンター）　🚇 MRT Sanam Chai駅
① 出口から徒歩17分　🔗 www.art-centre.su.ac.th（アートセンター）

あちらこちらでアート作品の展示が見られる

壁画もアート

タイの名門大学めぐり♪

プチぼうけん 8

ドリンク売店のピンクミルク39B

政治学部
経済学部
語学学校
時計台 Dome
リベラルアーツ学部
バンコク国立博物館
法学部

タマサート大学
講堂

ふたつの大学間は歩いて5分

商学部
ブックセンター
Phra Chan

ワット・マハータート Wat Mahathat

王宮前広場 Sanam Luang

タマサート大学の人形100B

考古学部
講堂
建築学部

アートセンター
図書館

シラパコーン大学

Maharaj

シラパコーン大学のトートバッグ350B

Tha Chang
Wat Phra Kaeo ワット・プラケオ

N　0　50m

Na Phra Lan Rd.

Maharat Rd.
Na Phra That Rd.
チャオプラヤー川

…出入口
🍴 …学食

タイの大学事情が知りたい！

☑ タイの教育制度って？

タイは小学校6年、中学校が前期と後期に分かれており、前期3年までが義務教育。日本の高校に当たる中学校後期は3年で就職率は約8割。2学期制で、約3ヵ月の夏休みのほか、学期間に1ヵ月の休みがある。

☑ 大学の進学率は？

中学校後期課程を修了したうちの5割が大学に進学する。世界一貧富の差があるといわれるタイは、大学進学のために塾などへ通うのが一般的で、金銭的に余裕がないと大学進学は難しい。タイのお金持ちのレベルは日本の比ではないので、高級車で大学に通う様子がドラマで描かれるが、タイでは普通のことだそう。

☑ 大学生も制服がある！

タイでは大学生も制服がある。上は半袖の白シャツ、下は黒のプリーツかタイトスカート、男子は長ズボン。大学の名前が入った制服は簡単に購入できるが、学生以外が着用して街を歩くと法律違反になるので注意！

☑ 大学生活が知りたい！

ドラマ『SOTUS』で描かれたラップノーン（新入生歓迎儀式）は大学で実際にある行事。学生が学部単位で自主的に行っており参加は任意だが、不本意でも参加するという学生が多いとか。卒業式には王族が卒業証書を一人ひとりに手渡すため、卒業の数ヵ月後、遅いと翌年以降になることもあり、仕事を休んで参加するのが一般的。

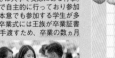

円安&物価高もマイペンライ！
屋台街でランチ&ディナー食べてみよう

バンコクは街角のいたるところに、いい匂いを漂わせた屋台が出ている。
ここでは旅行者が利用しやすい安心の屋台街をご紹介！

トンサイ・マーケットは
BTSベーリン駅
からすぐ

おいしい屋台ご飯は
どこで食べられるの？

アパートにキッチンがないことも
多く、外食で済ませる人が多いバン
コクは、屋台のレベルも高く、
ミシュランのビブグルマンに選ば
れている店も。街のどこにでも屋
台は出ているが、今回はたくさん
の屋台が集まった屋台街をご紹介。

パッタイ

米麺を使ったタイ風焼き
そば。具はエビが定番。

ムー・ピン

甘じょっぱいたれに漬け
て炭火で焼いた豚串。

ソムタム

青パパイヤを叩いて作る
辛くて酸っぱいサラダ。

屋台ご飯といえばこれ

タイ料理レストランに行けば、何でもあ
ると思ったら、ちょっと違う。ガパオや
クァイティアオ（麺料理）は屋台、フー
ドコート、専門店で食べるのが一般的。

クァイティアオ

クァイティアオ（米麺）は、
バリエーション豊富。

ガパオ

挽肉をガパオ（タイバジ
ル）と炒めてご飯にのせ
た屋台の定番。

屋台利用の心得！

- 客の多い店は絶対においしい！
- おなかの弱い人は出された水は
  飲まないこと
- 生ものは避け、よく火の通った
  料理を選ぶ
- カトラリーは除菌ウエット
  ティッシュで拭いて使う！
- 注文はタイ語か指差しが基本
  （たまに英語もOK）
- 支払いは現金。小銭
  （100B、50B、20B札し）を用意！

二次元コード決済の
店もあるけれど、
日本のものは
使えないよ！

これはいくらですか？
อันนี้เท่าไรคะ
アンニー タオライ カ

屋台ご飯にトライ！

TOTAL
1時間〜

オススメ
時間　11:00〜14:00と
17:00〜22:00

予算　250B〜

タイ料理をいろいろ試すチャンス！
ちゃんとしたレストランでいろいろ注文す
ると、そこそこの値段になるのが今のバン
コク。屋台をかしこく利用しよう。

これをください
เอาอันนี้ค่ะ
アオ アンニー カ

テイクアウトします
เอากลับบ้านค่ะ
アオ グラッ（プ）バーン カ

カラフルな
テントが印象的な
トンサイ・
マーケット

おすすめの時間帯 17:00~22:00

おいしいローカルフード屋台が150軒!

食べに来て!

人気のアヒルの丸焼き130B

トンサイ・マーケット

Tonsai Market

Map 別冊P.3-D3外 バンコク郊外

⌂3774 Skhumvit Rd. ☎08-5841-4246（事務所） 🕘16:00~24:00（店により異なる） [休]無休 [Card]不可 [交]BTS Bearing駅②出口からすぐ

大きなガジュマル（トンサイ）の木が立つ屋台街。ローカル向けなので英語表記はほとんどないが、おいしい屋台が集まっている。毎日バンドの生演奏があり雰囲気も抜群。

カラフルでキュートなマシュマロは1本10B

コレでディナー1000円

ムー・クローブ 65B

カリカリに揚げた豚バラ肉。2種類のソースで楽しめる。豚のイラストが目印

[A] ラーン・ムームー・ヒア・ブーン

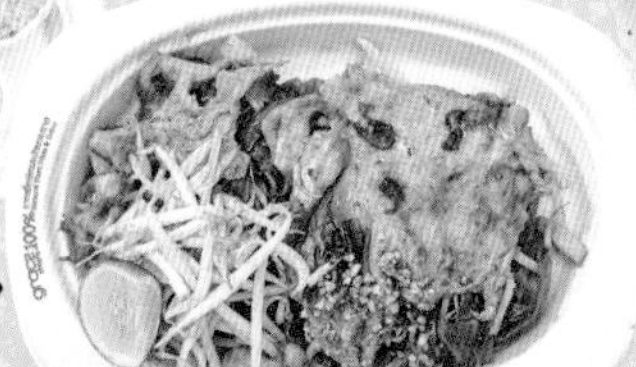

卵入りパッタイ 40B

シンプルだけどコシのある麺がおいしい。エビ入りやイカ入りは各50B。オースワン（牡蠣の卵とじ）も人気

[B] クルア・クン・ルンラパン

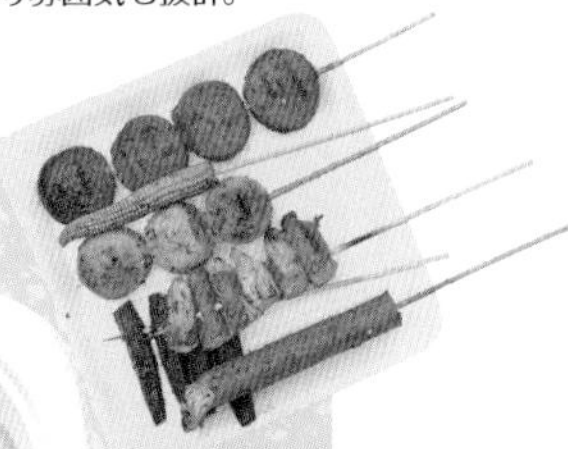

麻辣串焼き 各5~15B

麻辣（マーラー）はタイでも人気。串を選んでトレイにのせてスタッフに渡すスタイル

[D] ピンヤーン・マーラー

ココナッツ大判焼き 各15B

日本の大判焼きがタイの屋台でも食べられる。ココナッツや紫イモなどタイらしいものを選んで

[C] オオバンヤキ・サクラ

ソムタム・タイ 50B

ローカルに人気のソムタム屋台で時間によっては行列も。具材は30種類以上。50~150B

[E] タム・セープ・ウボン

Chang
CLASSIC

ビールを足しても1400円!

ビアガーデンのようにビール販売もある。瓶はチャーン100B。

生ビールは1ℓピッチャーで220~240B

セブン-イレブン
BTSベーリン駅
駐車場
E
D
A
C
B
トイレ
トンサイの木
テーブル席
ビール販売

トンサイの木には服が供えられているので、触れたりしないように

ビール販売があるテーブル席

TONSAI MARKET

女神様が宿るといわれる大きなトンサイの木

400店舗が集まる
オフィス街の
人気屋台街

味自慢よ！

Map 別冊P.15-C2 アソーク駅周辺

🏠 Asoke Montri Rd. 🚭なし
🕐8:00～17:00（ショップは10:00～）
※店により異なる ⑭無休（土・日・祝は
休みの店が多い）💳不可 🚇MRT
Sukhumvit駅①出口から徒歩7分

おすすめの時間帯
11:00～14:00

タラート・ルワムサップ（ルワムサップ市場）

Talat RuamSap

おかず屋台では、
総菜2種＋赤米
＋スープで65B

アソークのオフィス街にあり、近隣の会社員がランチに多く訪れる。屋台とショップ合わせて
400店舗が出店しているが、平日の14時を過ぎると閉店するところがほとんど。

カトラリーや料
理に付くスープ
はセルフで

巨大な
体育館のような
館内

タイ語で「ル
ワムサップ市
場」「入口」と
書いてある

● 水販売

駐車場

Ⓐ

Ⓑ Ⓒ

出口

入口

屋台
テーブル
ショップ

新鮮な取れた
てフルーツの
販売も。イチ
ゴ70B

客層は若い会社員女性が
多い印象

コレでランチ500円

ワンタン＆
チャーシュー麺 55B
Noodle with Wonton
and BBQ Pork

人気のカーオ・
ムー・デーン
屋台で麺（写真
はバミー）を
チョイス！

スイカ
スムージー
40B
Water Melon
Smoothie

フルーツ100%
のスムージー
はパッション
フルーツやマ
ンゴーもある

Ⓑ ジュース・バー

女性に人気のアボカド
スムージーもおすすめ。
🕐11:00～14:00
⑭土・日・祝 🍴

Ⓐ ゴーハン

店名は日本語「ご飯」から。
豚の看板が目印。
🕐11:00～14:00 ⑭土・日・祝 🍴

フライドバナナ＆サツマイモ＆団子 30B
揚げたてのバナナやサツマイモ、
サツマイモの団子は絶品！

Ⓒ ラーンカー・クルアイ

8個30Bが基本。好きなも
のを選んで袋に入れる。
🕐11:00～14:00 ⑭土・日・祝

おいしいよ〜

おすすめの時間帯
11:00〜14:00
17:00〜22:00

🏠 48/1 Soi 46, Charoen Krung Rd. ☎08-3177-4408（事務所）
🕐6:30〜23:00（店により異なる）
休無休 Card不可 BTS Saphan Taksin③出口から徒歩2分

プチぼうけん⑨

屋台街でランチ&ディナー食べてみよう

バーンラック・バザール（バーンラック市場）

Bangrak Bazaar

チャオプラヤー川にほど近く、チャルーン・クルン通りに面したローカル市場。30店舗以上の飲食店が並び、地元の人や観光客でにぎわう。奥にはマッサージ、ネイル、占いの店もあり。

ガパオライスやパッタイなどの王道メニューは50〜70B

豚の串焼きやソーセージなどの屋台料理や、イーサーン料理も充実

店により営業時間が異なるので気をつけよう

注文したら店員さんが運んでくれるよ

コレでランチ500円

マンゴー・スムージー　60B
Mango Smoothie
フレッシュスムージーはバナナやスイカ、キウイなど種類豊富

グリーンカレー・スパゲティ　70B
Spagetti with Green Curry Sauce
ピリ辛で濃厚なカレーがパスタに絡んで絶妙なバランス

●サニー・オールドタウン

屋台では珍しい種類豊富なタイ風パスタを提供。
🕐11:00〜20:30　休土 英

コレでディナー1000円

ドラマ『SOTUS』に登場。P.15のNaniのおすすめ料理でもある

●フードトラック
キッチンカーでタイ式焼肉（ムーガタ）を提供。
🕐16:00〜22:00（LO）　休無休 英

ムーガタ（小）269B
Thai BBQ
ドーム型の鍋の中央で肉を焼き、溝にスープを入れて野菜を煮る

●ジンジュ
スムージーやコーヒーが飲めるドリンク専門店。
🕐10:00〜21:00　休無休 英

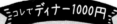

レッツゴー！

57

プチ
ぼうけん
10

アンダー1.5万円で
リゾート満喫！

バンコクから日帰りできちゃう
ラーン島の穴場ビーチ探し

バンコクから車で2時間の老舗ビーチ、パタヤーからフェリーで約30分のラーン島は、
ローカルムード満点のリゾート島。お気に入りのビーチを探しに出かけましょ♪

Lan Island

バンコク
パタヤー
ラーン島

桟橋近く
にはお店が
たくさん

Coffee
Hot & Ice Coffee

バナナボート楽しすぎ〜！

ティエン・ビーチ最高！

日帰りでも楽しめる♪

I ♥

日帰りでも楽しめる♪

ラーン島のビーチを満喫

TOTAL
16時間〜

オススメ
時間 7:00〜23:00　　予算 2000B〜

💡 フェリーの出発時間（→P.60〜61）
をチェック！
パタヤーとラーン島間のフェリーは、満
員になると早めに出港するので、余裕を
もって乗船して。ラーン島発18:00の最
終便は、混み合うので要注意。

こんなファッションがおすすめ

移動が多いので、動きやすい格好がいちばん。
日差しがとにかく強いので、帽子や日焼け止めは必需品！

日焼け対策は
忘れずに！

トップス
日焼け対策として
薄手の長袖があると
いい。シャツの
下にはノースリー
ブや水着でも◎

パンツ
動きやすい
ショートパン
ツがベター

持ち物
水着、タオル、帽
子、サングラス、
日焼け止めなど

靴
ぬれてもいい
ビーチサンダ
ルがおすすめ

ワタシ好みのステキな
穴場ビーチはどれ！？

代表的な6つのビーチは雰囲気や設備
が異なるので、好みのビーチを見つけ
て楽しもう。小さな島内は乗合ミニバ
スのソンテオで移動できちゃうので、
ビーチのはしごもOK☆

ラーン島ってどんなところ？

ラーン島Ko Lanはバンコクか
ら東南約150kmに位置するリ
ゾート地、パタヤーの7km沖
合に浮かぶ小さなビーチリ
ゾート島。大勢の観光客で昼
夜騒がしいパタヤーに比べ、
静かで海の透明度も高い。島
内には10以上のビーチが点
在していて、地元の人から外
国人観光客にも人気が高い。

Map 別冊P.3 タイ全図

58

1 ターヤイ・ビーチ
Ta Yai Beach

Anaba beach 1

全長 約140m　穴場度 ★★★★★

静かな時間を過ごせる

海岸の端に岩場が広がる、こぢんまりとしたビーチ。小さな食堂兼売店がひとつあるのみで、設備は簡素。磯遊びを楽しむ人もいる。

🚐ナー・バーン桟橋からソンテオで6分
🛵○20B　✕　🪑○100B〜
🔲✕　🚻○　🏠○　✕　⛱○15分
500B　✕　🛶✕　🚤✕

1. 左側の海に浮かぶのはサーク島
2. パラソルがレトロ

小さなビーチでのんびり

2 トンラン・ビーチ
Tong Lang Beach

Anaba beach 2

全長 約210m　穴場度 ★★★

訪れるなら午後が狙い目！

ターウェン・ビーチから海岸沿いを歩いて約5分。砂浜が狭い小さなビーチで、午前中にツアー客が押し寄せるが昼過ぎから静か。

1. 小さなビーチに人がいっぱい　2. 中国人旅行者に大人気

🚐ナー・バーン桟橋からソンテオで5分　🛵○10B
🛵○40B　🪑○100B〜　🔲○50B　🚻○　🏠○
🔲○1回600B　⛱○1回300B　🛶○30分1000B
✕　🚤○30分1500B　🚤✕

ラーン島MAP

1
2
3
4
5
6

クルア・チャリアン・ロム・シーフード ℝ
サントーサ・リゾート Ⓗ
ナー・バーン桟橋 ℝ
ラレーナ・リゾート・レストラン ℝ
サナドゥ・ビーチ・リゾート ℝ
サナドゥ・ビーチ・リゾート・レストラン ℝ

N
0　　600m

ビーチ施設も充実！

View Point

高台からサメー・ビーチを眺められる

3 ターウェン・ビーチ
Ta Waen Beach

Anaba beach 3

全長 約700m　穴場度 ★

ツアー客御用達で大にぎわい

食堂やみやげ物屋が多い、ラーン島最大のビーチ。にぎやかな雰囲気。隣接してパタヤーからのフェリーが着くターウェン桟橋があるのでアクセスもいい。

🚐ナー・バーン桟橋からソンテオで6分
🛵○10B　🪑○50B　🏠○100B
〜　🔲○　🚻○　🏠○
🔲○1回600B　⛱○1回500B〜
🛶○30分1200B　🚤○1回800B
🚤○30分1200B〜

1. 混雑のピークはお昼頃
2. ビーチ沿いにお店がたくさん

4 ティエン・ビーチ
Tien Beach

Anaba beach 4

全長 約400m　穴場度 ★★★

透明度が高い遠浅の海

駐車場から海沿いの岩場に造られた木道を歩くこと約5分。遠浅の海が特徴で、砂浜は広々としている。夕日がキレイ。

🚐ナー・バーン桟橋からソンテオで12分　🛵○10B　🛵○50B〜
🪑○100B〜　🔲○50B　🚻○　🏠○
🔲○1回300B　🛶✕　🚤○30分1000B
🚤✕　🚤✕　🚤○30分400B

1. 大小合わせてレストランは7軒ほど　2. ロマンティックな夕景

5 サメー・ビーチ
Samae Beach

Anaba beach 5

全長 約530m　穴場度 ★★

設備、景観ともに◎

海沿いにホテルも立つ、島内で2番目に大きいビーチ。海岸の北にある高台からの眺めもいい。欧米人を含む個人客に好まれている。

🚐ナー・バーン桟橋からソンテオで10分　🛵○10B　🪑○50B〜
100B〜　🔲○50B　🚻〜　🏠○
🔲○1回300B　⛱○1回500B
🛶○30分1200B　🚤○1回600B
🚤○30分1500B
🚤✕

寝転んでゆったり

デッキチェアはマストね！

高台の途中から見たビーチ

6 ヌアル・ビーチ
Nual Beach

Anaba beach 6

全長 約350m　穴場度 ★★★★

元はプライベートビーチ！

近くの森にサルが生息することから別名モンキー・ビーチ。木々に覆われた静かな環境で、サラサラの砂と澄んだ海、穏やかな波が魅力。

🚐ナー・バーン桟橋からソンテオで8分　🛵○10B
🛵○50B　🪑○100B〜
🔲○50B　🚻○　🏠○
🔲○1回200B　⛱✕　🛶✕
🚤○30分1000B〜　🚤✕
🚤✕　🚤✕

1. 団体客はほとんど訪れないので静か
2. おしゃれな雰囲気のパラソルとカフェ

🚻 トイレ　🚿 シャワー　🪑 デッキチェア　🔲 ロッカー　ℝ レストラン　🏠 売店
🛶 バナナボート　🤿 スノーケリング　🚤 水上バイク　🪂 パラセーリング　🚤 シーウオーカー　🛶 カヌー

島を満喫するなら 1泊2日がイイネ☆

日帰りで訪れる人が多いラーン島で、もっと楽しみたいなら、1泊してみて。ここではおすすめのマリンアクティビティから雰囲気のいいプチホテル、シービューレストランを紹介します！

1泊2日の過ごし方

1日目

10:30	ナー・バーン桟橋到着
11:00	ホテルに荷物を預けてビーチへ
11:30	ビーチで遊ぶ
13:00	ランチタイム
14:30	マリンアクティビティに挑戦
16:00	ホテルにチェックイン
17:30	夕食＆サンセットを眺める

2日目

11:00	チェックアウト
11:15	ビーチでのんびり
12:30	ランチタイム
14:00	マリンアクティビティに挑戦
17:00	ナー・バーン桟橋で船に乗る

サメー・ビーチかティエン・ビーチ！

気軽にチャレンジ！
バナナボート
縦横無尽に波間を駆け抜ける、超定番アクティビティ。どのビーチでも催行。

（バナナボート）はできますか？
เรือบานานาโบ๊ต ได้ไหม
（ルァバナーナーボート）ダイマイ

マリンアクティビティ☆

海中で見えるのは？珊瑚礁、サージェントメジャー、ウニなど

じっくり魚をウォッチング
シーウォーカー
潜水用ヘルメットをかぶって水中をお散歩。泳げない人でも大丈夫。

海の上で空中散歩！
パラセーリング
パラシュートで大空へ！ラーン島から、パタヤー付近へボートで移動してテイクオフ。

ATTENTION!!
水上バイクによる衝突事故などが多発しているので十分注意が必要

自分のペースで散策
カヌー
パドルを持って、自分の力でこいで行く。海からラーン島の風景を眺めよう。

超スピードで海上を走る！
水上バイク
インストラクターと一緒に海上を爽快に駆け巡ろう！

WOW!!

海の中をのぞいてみよう！
スノーケリング
アクティビティ会社によって、各ビーチの近く、隣島のサーク島付近で行う。

マリンアクティビティの受付は……
ナー・バーン桟橋をはじめ、各ビーチでアクティビティ会社のスタッフが呼び込みをしているので、何をやりたいか伝えよう。料金も要チェック。

代表的な会社はコチラ
コー・ラーン・リラックス
Koh Lan Relax

☎08-1864-9057（予約受付、9:00〜18:00） ◉ナー・バーン桟橋の受付カウンター9:00〜18:00 ❷無休 ❸バナナボート＋水上バイク＋スノーケリング2.5時間500B（10名以上で催行）、スノーケリング1回200B（サーク島）、シーウォーカー1回600B（サーク島） Card不可 ㉕5日前までにしたほうがよい

日帰りならこう楽しむ！
How to enjoy Ko Lan

7:00 バンコク出発

東バスターミナル Map別冊P.17-D3 から、パタヤーのバリハイ桟橋行きのロットゥー（ミニバス）で、所要2時間150〜160B。4:30〜23:00の15〜20分おきに運行。チケット売り場は23番。

9:00 パタヤーに到着

ロットゥーを降りると大きな建物があり、その中にラーン島行きの定期小型船チケット売り場がある。片道30B。ナー・バーン桟橋行きは7:00、10:00、12:00、14:00、15:30、17:00、18:30。

10:00 フェリーでラーン島へ

チケット売り場のある建物を抜けると、徒歩2分程度でフェリー乗り場に着く。フェリーはターウェン桟橋行きも1日4便（8:00、9:00、11:00、13:00）あるので注意しよう。

10:30 ナー・バーン桟橋に到着

約30分でラーン島の北西に位置するナー・バーン桟橋に到着。桟橋周辺には両替所やATM、コンビニ、レストランもある。

ナー・バーン桟橋
海風が心地いい！

クルア・チャリアン・ロム・シーフード
Krua Chaliang Lom Seafood

木製の小上がり席が点在する、ビーチ上に造られたシーフードレストラン。カップルに好評。

Map 本誌P.59
🏠138/4 Moo 7, T.Naklua
☎08-7631-7653 ◷9:30〜21:30(LO) 休無休 Card不可
表▶ 英▶ 🚕ナー・バーン桟橋からソンテオで2分

1. プラー・ガポン400B〜。揚げたスズキを特製ナムプラーで　2. 雰囲気のいいレストラン

フェリーの待ち時間にぜひ！

ナー・バーン桟橋　桟橋隣棟で好立地

ラレーナ・リゾート・レストラン
Lareena Resort Restaurant

ナー・バーン桟橋の隣。同名ホテルのフロント奥にあり、テラスが備わる店内からフェリー乗り場が見える。

Map 本誌P.59
🏠61/1 Moo 7, Naklua
☎0-3843-4083 ◷8:00〜21:00(LO) 休無休 Card不可
表▶ 英▶ 🚕ナー・バーン桟橋から

1. 暑がりの人は冷房の効いた室内へ
2. スイカシェイクはほてった体にうれしい
3. パッ・タイやガパオなどメニューはいろいろ

サメー・ビーチ　人気ホテルのレストラン

サナドゥ・ビーチ・リゾート・レストラン
Xanadu Beach Resort Restaurant

サメー・ビーチ沿いのホテルに併設。本格的タイ料理を中心にピザやパスタ、ハンバーガーもあり。カフェ利用もOK。

Map 本誌P.59
🏠Samae Beach, Moo 7, Naklua
☎09-7979-7499 ◷7:00〜22:00
休無休 Card M.V.
🚕ナー・バーン桟橋からソンテオで10分

プチホテルでのんびり♪

サメー・ビーチ
ビーチに面した便利ホテル

サナドゥ・ビーチ・リゾート
Xanadu Beach Resort

カラフルな屋根が目印。客室から海は見えないが、全室テラス付き。ナー・バーン桟橋から無料送迎あり。

Map 本誌P.59
🏠Samae Beach, Moo 7, Naklua ☎09-7979-7499 💰1泊1790B〜 Card M.V. 英▶
🛏69室 🚕ナー・バーン桟橋からソンテオで10分
📷xanadubeachresort

1. エアコン、無料Wi-Fiなど設備は整っている
2. 客室は2階建てと平屋からなる

ナー・バーン桟橋
10室のみの隠れ家ホテル

サントーサ・リゾート
Suntosa Resort

ナー・バーン桟橋から細い路地を入ったプチホテル。客室フロアの前には海を望む広々としたテラスが備わる。

Map 本誌P.59
🏠162 Moo 7, Naklua
☎09-0392-2037
💰1泊1800B〜 Card不可
英▶ 🛏10室 🚕ナー・バーン桟橋から徒歩3分 URL www.suntosaresort.com

1. スーペリアルーム。海が見える部屋は2室　2. テラスは18:00〜22:00はバーになる

10:50 ソンテオで各ビーチへ

待ってるよ〜

島内の道は狭いので、移動はソンテオかバイクが基本。桟橋を出た左側にソンテオ乗り場がある。各ビーチを決まったルートで運行し、人数が集まらないと出発しないので注意。ひとり40B〜。

17:00 フェリーでパタヤーに戻る

ラーン島発6:30、7:30、9:30、12:00、14:00、15:00、16:00、17:00、18:00。チケットはフェリー乗り場前で直接購入。夕方は混み合うので、ひとつ前に乗ったほうが安心。

18:00 ロットゥーでバンコクへ

ロットゥーのチケット売り場も定期小型船のチケット売り場と同じ建物内。人数が揃った時点で出発するので売り場近くで待機。最終出発は23:00頃。

🐸 現地旅行会社　ツアーもあり

バンコクにある旅行会社でツアー(→P.183)を催行。日帰りが基本で、マリンアクティビティは別途料金がかかる。バンコク発6:30頃、帰路はラーン島発14:00頃、バンコク着17:30頃。ランチ付きで3800B程度。

プチ
ぼうけん
11

ローカル列車で行く！ アメイジング★メークローン・マーケット

タイの珍風景として有名なメークローンの折りたたみ市場は、バンコクから鉄道とミニバスで日帰りが可能。のどかな車窓の景色とオモシロ市場を求めていざ出発！

ローカル列車で名物市場へ

TOTAL 9時間

オススメ時間 8:00〜17:00　予算 300B〜

列車の時刻に注意して！
そもそも本数が少ないうえ、遅延することもしばしば。余裕をもったスケジュールで挑みたい。

風が
サイコ〜！

ドキドキ☆ワクワク ローカル列車に乗車

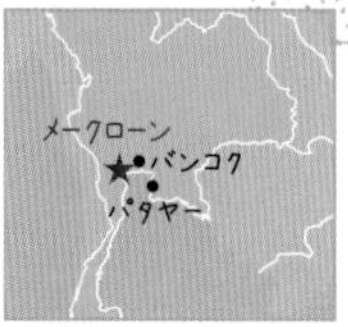

メークローン
バンコク
パタヤー

バンコクからメークローンまでは、2本の鉄道を乗り継がないといけない難易度の高いルート。しかも乗り換えの駅が離れていて、船で渡る必要もある。さぁ早起きしてウォンウェン・ヤイ駅へ！

チケット
ゲット！

線路にせり出す名物市場

メークローン・マーケット

Maeklong Market

[Map 別冊P.3] タイ全図

⌂Talat Maeklong
🕘9:00〜17:00頃　[休]無休
[交]国鉄Maeklong駅からすぐ

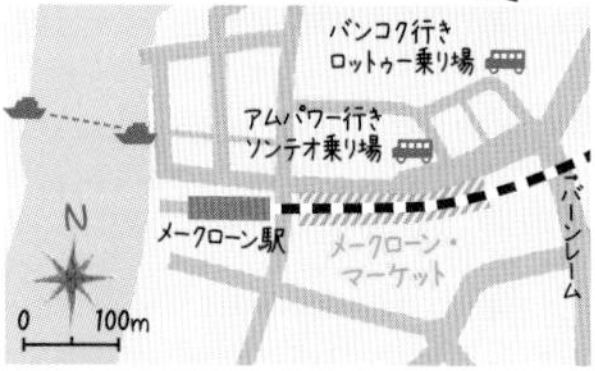

バンコク行き
ロットゥー乗り場
アムパワー行き
ソンテオ乗り場
メークローン駅
メークローン・マーケット
バーンレーム
N
0 100m

START!

バンコクからの行き方

สถานีรถไฟวงเวียนใหญ่
Wongwian Yai Railway Station

※2023年6月現在

Time Table

ウォンウェン・ヤイ駅発

5:30	8:35
↓	↓
6:23	9:28

マハーチャイ駅着

遅くてもこの時間までに乗らないと鉄道での日帰り不可

〇〇駅まで1枚（2枚）ください
ขอตั๋วไป 〇〇 หนึ่ง (สอง) ใบค่ะ
コートゥアパイ〇〇ヌン（ソーン）バイカ

08:35 ウォンウェン・ヤイ駅出発

BTSウォンウェン・ヤイ駅から徒歩15分の場所にある国鉄メークローン線の駅。ここでマハーチャイ駅（มหาชัย）行きの列車に乗る。乗車券は駅のホームにある窓口で購入。10B。

09:28 マハーチャイ駅着

約1時間でマハーチャイ駅に到着。ここで列車を乗り換えるのだが、バーンレーム駅は川の向こうにあるので、にぎやかな商店街を抜けて徒歩5分の場所にある船着場へ。

バーンレーム駅はどこですか？
สถานีบ้านแหลมอยู่ที่ไหนคะ
サターニーバーンレームユーティーナイカ

09:45 渡し船でバーンレームへ

渡し船は、ある程度人が集まると出航するが、駅から少し離れた場所に着く。所要5分、5B。

09:50 船着場から人力車で駅へ

バーンレーム駅までは徒歩10分程度。道がわからない人は、人力車（交渉制30B）かモーターサイ（10B）を利用するのがベター。

N
マハーチャイ駅
バーンレーム駅
0 200m

Present aruco バンコク

「aruco バンコク」の
スタッフが取材で
見つけたすてきなグッズを
26名様 にプレゼント
します！

たくさんのご応募
お待ちしてまーす!!

01 GMMTV SHINING NOTEBOOK 2023

02 GMMTV
アーティスト
グリップトック
※種類は選べません
各1名様
（5名様）

03 Bright,Win,
Dew,Nani
写真集
『BWDN』

04 雑誌『GQ
Thailand』
2023年2月号

05 『2gether
THE MOVIE』
カード
3名様

06 ゾウさん
パンツ

07 タマサート
大学ピンバッチ

08 タマサート大学ノート

09 sasi のチーク

10 sasi の
リップ
グロス

11 タマサート大学
トートバッグ

12 シラパコーン大学
トートバッグ

13 Cathy Doll の香水

14 Cathy Doll の
アイカラーパレット

15 Cathy Doll のリップ

16 SO GLAM の
チーク

17 SO GLAM の
アイシャドウ・
パレット

18 4U2 の
リップ
スティック

19 4U2 のチーク

20 SRICHAND の
フェイスパウダー

※02,05 を除き 各 1 名様へのプレゼントです。※返品、交換等はご容赦ください。

応募方法

アンケートウェブサイトにアクセスして
ご希望のプレゼントとあわせて
ご応募ください！

URL https://arukikata.jp/rsxnfe

締め切り：**2024年8月31日**

当選者の発表は賞品の発送をもって代えさせて
いただきます。（2024年9月予定）

Gakken

いよいよ列車が通過します!

メークローン駅～バーンレーム間を走る鉄道は、単線で1日4往復。何度も見られないので早めにベストポジションで待機しよう。

ローカル列車で行く! アメイジング★メークローン・マーケット

マーケットでこんなもの見つけました!

タイ料理に欠かせないパームシュガー

クァイティアオ屋もある

カエルの姿焼き!?

暑い日にはスムージー

列車通ります!
サササッ
サササッ
列車が近づくといっせいに店をたたむ人々

やれやれ危ないねぇ
サササッ
観光客はシャッターチャンス!

アメイジング★!

地面の売り物はそのままにされているところも……

このくらいの野菜なら出しておいても平気なのよね～

え!!!

アムパワーも近いよ!
メークローンとアムパワー（→P.64）は隣り合わせの町。ソンテオ（旅客用トラック）を利用すれば15分くらいで到着する。しかしアムパワーからバンコクへの最終バスが20時頃なので、ホタルツアーのボートに乗りたい場合は、日帰りは不可能。

わぁ
何てことなく店を戻す市場のおばちゃんたち

はいはい戻しましょうね～

通ります!たたんで～!

1日4便だよ!

Time Table

バーンレーム駅発			
7:30	10:10	13:30	16:40
8:30	11:10	14:30	17:40
メークローン駅着			

สถานีแม่กลอง MAEKLUNG STATION

10:10
バーンレーム駅発

遅れていますか?
รถมาช้าหรือคะ?
ロットマーチャールーカ

ホームの窓口で乗車券10Bを購入し、列車で終点のメークローン駅へ出発。出発時刻が遅れることもあるが、焦らずに待とう。メークローンまでは所要1時間。

取材時は約40分の遅延

11:10
メークローン駅着

到着間際には窓の外に注目して! さっそく市場の人々が店をたたむ姿が見られる。

11:30
マーケット見学!

自分の乗ってきた列車がバーンレーム駅に向けて発車する11:30に、折りたたみ市を見学。もう一度見るなら、周辺を散策しつつ次の14:30着の列車を待とう。

15:00
ロットゥーでバンコクへ

帰りはロットゥー（ミニバス）利用が便利。ロットゥー乗り場はメークローン市場から徒歩5分ほどの場所にある。バンコクまで所要1時間。100B。

帰りはラクラク!

プチぼうけん 12

夜空のホタルに感動！
アムパワーの水上マーケットへ

週末のみ開かれるローカルに人気のアムパワー水上マーケット。
新鮮なシーフードを食べ、レトロな商店街をひやかしたあとは、
最大の目的、ホタルが見られるナイトクルーズへ！
今日もホタルは見られるかな？

ホタルと水上マーケットを満喫

TOTAL 6.5時間

オススメ時間 15:00〜21:30　予算 1700B〜

個人で行きたいときは？
バンコクの東バスターミナル Map 別冊 P.17-D3 などからロットゥー（ミニバス）を利用。所要1時間30分、100B。帰りのバスの最終は20:00頃なので、ホタルのナイトクルーズに乗りたい場合はアムパワーで1泊になる。週末の宿泊施設は混むので早めの予約が必要。

ホタルが
通年見られるツアー

バンコクから車で1時間ほどの場所にあるアムパワーは週末になると運河沿いにマーケットが立ち、お祭りさながらのにぎわいを見せる。水と空気がきれいで、夜にはホタルに遭遇することもできると話題。

食堂船から買った料理は運河の階段に座って食べられる

運河沿いに風情ある建物が続いている

レトロな町並みがすてき

日本語ツアーで安心して参加できる
アムパワー市場とナイトクルーズ
（ウェンディー・ツアー Wendy Tour）

Map 別冊 P.12-B1　プラトゥーナーム周辺

🏠 Room J, 6th Fl., Phayathai Plaza Bldg., 128/63 Phaya Thai Rd.　☎0-2216-2201　🕐受付時間9:00〜16:00　🗓土・日・祝　要予約　🚇BTS Phaya Thai駅①出口から徒歩2分　URLwww.wendytour.com
※そのほかのツアー情報はP.183参照

遊びにおいでよ！楽しいところだよ！

NEW

Shit

クラシカルな喫茶店で、ひと休みしたり……

アムパワーってどんなところ？
バンコクの南西約80kmにある小さな町。運河沿いに商店が並び、古きよき時代の姿が残されている。水上マーケットが整備されたのは2004年のこと。地元タイ人の行楽地として人気で、宿泊施設もある。

アムパワー
★ バンコク
パタヤー

Map 別冊 P.3 タイ全図

優しい
ガイドさん

普段から船を
使っているのよ

アムパワー市場とナイトクルーズ（スケジュール例）

15:00	バンコク出発
16:30	アムパワー到着、自由時間（2時間）
18:50	ナイトクルーズ（1時間）
20:00	アムパワー出発
21:30	バンコク到着

金～日のみ催行
大人3500B（2名で参加した場合の1名当たりの料金）

プチぼうけん 12.

夜空のホタルに感動★アムパワーの水上マーケットへ！

バンコクのホテルに集合

アムパワーでホタルを見るには、個人では日帰りができないと聞いて、現地旅行会社の日本語ツアーを利用。この日は参加者が少なかったので小さなバンで出発！

マーケットは
すごい人混み！

かわいい
綿あめ発見♪

川沿いに
ちゃんと席もあった

お兄さんの
笑顔に
癒されました

アムパワーに到着しました

行きは渋滞もなく1時間30分かからずにアムパワーに到着。ここから約2時間の自由時間で、思い思いにマーケット散策を楽しみました☆

ボートグルメも試したかった……。
おなかいっぱいになってしまって、新鮮なシーフードのグリルが楽しめるボートグルメにたどり着けず。次はこれ目当てに来てもいいかも。

イカ焼き

アイス
キャンディ

いろんなものを食べました～

マーケットには雑貨やみやげ物が売られていて、見るだけでも楽しかった！ B級グルメをあれこれ買い食いしながら散策。ものすごい数の人でした……。

ルアムミット
（ココナッツミルクかき氷）

ツアーで一緒だった
ファミリー

子供が
手を振ってくれた

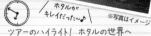
ホタルが
キレイだった～♪
※写真はイメージ

ツアーのハイライト！ ホタルの世界へ

集合場所に戻りエンジンボートで約1時間のナイトクルーズ！ 木々にはたくさんのホタル、見上げれば満天の星空で、最高の時間が過ごせました。

バンコク着。充実の半日でした！

帰り道は渋滞でバンコクに着いたのは22時。のどかでリラックスできるアムパワー。再訪できるなら、今度は宿に泊まってもっとのんびり過ごしたい☆

ザボン
おいしかった！

65

世界遺産カオヤイ国立公園＆人気ワイナリーへプチトリップ★

日本の軽井沢のような雰囲気が楽しめるカオヤイ国立公園は、バンコクから多くの観光客が足を運ぶ一大リゾート地。最近話題のワイナリーも、カオヤイにあります！

カオヤイには3軒のワイナリーがある

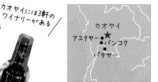

カオヤイ
アユタヤー ● バンコク
● パタヤー

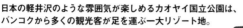

タイの大自然とワインを満喫しちゃお！

バンコクより涼しくて気持ちいいね

バンコクに住む都会人の避暑地・カオヤイ国立公園。野生のゾウが生息するエリアで、エレファントトレッキングができるほか、注目の新緯度ワインを造るワイナリーでは、ブドウ畑を眺めながら食事が楽しめちゃいます☆

● カオヤイ国立公園＆ワイナリーへ
TOTAL 11時間～

オススメ時間 7:00～18:00
予算 3400B～

● 交通手段によって予算は変わる！とにかく安いタクシーチャーターにするか、安全で確実な旅行会社で日本語ガイド＋車チャーターか、ツアーに参加するかで料金は異なる（詳細は→P.67）。

ジャングルの中をゾウでトレッキングできる場所もある

カオヤイ国立公園ってどんなところ？

バンコクから北東へ約205km、車で約2時間30分の場所にある人気リゾート地。宿泊施設の数は200を超え、レストラン、観光施設も充実している。カオ（＝山）ヤイ（＝大きな）という名前のとおり、2168km²（東京都と同じくらいの面積）の広大な森林地帯で、自然の豊かさから2005年に世界遺産にも登録された。

Map 別冊P.3 タイ全図

ゾウにも乗れるよ♪

標高300mの土地に一面のブドウ畑が広がる

リゾート地らしく南国の花も

野生動物に出会えるのも大きな魅力

ウキ！

新緯度ワインとして注目を集めているタイのワイン

楽しいこと満載の
カオヤイMAP

バンコクへ

カオヤイ観光の中心地Muak Lee Pak Chong。レストランやショップが集中している。

ナコーン・ラーチャシーマー（コラート）へ

キリマヤ・リゾート
Kirimaya Resort
ジャック・ニクラス設計のゴルフ場を併設した高級リゾート。
URL www.kirimaya.com

Mittraphap Rd.

このあたりは観光スポットやキャンプサイト、レストランが多い。

Thanarat Rd.

グランモンテ・アソーク・ヴァレー
Granmonte Asoke Valley
フランスでワイン造りを学んだ女性醸造家ニッキ・ロヒトナヴィーの名で有名になったワイナリー。
URL www.granmonte.com

ナイトサファリ
Night Safari
専用車で夜の国立公園内を回る人気のツアー。野生のシカや運がよければゾウにも出会える。詳細は現地旅行会社（→P.183）へ。

ヘウスワットの滝

プチぼうけん 13

世界遺産のカオヤイ国立公園と人気ワイナリーへプチトリップ☆

餌やりも楽しい☆

エレファントトレッキングが楽しめる
1 ジャングル・ハウス・ホテル The Jungle House Hotel

カオヤイで唯一エレファントトレッキング（ひとり400B）ができるのがココ。ホテル施設の一部とは思えないユニークなコースを用意する。

🏠 215 Moo 5, Thanarat Rd., Pak Chong
📞 08-9845-4215、0-4429-7183
🕗 8:30～16:00（エレファントトレッキング）
休 無休
料 1泊1200B～ Card 不可 🔲 不要 映 ▶
室 52室 URL www.junglehousehotel.com

1. エレファントトレッキングを楽しんだあとはゾウにバナナをやろう 2. ゾウは3頭しかいないので、ホテルのカフェテラスで待つこともある 3. ジャングルの中を進む25分のコース

いいところだよ

トレッキングやナイトサファリが人気
2 カオヤイ国立公園
Khao Yai National Park

野生のゾウやサル、シカ、そのほか絶滅危惧種の野鳥などが生息する、タイで最も古い国立公園。約40kmのトレッキングルートも完備されている。

🏠 Amphur Pak Chong（公園事務所）📞 0-4424-9305（公園事務所）料 国立公園入場400B URL www.dnp.go.th

1.野生のシカに出会うことも 2.標高約1000mの高台からの景色は抜群 3.気軽にアクセスできるヘウスワット滝など美しい滝が多数

最近話題のタイワインを楽しむなら
3 PBヴァレー・カオヤイ・ワイナリー
PB Valley Khao Yai Winery
→ P.68

カオヤイどうやって行く??
how to get to
Khao Yai ?

ワゴンは9人まで乗ることができる

1 旅行会社で車チャーター

バンコクにある日系の旅行会社パンダ・トラベル（→ P.183）が、日本語ガイド＆車のチャーターを扱っている。カオヤイは9時間で日本語ガイド＋車（ワゴン）1万2000B。コースを事前にリクエストしておけば車のみの利用が手頃で便利。

PandaBus

言葉が不安な人は日本語ガイドをリクエストしよう

2 現地旅行会社のツアー

パンダ・トラベルが不定期でカオヤイの日帰りツアーを催行。エレファントトレッキングはもちろん、国立公園のトレッキング、ワイナリー巡り、牧場やイチゴ狩りなどを組み合わせたツアーも。

→P.183

3 タクシーやレンタカー

安さを取るならこれ

旅慣れている人ならタクシーのチャーターや、レンタカー（運転手付き）も便利。タクシーはホテルや旅行会社に依頼すること。レンタカーは日本語OKの会社もあるのでウェブサイトをチェック。アビデックABIDECK URL okuruma.asia/rent/

ツアーでエレファントトレッキングも可能！

ワイナリーツアーに参加しよう！

> すがすがしい空気のなかで味わうワインは最高！

ツアーに参加したい人は入口で尋ねよう

ワイン造りに適した気候から、タイの二大ワイナリーがカオヤイにある。最も歴史があるのがカオヤイ・ワイナリー。タイのワイン造りを牽引するその実力の裏側をのぞいてみよう！

PBヴァレー・カオヤイ・ワイナリー
PB Valley Khao Yai Winery

ビア・シンのオーナーが創設したタイ初のワイナリー。ブドウ畑を眺めながらワインと食事を楽しもう。

🏠 102 Moo 5, Phaya Yen, Pak Chong
☎ 08-1733-8783、08-5481-1741
🕘 9:00～20:00（レストランは金・土＝22:00）
無休 ガイドツアー350B
Card J.M.V. 英
URL www.pbvalley.com

> 広〜い！

> この車で出発！

ガイドツアーは1日4回催行

ワイナリーツアーは毎日9:30、11:00、13:30、15:00に行われている。予約は不要だが、団体が入っていると参加できないことがあるので、事前に確認しよう。所要70分。

> ワインラベルの読み方
> ラベルを見ればワインの情報はすべてわかる。デザインによって配置は異なるが、内容は基本的にどれも同じ。
>
> ブドウの品種名 ／ ワイン名
> ブドウの収穫年 ／ 製造ワイナリー名

> 甘くてたまらないんですよ！

1.レストランやショップで提供している食用のブラックオパールの畑　2.白のメイン品種シュナン・ブラン

タイワイン豆知識 ①
ブドウの品種
新緯度ワインと呼ばれ、スパイシーな香りの個性的なワインが造られている。赤はフルボディのシラー、果実味のあるメルロー、飲みやすいテンプラニーニョ、白は辛口で酸味があるシュナン・ブランなどが中心。

ブドウ畑の見学

125エーカーのワインブドウ畑と、25エーカーの食用ブドウ畑に立ち寄る。毎年2月には、ワイン用のブドウの収穫の様子が見学できる。ここでブドウの研究から管理に携わるスタッフだけで100人もいるというから驚きの規模。

3月の畑はブドウがなくて少しさびしいが、それでも十分の美しさ

タイワイン豆知識 ②
カオヤイ・ワイナリーの歴史
1989年に創設。土壌とブドウの研究からスタートし、実際にワインが造られるようになったのは1998年のこと。60品種の栽培に挑戦し、実際にワイン生産にいたったのは6品種ということからも、開発の苦労がしのばれる。

1.ラベリングの機械の見学も　2.製造ラインの見学はこちら。最初にカオヤイ・ワイナリーの歴史の説明もある

製造工程の見学

次にメインの製造ラインを見学する。15℃に保たれた貯蔵室や、フランスから取り寄せたオークの樽、ヨーロッパで使われている最新の設備など、製造の順を追って説明してくれる。

> 貯蔵室は涼しい！

PBシリーズのシラーは、フランスのオーク樽で最低18ヵ月寝かせる。1本800B程度の価格帯で、手づみのブドウを使ったワインが買えるのはタイならでは

Lunch & Dinnerは
レストランで！

ブドウの葉を使った
タイ風スナックの前菜
ブドウの葉に巻かれた豚のペーストに、お好みでライムやカシューナッツを加えて楽しむ。

200B

PB Khao Yai Reserve Rose
グラス195B　ボトル790B

美しいピンク色のロゼワイン。フルーティな香りが楽しめる1本で、キリリと冷やして味わいたい。

甘口 ├─┼─★─┼─┤ 辛口
軽い ├─★─┼─┼─┤ 重い

タイワインと料理の
マリアージュを楽しもう♪

カオヤイ・ワイナリー自慢のレストランでは、インターナショナル料理とワインを楽しむことができる。ブドウ畑を眺めながらの食事は旅のすてきな思い出になること間違いなし！

薪窯で焼く
ピッツァ320B〜
は週末と祝日の
限定メニュー

PB Khao Yai Reserve Shiraz
グラス195B　ボトル790B

手づみのブドウでていねいに造られたフルボディ。オークの香りも感じる、肉料理に合わせたい1本。

甘口 ├─┼─┼─★─┤ 辛口
軽い ├─┼─┼─★─┤ 重い

ポークリブ
手づかみでかぶりついたい肉料理のひと皿。※2023年5月現在終了しています。

280B

スパゲティ・パッ・キーマオ
スパイスとハーブが効いたタイ風スパゲティ。パンチのある辛さ。

Sawadee Khao Yai Chenin Blanc
グラス165B　ボトル670B

ハーブやライムのさわやかな前菜にぴったりの手頃な白。辛口だが軽めの口当たりで、タイ料理全般とよく合う。

甘口 ├─┼─┼─★─┤ 辛口
軽い ├─★─┼─┼─┤ 重い

テイスティング＆ショッピング

いよいよお待ちかね、ワインの試飲タイム！　海外のコンテストでも賞に輝いた「PIROM」と「PB」の赤白4種類のワインを味わうことができる。バンコク市内ではあまり手に入らないので、併設のショップで購入するのがベター。

ブドウの木の下での試飲タイム

ぜひ飲み比べてくださいね

ワインをはじめブドウを使った食品も販売

最後は重い「PB」の赤です

タイワイン豆知識 3

どの銘柄がおいしいか？

カオヤイ・ワイナリーで造られているのは「Sawadee」「PB」「PIROM」の3ブランド。一番人気はシュナン・ブランで造られる「PIROM」で、すっきりとした辛口の味わいと、さわやかな風味が楽しめるワインだ。定番のもので1本1870B。

日本へワインを持ち帰るには？

日本への送料は高いので現実的なのは数本をスーツケースに入れて持ち帰る方法。ワインは飛行機で手荷物にできないので梱包方法を考えておこう。また4本以上は関税がかかるので、日本の税関で申告すること。

バンコク市内でワインを楽しむなら？

バンコクのレストランは100〜500Bでアルコールの持ち込みが可能な店がほとんど。カオヤイで買って帰ろう！

プチ
ぼうけん
14

寝台列車でラクラクGo！
古都チェンマイで雑貨ハンティング

少数民族風の
ジンジャーの
ピアス

バーン・カン・ワットの
かわいい置物

「北方のバラ」と称される美しい古都チェンマイは、
近年アートなタイ人に注目されるおしゃれな町。
寝台列車なら短い旅行でもラクにアクセスできちゃいます！

★チェンマイ
・バンコク

ハウス・オブ・ジンジャー（→P.72）は
チェンマイきっての
おしゃれショップ♥

チェンマイってどんなところ？

13世紀末にラーンナー王国（現在のタイ北部）の首都として栄え、100を超える寺院が点在る。当時を思わせる堀と城壁に囲まれた旧市街も健在だ。市内交通は乗合タクシーのソンテオが一般的。料金はひとり30B～。チャーターは1時間400Bが目安。ターペー門周辺にレンタサイクル店も並び、1日40～50B程度。

Map 別冊P.3 タイ全図

市内を走る
赤バス、
ソンテオ

少数民族の
古布を使った
チャーム

知っておこう！

★2023年1月に出発駅が
クルンテープ・アピワット中央駅に
変わったので注意。
★2等でも景色を楽しみたい
場合はLower（下）の座席を確保！
★個室以外を利用するときは
チェーン付きの鍵を用意しておくと安心！
★ひとりで個室を占有したい人は、
Charter roomを予約！

★ 寝台列車の旅は
プランが大事

バンコクから飛行機で1時間15分の距離だが、時間もホテル代も節約できる寝台列車が断然おすすめ。無理がないのは、チェンマイで1泊し、チェンマイから飛行機で日本へ帰るプラン。

チェンマイで雑貨ハンティング

TOTAL 27時間～

オススメ時間 17:00→翌20:00　予算 2000B～

寝台列車の予約は早めがマスト。バンコク～チェンマイ間は人気路線なので、とにかく早めに公式サイトや旅行会社（→P.183）を通して予約を。特に1等個室（ひとり1446B～）はシートが少ないので、1ヵ月前でも取れないことが多々ある。

列車番号	バンコク⇄チェンマイ	列車種別
Train No.7	9：05→19：30	Special Express
*昼行なので寝台なし		
Train No.109	14：15→翌4：05	Rapid
*寝台は2等の一部（寝台以外エアコンなし）		
Train No.9	18：40→翌7：15	Special Express
*今回紹介する便		
Train No.13	20：05→翌8：40	Special Express
*1等個室寝台、2等寝台		
Train No.51	22：30→翌12：10	Express
*寝台は2等の一部（一部車両エアコンなし）		

※2023年5月現在。予告なく変更される場合があります。

Let's Book!

予約を
してみよう

予約は席の位置など自由に決められる公式ウェブサイト、または公式アプリからの予約がおすすめ（英語）。クレジットカード決済になる。

URL www.dticket.railway.co.thにアクセス。右上のユニオンジャックマークをクリックして英語表記に変更。最初にSign Upをクリックし、名前やID、クレジットカード情報などを登録。

Login（ログイン）してからBooking（予約）→Origin（出発地）、Destination（目的地）、日付、人数を選びSearch（検索）をクリック。希望の列車のSelect Coach（車両選択）から好きな車両をSelects（選択）する。

Passenger Info（乗客情報）を記入→Manual Seat Selection（座席の選択）→Confirm Seat Selection（確定）→支払い方法を選択しPaymentするとチケットが発行される。

これが
チケット♪

Let's Go!
17:00 クルンテープ・
アピワット中央駅へ

Map 別冊P.2-B1

チェンマイへの列車は、2023年1月に開業したクルンテープ・アピワット中央駅発着。1階には切符売り場や食堂、トイレがある。ホームは2階。巨大な駅なので早めに着いたほうがよさそう。

1. 2021年から一部運用がスタートしていたクルンテープ・アピワット中央駅　2. 少し前までは「バーン・スー中央駅」と呼ばれていた　3. 改札を通るとホームに出られる

ターミナル駅が変わったよ！

17:00 車内を見学してみよう

車両は個室の1等車と、2段ベッド式の2等車、食堂車がある。1等車の個室には洗面台も完備されていて快適そのもの。

乗りに来てね！

すてきな1等個室寝台

1. 2等は下のベッドのみ窓がある　2. 個室は他人同士の場合、男女別

2等も快適よ

18:40 始発駅なので定刻に発車！

遅延することで有名なタイ国鉄。でも始発駅なので定刻どおり出発できました！　ワクワクドキドキ☆

1. 女性車掌の姿も　2. 自分の席の車両に乗り込む。乗車前にチケットを確認　3. 今回乗車するのは2016年運行開始の車両

※写真はフアラムポーン駅発着の頃のもの。

チェンマイ13時間の旅だよ

20:30 ベッドメイキングしてもらい就寝zzz

ゆったり眠れる広さ

ベッドメイクの時間は決まっておらず、おのおのの希望のタイミングでスタッフにお願いする。テンションマックスでついつい夜更かし♪

19:30 食堂車で夕食をゲット♪

メニューはタイ料理の弁当で、購入してから席に着く。持ち込み含めアルコール厳禁なのが残念。

おいしいよ！

1,3. みんなワイワイ楽しそう　2. カウンターで購入　4. ガパオやグリーンカレーなど

1,4. スタッフがシーツと枕を用意してくれる　2. 洗面台もきれいで使いやすい　3. 1等車内にはシャワー室あり

キレイな朝焼け〜

翌7:15 あっという間にチェンマイ到着！

1. 窓の外はチェンマイの景色　2. チェンマイの駅舎もすてき

車掌に起こされ目が覚めると、窓の外はのどかな風景。もうちょっと寝たいくらいよく眠れました！

※時間、設備、サービス等はTrain No.9（18:40発）のもの。

71

ステキ雑貨探し＆カフェ巡り♪

タイ第2の都市とはいえ、高い建物もなくゆったりと時間が流れるチェンマイの町。のんびりお散歩をしながらおしゃれなショップやカフェを巡るのがおすすめの過ごし方。

🚗=ソンテオ 👟=徒歩
🚲=レンタサイクル

朝はワーロット市場周辺を散策

遊びに来てね！

Talat Hmong モン族市場

1,3,4. カラフルなクッションカバー100B～や、ポーチ20B～などが山積みに 2. カレン族のバッグは1500B

チェンマイ近郊に暮らす、少数民族モン族やリス族、カレン族の手作り雑貨が集まる。

Map 別冊P.20-A2 ピン川周辺

🕘7:00～19:00頃 [休]無休

🚗 20分
🚲 1時間

Kat Luang ワーロット市場

100年以上の歴史をもつチェンマイ最大の市場。地元では「カート・ルアン（大きな市場）」という愛称で呼ばれる。食料品と日用品が中心。

Map 別冊P.20-A2 ピン川周辺

🕘5:00～18:00頃 [休]無休

1. 1階は食料品中心。朝食は3階のフードコートへ
2,3. ホーローの弁当箱275Bと皿40B

👟 5分 🚲 2分

かわいい雑貨ばかり

ピン川沿いの人気スポットでカオ・ソーイランチ♪

カレースープの麺料理☆

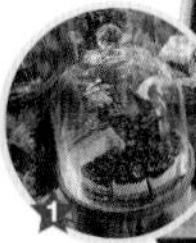

Woo Cafe ウー・カフェ

築80年以上の古民家を改装した、ラスティックモダンなカフェ。アート好きにはたまらない空間で、タイ料理やサンドイッチ、パスタが楽しめる。

1. 人気のホームメイドケーキ150B～ 2. チェンマイ名物カオ・ソーイ・カイ270B 3. テラス席もいい

Map 別冊P.20-A3 ピン川周辺

🏠80 Charoenrat Rd.
☎0-5200-3717
🕘10:00～17:00（LO） [休]水
[Card]A.J.M.V. [英] ((英▶
[URL]www.woochiangmai.com

🚗 8分
🚲 10分

旧市街にはステキショップ＆レストランが隠れてる！

どれもかわいすぎ！

The House by Ginger ハウス・バイ・ジンジャー

1. ワンピース8000B～ 2. レストラン

チェンマイ発のファッション＆雑貨ブランド。少数民族からインスピレーションを得たアイテムは、店ごと欲しくなるかわいさ！

Map 別冊P.20-A2 旧市街

🏠199 Moon Muang Rd. ☎0-5328-7681～3 🕘11:00～23:00 [休]無休
[Card]A.J.M.V. [URL]www.thehousebygingercm.com

チェンマイの必見寺院

郊外の寺院はソンテオをチャーター！

ワット・プラ・タート・ドーイ・ステープ
Wat Pra That Doi Suthep Map 別冊P.20-A1外

標高1080mのステープ山の頂上に立つ寺院。郊外最大の見どころ。

🚗 30分

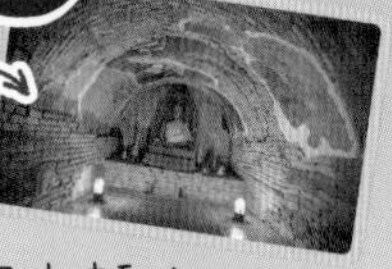

ワット・ウモーン
Wat Umong Map 別冊P.20-A1外

瞑想で有名な寺院。トンネル（ウモーン）の中に仏像が安置されている。

🚗 10分

ワット・スアン・ドーク
Wat Suan Dok Map 別冊P.20-A・B1

1383年に王の宮殿の庭に造られた。真っ白な仏塔が美しい。

🚗 7分

ワット・プラ・シン
Wat Phra Sing Map 別冊P.20-A2

チェンマイで最も格式が高い。プラ・シン仏はライカム礼拝堂にある。

🚗 10分

プチ
ぼうけん
4

古都チェンマイで雑貨ハンティング

99 ザ・ヘリテージ 99 the Heritage Hotel

ワット・プラ・シンからすぐの好立地に2016年オープン。コロニアルなデザインとホスピタリティあふれるサービスが人気の理由。プールもある。

Map 別冊P.20-A2 旧市街

🏠2 Singharat Rd. ☎0-5332-6287
🕐1泊1万350B〜 **Card** A.J.M.V. 🛏26室
URL www.99theheritagehotels.com

1. ヘリテージ・デラックス1万350B〜。ツインもある 2. 朝食はビュッフェスタイル

イエスタデイ Yesterday Hotel

アンティーク調のインテリアでまとめられた、ニマーンヘーミン通りの古い邸宅を改装したホテル。アットホームなサービスで心地よく過ごせる。

Map 別冊P.20-A1 ニマーンヘーミン

🏠24 Nimmanhaemin Rd. ☎08-3154-8833 🕐1泊1590B〜 **Card** M.V. 🛏24室 **URL** www.yesterday.co.th

1. 古きよきタイを感じられる 2. 朝食は併設のカフェで

郊外の注目スポットをチェックする!

楽しい村です♪

1. 手工芸作家のオーンさん 2. ここで作られたものを集めたショップもある 3. 冬は広場で映画の上映会も

Baan Kang Wat バーン・カン・ワット

「知らない人同士が家族のように集まる場所を」と、陶芸作家のビッグさんが作ったアートビレッジ。アーティストが暮らす30軒の建物が、ショップやカフェになっている。

Map 別冊P.20-A1外 郊外

🏠191-197 Moo5, Soi Wat Umong, Suthep Rd., T Suthep ☎09-3423-2308 🕐10:00〜18:00 🛑月 **Card** 不可

10分

40分

15分

15分

おしゃれストリート♥ニマーンへ

One Nimman ワン・ニマーン

2017年にオープンしたショッピングモール。れんが造りの建物にチェンマイをはじめタイの人気ブランドのショップやカフェ、レストラン、アートギャラリーが集まる。

Map 別冊P.20-A1 ニマーンヘーミン

🏠1 Nimmanhaemin Rd. ☎0-5208-0900 🕐11:00〜21:00(ナイトマーケットゾーンは〜22:00) 🛑無休 **Card** 店により異なる **URL** www.onenimman.com

チェンマイ人の名物ナイトマーケットで締めくくり

Sunday Market サンデーマーケット

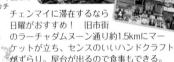

1. ゾウのチャーム 2、4、歩くだけで楽しい 3. タイダイ染めのハンカチ

手作り雑貨だよ

チェンマイに滞在するなら日曜がおすすめ! 旧市街のラーチャダムヌーン通り約1.5kmにマーケットが立ち、センスのいいハンドクラフトがずらり。屋台が出るので食事もできる。

Map 別冊P.20-A2 旧市街

🏠Ratchadamnoen Rd. 🕐17:00〜22:00頃 🛑月〜土 **Card** 不可

1. 雰囲気のいいカフェやレストランも多数 2. まるでヨーロッパのような雰囲気 3. 屋根ゾーンでは気軽なおみやげを探そう

GOAL!

ワット・ムーン・グン・コーン
Wat Muen Ngen Kong **Map** 別冊P.20-B2
映画『プール』のロケ地になった小さな寺院。寝釈迦仏が見もの。

10分

ワット・チェーディー・ルアン
Wat Chedi Luang **Map** 別冊P.20-B2
かつてバンコクのエメラルド仏が安置されていた格式の高い寺院。

5分

ワット・パンタオ
Wat Phantao **Map** 別冊P.20-B2
ラーンナー様式の本堂の建物が美しい。旧市街のほぼ中心にある。

13分

ワット・チェン・マン
Wat Chiang Man **Map** 別冊P.20-A2
1296年創建のチェンマイ最古の寺院。ゾウが支える仏塔が印象的。

8:30

⚠ ワーイであいさつはこちらからしません

タイでは感謝や敬意を表わすあいさつとして頻繁に合掌礼「ワーイ」をする。ホテルの朝食会

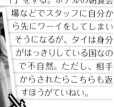

場などでスタッフに自分から先にワーイをしてしまいそうになるが、タイは身分がはっきりしている国なので不自然。ただし、相手からされたらこちらも返すほうがていねい。

10:00

⚠ あれ？ タクシーが変！

ふたり以上で移動する場合、BTSより安く上がることもあるタクシー。メーター制で基本的に利用しやすいが、メーターを改造した車に遭遇することがあるかも。むやみにメーターが上がる車に乗ったらすみやかに降車しよう。（詳細は→P.181）

最初からメーターを使わないタクシーには絶対に乗らない！

12:00

⚠ 麺はズルズル食べないで〜！

タイの人は日本人のように麺をすすらないので、音をたてて食べるのは女子としてちょっと恥ずかしい。レンゲにのせて口に運ぶ人もいる。（詳細は→P.89）

CAUTION!

知っておきたいバンコク旅行の注意24h

バンコク旅行中によく遭遇するシーンから、タイの一般常識をご紹介！

18:00

⚠ え、みんな立ち止まった！どうして？？

タイの公共の場所では毎日8:00と18:00に国歌が流れる。タイでは、国歌や国王賛歌が流れているときには、敬意を表し直立不動の姿勢をとる必要があり、違反すると警察は逮捕することができる。BTSの移動中など驚くが、一緒に立ち止まってタイカルチャーに溶け込もう。

STOP!

このような場合も隣に座ってはいけない

14:00

⚠ 今日、王宮休みらしいよ？

観光地の近くで親切に声をかけてくれる地元の人。聞けば今日は王宮が休みだから、代わりにおすすめの場所に連れていってくれるという。制服らしいものを着ているし信じてしまいそうになるが、これはウソ！絶対についていかないように！

王宮に限らず誰かから声をかけてきたら注意しよう

15:00

⚠ お坊さんだ！ ドキドキ……

寺院の近くなどでオレンジ色の袈裟を着た僧侶に遭遇することがあるが、女性は僧侶に近づかないように。女性に触れると破戒になってしまう。また同じく、寺院も尊敬の対象なので、肌を露出した服装で入るのは禁止。お堂などに入るときには必ず帽子を取ること。

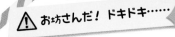

NG

王宮の入口では厳しい服装チェックがある

74

おなかいっぱい！
でも食べタイ！

本場の味にココロ踊る♪
おいし過ぎて困っちゃう
アロイ♥タイごはん案内

街角で朝から晩までいい匂いをさせる屋台はもちろん、
ローカル向けの手頃なレストランから、
ミシュラン星付きシェフの高級店まで揃うバンコクのグルメシーン。
ここではarucoイチ押しの
アロイ（おいしい）な店をピックアップ☆

G U R M E T

やっぱり名店で味わいたい！必食タイ料理BEST 10

辛うま!!!

日本でも有名なトムヤム・クンに代表されるタイ料理は、ハーブやスパイスを豊富に使った香り高い料理。必食メニューを名店で召し上がれ♪

1

タイ料理の代表格

トムヤム・クン

ต้มยำกุ้ง

エビのうま味に辛味、酸味、甘味が溶け込んだ奥深い味わい。クリアなナム・サイと、ココナッツミルクが入ったナム・コンがある。数種類のシーフードを使うトムヤム・タレーも人気。

辛さ))) パクチー ありあり

コブミカンの葉や、レモングラスなど、ハーブやスパイスもたくさん入っている
パクチーは上にのる程度なので苦手な人でも問題なし！気になる人はパクチーなしも頼める

トムヤム・クン 490B
川エビがたっぷり。しっかりスパイスの風味を感じるが辛過ぎず、エビやフクロダケのうま味が口の中に広がる

レストランで便利なタイ語①

これをください เอาอันนี้คะ アオアンニーカ	
辛くしないでください ขอไม่เผ็ดคะ コーマイペッカ	
おいしいです อร่อยคะ アロイカ	パクチーを入れないでください กรุณาอย่าใส่ผักชีคะ カルナーヤーサイパクチーカ
辛いです เผ็ดคะ ペッカ	お会計をお願いします เช็คบิลล์ด้วยคะ チェックビンドゥワイカ

洗練されたタイの絶品家庭料理

ナラ・タイ・キュイジーヌ

Nara Thai Cuisine

2006年に1号店をオープン。豪華食材を贅沢に使い、辛過ぎるのが苦手なバンコク人に合わせて、洗練されたタイの家庭料理を提供。食材のうま味が感じられるスープがイチオシ。

[Map] 別冊P.13-C2 チットロム駅周辺

🏠7th Fl., Central World, 999/9 Rama 1 Rd.
☎0-2613-1658 🕘10:00～22:00 [休]無休
[Card]A.J.M.V. [予]夜はしたほうがよい [英] [英▸]
[交]BTS Chit Lom駅連絡通路直結
[URL]www.naracuisine.com

nara

こちらもcheck!

おすすめMENU

カイ・ホー・バイトゥーイ	215B
ヤム・ソム・オー	275B
マッサマン・カイorヌアノン（鶏肉または牛肉のマッサマンカレー）	鶏肉320B、牛肉420B
カーオ・パット・プー（カニ・チャーハン）	350B

鶏肉のココナッツミルクスープ、トム・カー・カイ300Bもおすすめ

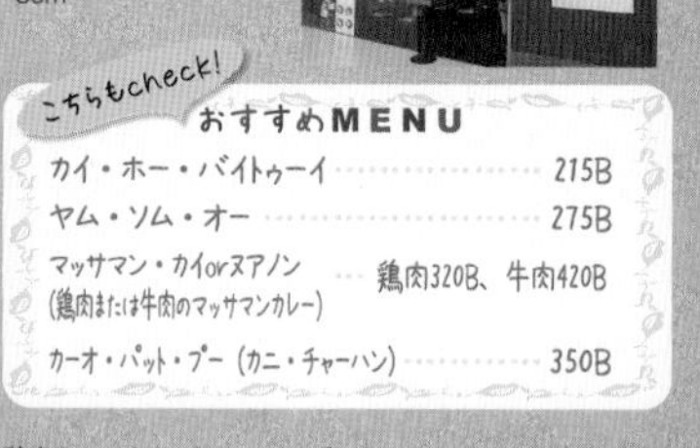

ナラ・タイ・キュイジーヌの人気スナック♪

高級感のあるパッケージがすてきな、オリジナルのピリ辛スナック。トムヤム・クンとグリーンカレー味のピーナッツ各65B。

人気のプー・パッ・ポン・カリー1690B

✉「ナラ・タイ・キュイジーヌ」で、ココナッツアイスにタイの伝統菓子を自由にトッピングできるデザートを食べました♪（東京都・ゆい）

グリーンカレー
タイの小ナス（マクアプアン）は定番の具。苦味がいいアクセント
具は鶏肉が人気だが、牛肉やエビが選べる店も

タイ・ワギュウ・プレミアム・ビーフ・グリーンカレー 840B

写真は鶏肉（カイ）だが、イチオシは和牛を使ったグリーンカレー

2

タイ料理といえばコレ！

カレー（ケーン）

แกง

グリーンカレーは、ココナッツミルクの甘味と青トウガラシの辛味、ハーブのさわやかさがクセになる。アメリカの情報サイトで世界一おいしい料理に選ばれたマッサマンカレーもおすすめ。

辛さ（カレーによる）　パクチー　なし

コロニアル様式の高級タイ料理

ブルー・エレファント
Blue Elephant

ベルギーで開業、世界5ヵ国で展開する高級店。国によってメニューは異なり、本場タイでは女性シェフのヌーロー氏が考案したフォアグラなどを使った創作タイ料理が楽しめる。ランチのセットがお得。

スラサック駅目の前の建物

Map 別冊P.8-B3 シーロム通り周辺

⌂233 Sathorn Tai Rd. ☎0-2673-9353 ⏰11:30～14:30（LO）、18:00～22:30（LO） [休]無休 [Card]A.D.M.V. [予]夜はしたほうがよい 👔スマートカジュアル [日] [英] [交]BTS Surasak駅④出口からすぐ [URL]www.blueelephant.com/Bangkok/

高級感のあるインテリア。特別なシーンにもぴったり

BLUE ELEPHANT
Green Curry Paste

カレーペーストも販売

必食タイ料理BEST10

優雅な空間で召し上がれ

パタラ・ファイン・タイ・キュイジーヌ
Patara Fine Thai Cuisine

ロンドンやウィーンなど世界3ヵ国で展開する、高級住宅街の一軒家レストラン。マッサマンカレーに前菜、デザート、ドリンクが付くランチセット495Bもおすすめ。

バーカウンターや広々としたテラス席もある

Map 別冊P.17-C1 トンロー駅周辺

⌂375 Soi Thong Lo 19, Sukhumvit 55 Rd. ☎0-2185-2960 ⏰11:30～14:30、17:30～22:00 [休]無休 [Card]A.D.J.M.V 👔スマートカジュアル [英] [英] [交]BTS Thong Lo駅③出口からタクシーで7分 [URL]www.patarathailand.com

シックでエレガントな雰囲気の店

マッサマンカレー
カルダモン、シナモン、クローブなどのスパイスに加え、ココナッツミルクやピーナッツも入る
鶏肉が一般的だが、ラム肉や豚肉が選べることも

ケーン・マッサマン 385B

辛い料理が苦手な人におすすめの料理。万人の舌に合うことから世界1位に選ばれた。

簡単だけど、知っておくと便利なテーブルマナー

取り皿に軽くライスを盛る。店によってはスタッフがやってくれることも。

→

カレーに付いている取り分け用のスプーンで、適量をライスにかける。

→

左手のフォークで右手のスプーンに料理をのせて、食べる。のせ過ぎ注意。

「ブルー・エレファント」はクッキングクラスが人気。4品で2800B。

3

炭火焼きのジューシーな鶏肉

カイ・ヤーン

ไก่ย่าง

イーサーン（タイ東北部）料理の代表。丸鶏にスパイスなどで下味を付けて、炭火でじっくり炙り焼きにする。街角の屋台でも人気。

辛さ))) パクチー なし

ソースはスイート・チリソースが一般的
炭火とガスとではジューシーさがまったく違う！

カイ・ヤーン（1羽）170B

最近は、蒸してからガスで焼く店が増えているが、ここは昔ながらの炭火焼きにこだわっている

カーオ・ニアオ（もち米、20B）を一緒に

イーサーン料理とシーフードが人気の店

サバイチャイ

Sabaijai

スクムウィット通り周辺でカイ・ヤーンといえばココ。炭火焼きのため鶏のうま味が凝縮され、まさに絶品！　セミオープンの席とエアコン付きの席がある。

Map 別冊P.17-D2 エカマイ駅周辺

🏠87 Ekkamai Soi 3, Sukhumvit Rd.
☎0-2714-2622 🕘10:30～22:00
[休]無休 [Card]J.M.V. [英] [英]
[交]BTS Ekkamai駅①出口から徒歩13分

こちらもcheck!

おすすめMENU

カイ・ヤーン	半羽100B
オースアン	180B
ソフトシェルクラブのカレー炒め Punim Phat Phong Kari	250B

4

カニ好きにはたまらない！

プー・パッ・ポン・カリー

ปูผัดผงกะหรี่

カニをカレーソースで炒め、溶き卵で仕上げたもの。「ヌア」と頼めば、殻を取ってくれる。シーフード料理店の定番。

辛さ))) パクチー なし

プラー・チョーン（雷魚）フライのタイハーブ添え420B

レストランで便利なタイ語②

鶏肉 ไก่ カイ	豚肉 หมู ムー	牛肉 เนื้อวัว(เนื้อ) ヌアウア(ヌア)
アヒル เป็ด ペット	魚 ปลา プラー	エビ กุ้ง クン
カニ ปู プー	シーフード ทะเล タレー	白米 ข้าว カーオ
もち米 ข้าวเหนียว カーオ・ニアオ		卵 ไข่ カイ

元祖プー・パッ・ポン・カリー

ソンブーン・シーフード

Somboon Seafood

バンコク市内に8店舗を構える、タイ人の間でも人気の高いシーフードの名店。調理の直前に店頭の生けすから揚げる、新鮮な魚介が楽しめる。

Map 別冊P.3-C2
ラチャダーピセーク通り周辺

🏠167/9-12 Huay-Kwang Intersection, Ratchadaphisek Rd. ☎0-2692-6850～2
🕘11:00～21:30(LO) [休]無休
[Card]不可 [日] [英] [交]MRT Huai Khwang駅③出口からすぐ
[URL]www.somboonseafood.com

プー・パッ・ポン・カリー 100g 140B~

名物のカニのカレー炒めは日本人に人気のメニュー。ココナッツミルクの甘味がいい。写真は1150B程度

ふわふわ卵にカニのうま味とカレーのソースが絡まってカンペキなハーモニー！ライスを一緒に注文しよう

こちらもcheck!

おすすめMENU

空心菜炒め	S180B/L240B
ブラックタイガーの塩ゆで	S550B/L1100B
炒飯（エビ/カニ/豚）	S330B/M480B/L680B

タクシーでソンブーンに行きたいと言ったら、休みだからと全然違う店に連れて行かれました。同様の被害が多いみたいです。（山梨県・

酸っぱ辛いソースにピーナッツの甘味が相性抜群！
もち米をオーダーしてソースにつけて食べると◎

ソムタム・タイ 80B
東北地方出身者のソウルフード。辛さ控えめのソムタムを、この店では「タム・タイ」と呼ぶ

5

パパイヤのヘルシーなサラダ

ソムタム

ส้มตำ

まだ青い未熟のパパイヤをささがきにして、干しエビやトマト、インゲンに似た豆などと混ぜ、ナムプラーのたれで合わせる。

辛さ))) パクチー あり

Map 別冊P.9-D2 シーロム通り周辺

⌂5/5 Soi Sala Daeng, Silom Rd. ☎0-2632-4499 🕘11:00～22:15（LO） [休]無休 [Card]J.M.V. [英] [交]BTS Sala Daeng駅④出口から徒歩2分 [URL]somtumder.com

飲み物の種類も豊富で食後にのんびりできるとあって、外国人にも人気がある

カフェ風のソムタム専門店

ソムタム・ダー Somtum Der

タイ東北部サコーン・ナコーン出身のオーナーが、同郷のシェフに作らせるソムタムは、手加減なしの味。辛さが苦手な人は注意。

アヒル肉のミンチを使ったタイ風サラダのラープ・ペット120B

こちらもcheck!

おすすめMENU

塩漬け卵入りソムタム Tum Thai Kai Kem	100B
ココナッツの芽入りソムタム Tum Yod Maprao Goong Sod	200B
ソムタム・ダー風鶏のから揚げ Deep Fried Chicken Somtum Der Style	120B

鶏手羽が入ったスップ・ペー・ピック・カイ160Bは激辛

タイ伝統の味をモダンにアレンジ

ローンロット Rongros

ワット・アルンの対岸に2019年オープン。全国の名産地から仕入れる食材を使い、バンコクの伝統料理や家庭料理をモダンにアレンジ。夜は屋上のテラス席も最高！

Map 別冊P.4-B3 王宮周辺

⌂392/16 Maharat Rd. ☎09-6946-1785 🕘11:00～15:00、17:00～22:00 [休]無休 [Card]A.J.M.V. [予]したほうがよい [日] [英] [交]MRT Sanam Chai駅①出口から徒歩5分 [URL]rongros.com

左はバタフライピー・ハニーレモン155B

こちらもcheck!

おすすめMENU

グリーンカレーロティ付き（チキン）	260B
カーオ・パット・サッパロット・シーラチャー Sriracha Pinapple Fried Rice	320B
イーサーン・ソーセージ Country Style Sour Sausage	190B

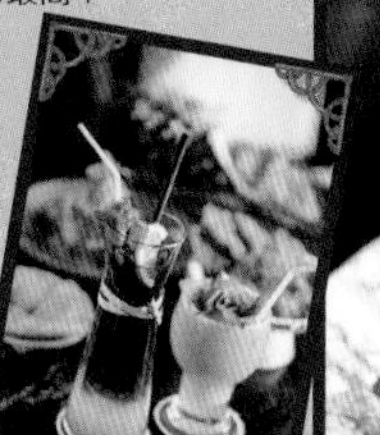

一般的には甘酸っぱく、とても辛い料理。お酒のつまみにもぴったり

ヤム・ウンセン・ボー・ラーン 240B
ふんだんに使われた揚げニンニクやナッツの香ばしさがたまらない一品。辛さも控えめ。

6

スパイシーな春雨サラダ

ヤム・ウンセン

ยำวุ้นเส้น

春雨にエビやイカ、ひき肉などの具を加え、ナムプラーやマナーオ（タイのライム）であえたサラダ。たっぷりのパクチーも最高！

辛さ))) パクチー あり

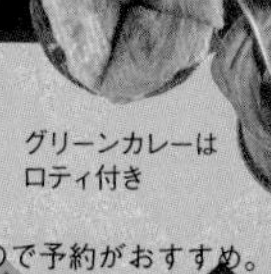

グリーンカレーはロティ付き

ワット・アルンが見える

シャンデリアとシノワズリを感じさせるインテリアが新鮮

「ローンロット」は人気店なので予約がおすすめ。公式サイトから予約ができる。

7

屋台の定番！ 蒸し鶏のせご飯

カーオ・マン・カイ

ข้าวมันไก่

チキンスープで炊いたご飯とジューシーで柔らかな蒸し鶏が相性抜群。鶏肉を揚げると「カーオ・マン・カイ・トート」になる。

辛さ))) パクチー なし

店先で調理していますよ！

トウガン入りのスープ付きがうれしい
ナムチム（大豆の調味料）がベースのたれ
チキンスープで炊いたご飯

カーオ・マン・カイ 50B

トウガラシやニンニク、ショウガが利いた、オリジナルのタオチオのたれが味の決め手のひとつ

カーオ・マン・カイの有名店

コーアーン・カーオマンカイ・プラトゥーナーム

Go-Ang Kaomunkai Pratunam

スタッフがピンクの制服を着ていることから、通称"ピンクのカーオ・マン・カイ"と呼ばれる、1960年創業の名店。フードコートのイータイ（→P.94）などに支店あり。

2017年に店名が変わったが、味は伝統を守っている

昼時は特に混み合うので時間をずらして

[Map] 別冊P.13-D2 プラトゥーナーム周辺

⌂Soi 30, Phetchburi Rd. ☎0-2252-6325 🕘6:00～14:00、15:00～21:00 [休]無休 [Card]不可 [英] [交]BTS Chit Lom駅⑥出口から徒歩11分

こちらもcheck!

おすすめMENU

チキン（単品） Chicken	小70B/大140B
カーオ・ムー・オプ（甘辛い豚肉のせご飯）	50B
ニガウリと排骨のスープ Bitter Melon and Pork Ribs Soup	50B

8

タイ版焼きそば♥

パッタイ

ผัดไทย

屋台や食堂グルメの定番。米から作られる麺クァイティアオを具と一緒に炒めたもので、味付けはナムプラーやタマリンドなど。

辛さ))) パクチー なし

モヤシなどの生野菜やピーナッツ、トウガラシなどが添えられる
マナーオを加えるとさわやかさがプラスされる
カニのパッタイにはカニ味噌、ほかはエビ味噌を使用

レトロモダンな雰囲気のなかでの食事は最高

インテリアのセンスもいい

前菜でおすすめのミエン・カナ250B

下町の高級パッタイ専門店

バーン・パッタイ Baan Phadthai

築80年の古い建物を改装した鮮やかなターコイズブルーの外観が目印。こだわりの自家製食材を使ったパッタイのメニューは全部で6種類。そのほかのタイ料理も楽しめる。

[Map] 別冊P.8-B3 シーロム通り周辺

⌂21-23 Soi 44, Charoen Krung Rd. ☎0-2060-5553 🕘11:00～22:00（LO） [休]無休 [Card]M.V. [英] [喫] [交]BTS Saphan Taksin駅③出口から徒歩5分 [URL]www.baanphadthai.com

パッタイ・プー 320B

イチオシはカニのパッタイ。約20種類の食材で作る、オリジナルのたれの奥深い味わいが楽しめる

カイ・ヤーン添えパッタイ240Bも人気

こちらもcheck!

おすすめMENU

大エビ入りパッタイ Phad Thai Goong Yang	290B
豚肉のグリルMoo Yang	230B
塩卵入りソムタム Som Tum Kai Kem	180B

テーブルの4種の調味料を使いこなす！

レストランや屋台のテーブルには、ナムプラー、粉末トウガラシ、酢漬けトウガラシ、砂糖が用意されていることが多い。料理に加えて自分好みの味に調整することができる。

✉「コーアーン・カーオマンカイ」は雰囲気かもしれませんが、本店が1番おいしく感じました！（沖縄県・ぶつ）

味よし・雰囲気よし・コスパよしの一軒

タリン・プリン
Taling Pling

トンローのソイの奥にたたずむ雰囲気のよい一軒家のタイ料理レストラン。手頃な値段と安定した味に定評がある。ロティで食べるマッサマンカレー（チキン）215Bも人気。

Map 別冊P.16-B2
トンロー駅周辺

🏠25 Soi 34, Sukhumvit Rd. ☎0-2258-5308 🕘11:00～22:00 [休]無休 [Card]J.M.V. [英][英メ] [交]BTS Thong Lo駅②出口から徒歩7分 [URL]talingpling.com

カーオ・クルッ・カピ 169B

薄焼き卵やホームデーン（赤タマネギ）、甘く煮た豚肉など、よく混ぜてから召し上がれ♪

具の内容や種類は店によってさまざま

9

エビ味噌炒飯のまぜご飯♪

カーオ・クルッ・カピ
ข้าวคลุกกะปิ

カピ（エビ味噌）で炒めたご飯に、青マンゴーや豚肉、トウガラシなどを混ぜて食べる。甘・辛・酸が口に広がり一度食べたらヤミツキに！

辛さ　パクチー なし

大きな庭があり、涼しい季節はテラス席もいい

おいしいですよ

オーナーの自宅を改装した一軒家

手前の春雨サラダ、ヤム・ウンセンは205B

こちらもcheck!

おすすめMENU

グリーンカレー Phaneng Khai …… 165B

空心菜炒め …… 299B
Morning Glory Leaf Stir-fried with Soybean Paste

カーオ・ニアオ・マムアン …… 275B
Sticky Rice and Fresh Mango Served with Coconut Cream

BTSトンロー駅までトゥクトゥク送迎あり

10

バジルが入った炒め物

ガパオ
กะเพรา

ガパオはタイバジル（ホーリーバジル）のこと。鶏肉や豚肉をナンプラーなどで炒めた料理は「パッ・ガパオ・具材名（鶏肉はカイ、豚肉はムー）」。

辛さ　パクチー なし

在住日本人が太鼓判を押すガパオ専門店

ガパオ・ターペー Kaprao Tapae

行列ができるガパオライス専門店。オーナーが亡き祖母の味を再現したこだわりのガパオは、肉のうま味が凝縮。定番から個性派まで種類豊富で、サイドメニューのスープも絶品。

Map 別冊P.15-C2
アソーク駅周辺

🏠39/1 Sukhumvit Rd. ☎06-5396-5291 🕘9:30～20:00 [休]無休 [Card]不可 [英] [交]BTS Asoke駅③番出口から徒歩7分 ◎gapow_tapae

こちらもcheck!

おすすめMENU

自家製カリカリ豚バラ肉のガパオライス（アヒルの卵の目玉焼き付き） …… 199B
Stir-Fried Thai Basil Homemade Crispy Pork Belly with Rice

豚の肉団子と梅干しのスープ …… 169B
Sour Plum Soup with Marinated Minced Pork Ball

麻辣豚のガパオライス（アヒルの卵の目玉焼き付き） …… 149B
Stir-Fried Thai Basil Pork with Sichuan Pepper(MALA)with Rice

旅行者には"Less spicy"の辛さがおすすめ

パット・ガパオ・ムー 129B

1番人気は豚ひき肉のガパオライス。アヒルの卵の目玉焼きは味が濃くてクリーミー、ガパオとの相性も抜群！

いつ訪れても大繁盛！ 行列待ちをする覚悟が必要かも

どれも自信作です

2023年8月に店を拡張し、40～50席になる予定

自家製の菊花茶39Bもおすすめ。甘さに癒やされる

レストランで便利なタイ語③

炒める ผัด パット	あえもの ยำ ヤム	※マナーオとトウガラシを使う
煮る ต้ม トム	揚げる ทอด トート	蒸す(蒸し煮) นึ่ง ヌン
スープ แกง ケーン	焼く เผา パオ	遠火で焼く ย่าง ヤーン

「ガパオ・ターペー」のガパオの目玉焼きは、ニワトリの卵とアヒルの卵の2種類から選べる。

まだまだ食べタイ！　タイ料理大図鑑

辛さ
パクチー
あり

指さしOK!

必食BEST10の料理以外にもおいしいもの盛りだくさん！
気になる料理は指さしでオーダーして新しいタイ料理の魅力を発見しよう。
辛いものが得意じゃない人は、「コー マイペッ（辛くしないで）」と伝えてLet'sオーダー！

サラダ＆前菜

英語メニューがあれば「SALAD」「APPETIZER」と表記されているのでわかりやすい。野菜のあえもの「ヤム」や、青パパイヤの「ソムタム」、肉の辛いサラダ「ラープ」などが有名。

辛いっ
イチオシ

ヤム・ヌア　ยำเนื้อ
炙った牛肉を薄くスライスし、野菜やハーブと混ぜ、ハーブとスパイスであえたサラダ。かなり辛いので注意して。

ポピア・ソット　เปาะเปี๊ยะสด
ベトナム生まれの生春巻きは、東南アジア全域で一般的に食べられている。揚げ春巻き（ポピア・トート）も人気。

もち米と一緒に

ラープ・ペット　ลาบเป็ด
アヒル（ペット）のひき肉をナムプラーやスパイスで炒め、ハーブをあえたイーサーン料理。豚肉（ムー）のラープもおすすめ。

ミエン・カム　เมี่ยงคำ
伝統的な前菜でメニューにない店も多い。バイチャプルーという葉にナッツやスパイス、タマネギなど、好きなものを包んで食べる。

タイ版さつま揚げ♪

トート・マン・プラー　ทอดมันปลา
魚のすり身に、インゲンなどの野菜やスパイスやハーブを加えて丸め、キツネ色になるまで揚げる。おつまみにぴったりのメニュー。

ヤム・ソムオー　ยำส้มโอ
ヤムはマナーオとトウガラシを使ったタイ風のサラダ。ソムオー（＝ザボン）のサラダは甘酸っぱさがたまらない！

イチオシ

ソムタム・ポラマイ　ส้มตำผลไม้
フルーツ版ソムタム。パイナップルやドラゴンフルーツなどタイのフルーツを使ったソムタムで、甘辛さがクセになる味わい。

カレー＆スープ

有名なグリーンカレーやトムヤム・クンなどのほかにも、カレーやスープはバリエーション豊富。日本のタイ料理レストランでは出合えないー品をぜひ注文してみて！

見た目より辛い！
イチオシ

トム・カー・カイ　ต้มข่าไก่
カー（タイしょうが）とたっぷりのココナッツミルクで仕上げる一品。タイでは、トムヤム・クンと並ぶ人気のスープ。

ケーン・ソム　แกงส้ม
タマリンドの酸味が効いたタイ風カレーのひとつ。ココナッツミルクを使わず、すっきりとした味わい。白身魚やエビなどが具の定番。

優しい味！

ケーン・チュート　แกงจืด
炒めた豚ひき肉が香ばしいすまし汁風のスープ。豆腐（タウフー）や、キノコ（ヘツ）など、具は選ぶことができる。

イチオシ

パネーン・カイ　แพนงไก่
ハーブやスパイスたっぷりのココナッツミルクを煮詰め、水分を少なめに仕上げたカレー。具は鶏肉（カイ）やアヒル（ペット）が定番。

ポテーク　โป๊ะแตก
エビやイカなどのシーフードがどっさり入った風味豊かな透明のスープ。トムヤムと似ているが、バジルが入るのが特徴。

チューチー・クン　ฉู่ฉี่กุ้ง
うま味たっぷりの有頭エビをレッドカレーで炒めたもの。ココナッツミルクのコクがたまらないひと皿。

トム・セープ　ต้มแซ่บ
トム（煮込み）＋セープ（おいしい）という名前の酸っぱ辛いスープ。東北地方の料理で、具は内臓が一般的。

ひとりでレストランを利用したときには、ご飯もの1品と、サラダもの1品を注文していました。（鹿児島県・みやちゃん）

コース料理のように堅苦しい決まりがないのがタイ料理。自分の皿に、おかずの皿から少しずつ取って食べるのが基本なので、いろいろなメニューをバランスよく注文してみよう。

① サラダ＆前菜
野菜がたっぷりとれるサラダや、軽くつまめる揚げ物などから1〜2品注文。珍しいヤム（あえもの）やソムタムに挑戦してみて。

＋

② メインのおかず
カレー＆スープから1品、肉＆魚料理、野菜＆卵料理から1〜2品。人数が多ければカレーとスープ両方注文してもOK。

＋

③ ご飯もの
タイも主食は米。店によって白米のほかに、黒米やもち米などがあることも。炒飯などのご飯料理や麺料理も種類豊富なので選ぶのが楽しい。

＋

④ デザート
レストランにあるデザートは、旬のフルーツやアイスクリームなどが一般的。タイらしいデザートを食べるならカフェや専門店へ。

まだまだ食べタイ！ タイ料理大図鑑

肉＆魚料理

タイ料理は鶏肉（カイ）のイメージが強いが、豚肉（ムー）や牛肉（ヌア）もよく食べる。また工ビ（クン）をはじめ、海に面しているのでシーフード料理も充実。

密かにファン多し

コー・ムー・ヤーン　คอหมูย่าง
ブタのノドの肉の炭火焼き。豚トロのような脂がたっぷりの部位なので、お酒のおつまみにぴったり。

ナムトック・ムー　น้ำตกหมู
「豚肉の滝」という名の、豚肉のハーブとスパイスあえ。そのおいしさにヨダレが滝のように出るから名づけられたとか。

イーサーン料理店で注文！

サイクローッ・イーサーン　ไส้กรอกอีสาน
イーサーン（東北部）風ソーセージ。中にもち米やハーブなどが入っていることも。極端に酸味の強いものもある。

イチオシ

カイ・ホー・バイトゥーイ　ไก่ห่อใบเตย
鶏の切り身をバイトゥーイ（バンダンの葉）で包んで揚げる。ほのかな移り香が立ち昇る上品なひと皿。

イチオシ

プラー・サーム・ロット　ปลาสามรส
「3つの味の」という名前のとおり、揚げた白身魚に「甘味」「辛味」「酸味」のソースをかけて食べる。タイ通に人気。

プラー・サムリー・デーッ・ディアオ　ปลาสลิดแดดเดียว
サムリーというアジによく似た魚のフライ。付け合わせはスイート・チリソースで味付けした青パパイヤやマンゴー。

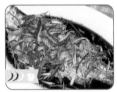

プラー・ヌン・シーイウ　ปลานึ่งซีอิ๊ว
ネギやショウガをのせて蒸し上げた白身魚に、アツアツの油とシーユーダム（タイ醤油）をかけて仕上げる。日本人の口に合う。

野菜＆卵料理

歴史的に中国からの移民が多く、中国料理の流れを汲んだ料理も多い。野菜を使った炒めものは中華系タイ料理の代表。そのほかタイでも卵料理は一般的なのでトライしてみて。

日本人に大人気

パック・ブン・ファイデーン　ผักบุ้งไฟแดง
空心菜のオイスターソース炒めは中華系タイ料理。すべてのレストランで食べられるものではないので注意。

パット・パック・ルワムミッ　ผัดผักรวมมิตร
中華系のタイ料理屋でオーダーすることができる。五目野菜炒め。シーユーダムやナムプラーのやさしい味。

チリソースをつけて

イチオシ

カイ・チアオ・ムーサップ　ไข่เจียวหมูสับ
ナムプラーで味付けするタイ風卵焼き。たっぷりの油で揚げ焼きにするのが特徴で、ふわふわの食感がいい。

ご飯もの

〆に人気のご飯ものといえばこちら。日本でもおなじみのガパオライスやカーオ・マン・カイは、屋台や食堂の専門店で食べられ、一般的なレストランにはない。

カーオ・パット　ข้าวผัด
タイ風チャーハン。基本の味付けはナムプラーと塩、コショウで、具はエビやシーフードが定番。

豪華な一品★

カーオ・オプ・サッパロッ　ข้าวอบสับปะรด
パイナップルを器に使った炊き込みご飯。パイナップルやレーズンが入り、甘酸っぱさがクセになる。チャーハンを入れる店も。

イチオシ

カーオ・カー・ムー　ข้าวขาหมู
八角などが入った甘いたれで、軟らかく煮込んだ豚肉や豚足をご飯にのせた一品。辛くない料理が食べたい人はぜひ！

地方料理や中華系料理などは、専門店に行かないと食べられないものも多いので、事前にチェックしておこう。

シーユーカオ
(白醤油) ベー
スのたれ

aruco調査隊が行く!!①

ウワサのローカル食堂で

本場タイに来たら一度
地元の人たちに愛
値段の安さ、おいしさ、
3拍子揃ったお店で

実食コメント

ガーリックライスと
食感のしっかりある
鶏肉はとにかく絶品!
何度でも食べたい!

鶏のうま味が凝
縮されたスープ

お昼時は特に混
み合うので時間
をずらして

店頭で
調理しています!

在住日本人は必ず知っている名店

ブーン・トン・キアット・ハイナニーズ・チキンライス

Boon Tong Kiat Hainanese Chicken Rice

ほかとは一線を画したカーオ・マン・カイが味わえる店。その秘密はひと手間加えた調理方法で、米はスープで炊く前にスパイスで炒め、鶏肉もプリプリの納得の食感になるまでゆでて冷水で冷やす工程をくり返す。

ローカル度	★★
スパイシー度	★★
ボリューム	★
店の入りやすさ	★★

名物料理はコレ

チキン・ウィズ・ガーリックライス 75B
Chicken with Garlic Rice

ライスはガーリックなどのスパイスで炒めてからチキンスープで炊く。ドラムスティック(すね肉)は85B

Map 別冊P.17-D1 トンロー駅周辺

🏠440/5 Soi Thong Lo, Sukhumvit
55 Rd. ☎0-2390-2508 🕐9:00〜
21:00 (水は〜17:00) 🏖中元節(中
国お盆) Card不可 🚇BTS
Thong Lo駅③出口からタクシーで5分

コレもオススメ

◀カチョーン・バット・カイ 120B
エビと春雨を、カチョーンという
小さな花のつぼみと卵で炒めた
もの。花のほろ苦さ
がクセになる味
わい

実食コメント

火のとおり具合や
卵とのバランス
も抜群によく、
とにかく絶品!

会社員から家族連れまで幅広い客層

中華系タイ料理の人気食堂

55 (ハーシップハー) ポッチャナー

55 Pochana

現在2代目が営む中華系タイ料理の人気店。気軽な雰囲気と手頃な料金で、TVや雑誌にも取り上げられる。メニューはシーフードが中心で、イチオシはカキ料理のオースアン。メニューはすべて写真付き。

▲パック・ブン・ファイデーン
120B
日本人に人気の空心菜炒め
は安定のおいしさ

創業40年
近くの老舗

名物料理はコレ

オースアン 220B
Fried Oyster with Egg

うま味たっぷりのタイの新
鮮なカキを卵でとじたもの。
シャキシャキのモヤシと一
緒にチリソースで味わう

ローカル度	★★
スパイシー度	★★
ボリューム	★★
店の入りやすさ	★★★

Map 別冊P.17-C2 トンロー駅周辺

🏠1089-1091 Sukhumvit Rd. ☎0-
2391-2021 🕐18:30〜翌3:30 (金・
土は〜翌4:00) 🏖無休
CardJ.M.V. (1000B〜) 🌐英
🚇BTS Thong Lo駅③出口から徒歩2分

💬「イム・チャン」は便利すぎて毎日通いました。カフェメニューもあり、ホテルが近かったのでちょっとした休憩にも利用しました。(千葉県・sakura)

名物タイ料理を食べ比べ！

安うま

は訪れてみたいのが
されている食堂！
ローカルな雰囲気と
名物料理を召しあがれ♪

ローカル度 ★
スパイシー度 ★★
ボリューム ★★
店の入りやすさ ★★★

実食コメント

ジャンクな味だけど、
しっかり辛くて
やみつきになるのが
納得のおいしさ！

食べに来て
くださいね☆

▲ カーオ・パット・
トムヤム・クン 80B
トムヤム・クン味の
チャーハン。マナー
オをたっぷり搾って

コレもオススメ

パック・ブン・ファイ
デーン+カイ・ダーオ
+ムー・トート・ガティ
アップ 110B
空心菜炒めと豚肉
のニンニク炒めご
飯（目玉焼きのせ）

名物料理はコレ
インスタント麺の
シーフード・バジル炒め 80B
インスタント麺「ママー」を
使った焼きそばは食堂の定
番。エビやイカ、空心菜な
ど具だくさん。タイ語では
「ママー・マオ・タレー」

路地にテーブルが並ぶ

全メニュー写真＆日本語付きで安心！

イム・チャン
Im Chan

日本人が多く暮らすエリアにあ
り、メニューに日本語がある珍
しい食堂。味はローカル向けで
安く、ランチ時には近くで働く
会社員も多く訪れる。150以上
あるメニューすべて写真付きで
注文しやすいので、食べたこと
のない料理にトライしてみて！

Map 別冊P.16-B2 プロンポン駅
周辺

🏠 Soi 39, Sukhumvit Rd.
☎ 08-9813-7425 ⏰ 8:30～21:40
(LO) 🗓 無休 Card J.M.V. （300B～）
🚇 BTS Phrom Phong駅③
出口からすぐ

ローカル食堂で名物タイ料理！

タイのハーブの
みを使ったたれ

ローカル度 ★★★
スパイシー度 ★
ボリューム ★★
店の入りやすさ ★★

実食コメント

香辛料が
ローストダックの
うま味を引き出して
います！

ふたつの自家製たれ
でどうぞ！

タオチオベース
のピリ辛たれ

店内はこぢんまりとしている

アヒル料理といえばココ！

プラチャック
Prachak

創業から100年以上、アヒルの
タンや足などさまざまな部位の
料理を提供する老舗。現在は3
代目と4代目が切り盛りしてい
る。名物はローストダックご飯
とタイラーメンのバミー。どち
らもアヒルの胸肉を使用。

名物料理はコレ
カーオ・ナー・ペット
Kaao Na Phet 55B
ローストダックはレモング
ラスやハッカクなど約7種
類のハーブや香辛料と一緒
に焼くので、香りがいい。
皮の香ばしさも◎

コレもオススメ

バミー・ペット・ヘーン 60B
汁なし小麦麺にロースト
ダックをのせたもの。たれ
はカーオ・ナー・ペットと同じ

Map 別冊P.8-B3 シーロム通り周辺

🏠 1415 Charoen Krung Rd.
☎ 0-2234-3755 ⏰ 8:30～20:15
🗓 無休 Card 不可 🚇 BTS
Saphan Taksin駅③出口から徒歩2分
URL www.prachakrestaurant.com

「イム・チャン」はメニューになくても食材があれば作ってくれるので、トムヤム・クンのチャーハンに鶏肉を加えてほしいなど、好みの料理をオーダーしてみよう。

85

ダイスキ♥タイスキ
タイ鍋を食べずには帰れません！

中国の鍋料理と日本のしゃぶしゃぶをヒントに生まれた
ちょっとスパイシーなたれで楽しむタイの鍋料理タイスキ。
今回は二大チェーンの人気具材ベスト5を紹介します！

店内にはシャンデリアもありゴージャスな雰囲気

ローカルに人気の
タイスキチェーン

エム・ケー・ゴールド

MK Gold

ローカルに人気のタイスキチェーンMKの高級版。輸入食材や無農薬野菜を使用し、化学調味料不使用にこだわる。※2023年5月現在、改装のためクローズ。7月に再開予定。

[Map 別冊P.17-D3] エカマイ駅周辺

🏠5/3 Soi Ekkamai, Sukhumvit 63 Rd.
☎0-2382-2367
🕘10:00～22:30 [休]無休
[Card]A.J.M.V. [日] [英]
[交]BTS Ekkamai駅①出口から徒歩3分 [URL]www.mkrestaurant.com

白亜の一軒家を利用している

人気の具はこれ！

点心の種類も豊富。1品55～90B

エム・ケー・ゴールドの一品料理

秘伝の味付けが人気のローストダックをはじめ、20種類以上ある点心、麺、ご飯ものなど、一品料理のメニューも充実。モロヘイヤ入りのグリーン麺58Bは鍋の具材にもいい。

手前はMK特製ローストダック・ライス90B

特製MKの竹
55B
豚肉、エビ、ニンジンのすり身。自分の好きなタイミングで鍋に入れる

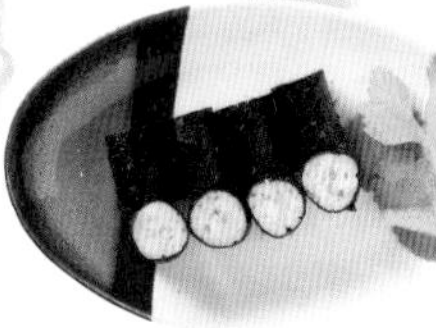

特製味付きすり身海苔ロール
180B
海苔の中には豚肉のすり身が入っている。海苔の風味がたれの味とマッチ！

人気NO.1

特製味付きビーフ
155B
オリジナルの調味料で味を付けた牛肉のスライス。さっと湯通しして味わいたい

ベースのスープは鶏ガラからていねいにとった1種類のみ。追加する具材のうま味を引き立てている。

MKセットスキ
950B
＋
野菜お得セット
220B
エビ、イカ、白身魚のすり身から、ムール貝、サケまで楽しめるシーフードのセットがおすすめ。
※写真は盛りつけ例

すり身MKボール
75B
豚肉と白身魚を合わせたつみれは風味豊か。プリッとした食感もいい

サケ
150B
ボリュームたっぷりなのがうれしいサケの切り身。だしが鍋に溶け込みうま味が増す

✉ サラデーンにある「エム・ケー・ゴールド」は食べ放題メニューがあり、とってもお得感がありました！（群馬県・マチャミ）

人気の**具**はこれ！

一番人気の鶏ガラスープには野菜が合う。また、シーフードの具材を加えると深い味わいに。

ダイスキ❤タイスキ

活きカニ
888B/500g
だしがたっぷり出て鍋のうま味を最大限に引き出す一品。写真のもので300g程度

エビ（大）
1ピース
128B
プリプリの食感が楽しめる大ぶりのエビは、高級具材のひとつ。ロブスター298B/100gもある

プレミアム・コンボ・セット
790B
スープ2種
138B
エビや魚のすり身と肉、野菜が楽しめる人気のセット。最初にセットを注文して、好みの具材を追加するのがおすすめ。
※写真は盛りつけ例

インパクト大のトムヤム・スープは、辛過ぎずハマる味わい。カニやエビはこちらへ。

オージービーフのリブアイ
499B/100g
牛肉の最高級部位リブアイの薄切り。脂がたっぷりのっている。写真で100g程度

NO.1

エビ・ボール
108B
タイスキといえばコレ！ 豚肉や白身魚などつみれは数種類あってどれも人気

カボチャ
28B
タイのカボチャは日本の品種と同じ。トムヤム・スープに追加して、辛さと甘さを楽しんで！

コカの一品料理
ローストダック288B〜や、豚ノド肉の炙り焼き138Bなど中華風の肉料理が充実。イチオシはうま味たっぷりのカニのカレー炒め。ご飯ものや麺は128B〜と、手頃な価格。

カニのカレー炒め
1288B

世界展開するタイスキの高級チェーン

コカ Coca

1957年創業、日本、マレーシア、シンガポールなどアジア全域に支店をもつ。ベースのスープが選べるのが特徴で、仕切りのある鍋で同時に2種類楽しめるのがうれしい。

洗練された雰囲気の店内は2階席もある

Map 別冊P.16-B2 プロムポン駅周辺

🏠1,1-5 Soi 39, Sukhumvit Rd.
☎0-2259-8188 ⏰11:00〜22:00 休無休
Card A.D.J.M.V. 薬 ㊅BTS Phrom Phong駅③出口から徒歩2分 URL www.coca.com

交通至便な立地

タイスキのカトラリーの使い方
一般的なタイスキ店では、普通のタイ料理店とはちょっと違うテーブルセッティングがされている。

1. おわんとレンゲ：ここに具を入れて食べる
2. ナムチム：つけだれはおわんにお好みで入れて
3. 薬味：マナーオ、ニンニク、トウガラシも無料
4. レードル（おたま）：網ありとなしがあるテーブルに1セット
5. 箸：箸とレンゲで食べる

「コカ」のベースのスープはほかにバクテー、シーフード、朝鮮人参、野菜があるので、お好みでチョイスして！

ローカルに大人気の国民食　バンコク★イケ麺

パッタイ・ソンクルアン　500B　Ⓐ

パッ・タイを初めて作ったといわれる店の人気メニューは、カニやエビがどっさりのった豪華版

アツアツ！

アレンジ！

薄い卵焼きでパッ・タイを包むとパッ・タイ・ホー・カイ150B

汁なしも！

麺にしっかり味付けされている、汁なしのクァイティアオ・ヘーン

具は牛または豚（110B）から選べ、スープにそれぞれの血を加えて仕上げる。濃厚な味わいにファンは多い

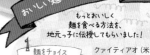

クァイティアオ・ナムトック（牛）120B　Ⓒ

カノムチーンにはモヤシ、キャベツ、インゲンをトッピングして食べる

カノムチーン・ナムヤー　65B　Ⓑ

そうめんのように細い米麺にカレーソースをかけて味わうカノムチーン。こってり辛めのソースが麺によく絡む

まかせて！

食品会社勤務　プンさん

「麺は自分好みにして食べるもの。私は、あっさりトウガラシと酢のみを使います」

おいしい麺の食べ方教えます！

もっとおいしく麺を食べる方法を、地元っ子に伝授してもらいました！

1　麺をチョイス

クァイティアオ（米麺）とバミー（小麦麺）から選べる。

センミー（クァイティアオ）
ビーフンのように極細の麺

センレック（クァイティアオ）
パッタイによく使われる平たい中太麺

センヤイ（クァイティアオ）
きしめんのように平たく太い麺

バミー（小麦麺）
黄色い小麦麺、縮れ麺もある

Ⓐ　パッタイの創始といわれる店
ティップサマイ　Thipsamai
1966年創業の老舗。ナムソム（オレンジジュース・時価）も話題になるおいしさ。
Map 別冊P.5-C2　王宮周辺

🏠313-315 Mahachai Rd.
☎0-2226-6666　⏰9:00～24:00　休火　Card不可
🚇MRT Sam Yot駅①出口から徒歩10分
URLthipsamai.com

Ⓑ　タイ南部料理の人気店
カオジャオ　Khao Jao
ハイソな住宅街にある、安くておいしいと評判の店。メニューは60～160B程度。
Map 別冊P.17-C1　トンロー駅周辺

🏠Soi Thong Lo 17, Sukhumvit 55 Rd.
☎0-2712-5665　⏰10:00～20:30　休第1・3日曜　Card不可　英
🚇BTS Thong Lo駅①出口からタクシーで5分

Ⓒ　洗練された店内でヌードルを
バラニー　Bharani
屋台でしか食べられなかった麺を、スクムウィット通り周辺のレストランで初めて提供した店。
Map 別冊P.15-C2　アソーク駅周辺

🏠96/14 Soi 23, Sukumvit Rd.
☎2664-4452　⏰10:00～21:00　休月
CardJ.M.V.　英
🚇BTS Asok駅③出口から徒歩10分

探し！

タイの人たちは、1日に1度はと言えるくらい頻繁に麺を食べる。それだけにバリエーションは豊富で、麺を出す店も多数！arucoスタッフが実際に食べて選んだ本当においしい店をご紹介。

D 毎日作る自家製スープに特注のバミー（小麦麺）がよく合う。具もたっぷり！

マナーオ、ホームデーン、パッカドーン（高菜）は好みで追加

アレンジ！
汁なしのクァイティアオ・センレック・ヘーンも具だくさん

北タイの名物カオ・ソーイは濃厚なカレースープの麺料理。揚げたバミーとゆでたバミーの食感の違いを楽しんで **F**

バミー・ナーム 70B

カオ・ソーイ 390B

センレック・トムヤム 40B

E 辛さと酸味がほどよいバランス。ルークチン（魚のつみれ）まで自家製という、滋味深い一杯

バンコク★イケ麺探し！

コチラも人気！

アヒルの肉のクァイティアオ・ペット 390B

スパゲティもタイ風！？

日本に和風のスパゲティがあるように、タイ風のスパゲティもある。カフェやタイ料理店で、サパケティ・パット・キーマオ（英語ならThai Style Spaghetti）というメニューがあったらトライしてみよう！

グリーンカレーパスタ

2 汁のありなしを選ぶ
好きなほうをオーダーの際に伝えること。

汁あり
น้ำ
ナーム

汁なし
แห้ง
ヘーン

3 調味料で味を調える
テーブルの調味料（→P.80）で好みの味に。砂糖を少し入れると風味が増しておもしろい。

4 いただきます！
麺はズルズルすすらずに、レンゲにのせて口に運ぶのが女子のマナー。

やっぱり麺でしょ！

D 3代目が味を守る老舗麺食堂
ルン・ルアン Rung Ruang
創業60年以上の老舗。一杯70B～の麺を求め、高級車で乗り付ける客も少なくない人気店。
Map 別冊P.16-B2　プロムポン駅周辺
🏠 10/3 Soi 26, Sukhumvit Rd.
☎ 0-2258-6746
🕐 8:00～17:00　🈺 無休
Card 不可　表 📖 英
🚃 BTS Phrom Phong駅④出口から徒歩5分

E 具も麺も自家製にこだわる
セーウ Saew
創業約40年、親子で営む麺食堂。メディアにも取り上げられ、親戚が営む系列店が市内に数店舗ある。
Map 別冊P.17-C2　トンロー駅周辺
🏠 1/5 Soi 49, Sukhumvit Rd.
☎ 0-2258-7960
🕐 8:30～15:30　🈺 無休
Card 不可　表 📖 英
🚃 BTS Thong Lo駅①出口から徒歩5分

F 麺の種類が豊富
ユー&ミー You & Mee
麺メニューは10種類。センミーやセンレックなど6種類ある麺から選ぶことができる。
Map 別冊P.13-C3　チットロム駅周辺
🏠 Lower Lobby, Grand Hyatt Erawan Bangkok, 494 Ratchadamri Rd.
☎ 0-2254-1234　🕐 11:30～21:00　🈺 無休　Card A.D.J.M.V.
🚃 BTS Chit Lom駅⑥出口から徒歩3分

おいしいカオ・ソーイが食べられる店はバンコクではかなり限定される。

バンコクだから タイの地方料理

タイも日本と同じように地域
味付けなどが異なり、それぞれ
全国から人が集まるバンコクで

北部

ビルマの影響を受けた優しい味

ビルマ（ミャンマー）と国境を接し、カオ・ソーイやケーン・ハンレー（ビルマ風カレー）など影響を受けた料理もある。山がちな地形から豊富に取れる野菜を使った、比較的優しい味の料理が多い。
●主要な町：チェンマイ/チェンラーイ/スコータイ

東北部

激辛料理が多いがクセになる

タイ語でイーサーンと呼ばれる地方。主食は蒸したもち米（カーオ・ニアオ）で、乾燥トウガラシやチリパウダーを多く使い辛味の強い料理が多い。ココナッツミルクをあまり使わないのも特徴。
●主要な町：ナコーン・ラーチャシーマー（コラート）/ウボン・ラーチャターニー/コーンケン

中部

日本人になじむ中華系の味わい

バンコクを中心とした地方で、米の生産量が多い。華人が多く、中国料理の影響を受けた、辛くない炒め物などが多い。海に面しているので、新鮮なシーフードの料理もおいしい。
○主要な町：バンコク/カンチャナブリー/パタヤー

南部

海の魚を使うこってり味の料理

アンダマン海とタイ湾に挟まれたシーフード料理が豊富な地方。マレー半島に位置し、ムスリム（イスラム教徒）の影響を受けた料理も多数ある。スパイスを多用しているのも特徴で、タイで最も辛くこってりした味付け。
●主要な町：プーケット/ペッチャブリー（ペップリー）/フア・ヒン（ホア・ヒン）

いろいろ食べたいね

東北部代表

ソムタム・タイ　65B
Somtam Thai
青パパイヤをナムプラーや香辛料であえたサラダ。本場の辛さが楽しめる

コー・ムー・ヤーン　120B
Grilled Neck of Pork
炭焼きの豚ののど肉はとてもジューシー

揚げ魚のソムタム
（ソムタム・プラー・クロップ）は75B

ひとりでもグループでも入りやすいよ

カイ・ヤーン　小80B/大120B
Grilled Chicken
特製だれに漬け込んだ鶏肉の炭焼き。籠に入ったもち米（カーオ・ニアオ）と一緒に味わいたい

1階は通りに面してオープンになっている店内。2・3階はエアコン席

東北部料理好きのコメント

ココナッツミルクが苦手なのでついつい
イーサーン料理を選びがち。
もち米とソムタム、カイ・ヤーンがあればあとは何もいりません！
（大阪府・S.K.）

オフィス街にあるイーサーン料理食堂

ハイ・ソムタム・コーンウェント

Hai Somtam Convent

シーロムのオフィス街にある気軽な食堂。ソムタムメニューは30種類ほど。定番のイーサーン料理から、ガパオやカーオ・パッ各95Bなどの一品料理も充実。

店頭でソムタムを作る様子が見られる

Map 別冊P.9-D2
シーロム通り周辺

🏠 2/4-5 Convent Rd. ☎ 0-2631-0216 ⏰ 11:00～21:00（土～20:00）🚫 日 💳 不可 🍴 🌐 🚉 BTS Sala Daeng ②出口から徒歩2分

 「ハイ・ソムタム・コーンウェント」おすすめです。春雨やインスタント麺のラープもありました！（北海道・yuriyuri）

こそ食べられる！を召し上がれ♪

によって食べられる食材や独自の食文化をもっている。全部制覇しちゃいましょ♪

ナスのタイ風サラダ　130B
Aubergine Thai Salad
ナスを一度焼くことで軽い苦味が生まれ深い味わいに

サイウア　120B
Sai Oi-Ah
タイ風のスパイシーな腸詰めはビールのつまみにもぴったり

北部代表

カオ・ソーイ・カイ　110B
Kao Soi Kai
カレー味の麺に揚げ麺をトッピング。鶏入りがポピュラー

在住日本人に人気の店

チェンマイ出身のオーナーの味

ケッタワー Gedhawa

タイ料理のなかでも辛さ控えめで繊細な味わいがあるタイ北部料理。バンコクには数少ない北部料理の名店がここ。女性オーナーのふるさとの味をどうぞ。

[Map 別冊P.16-B1] プロムポン駅周辺

🏠Taweewan Place, 78/2 Soi 33, Sukhumvit Rd.　☎0-2662-0501　🕘11:00～14:00、17:00～21:30　[休]日　[Card]J.M.V.（500B～）　[日]　[英]
[交]BTS Phrom Phong駅①出口から徒歩7分

北部料理好きのコメント

カオ・ソーイの大ファンなので、場所もいいココはオススメ！　マナーオ（ライム）をたっぷり搾って味わってください。（群馬県・チェンマイ大好き）

野菜たっぷりでおいしいですよ！

店内にはオーナーが趣味で集めたレトロ雑貨が飾られている

カラフルでかわいい店内

ガラス張りでモダンな店構え

本場の辛さを体験して！

日本語メニューも用意

スパイシー好き集まれ！

バーン・アイス
Baan Ice

オーナーの祖母が愛情いっぱいに作ってくれた、タイ南部料理の味を再現。魚介や調味料は現地から取り寄せるこだわりだ。サヤーム・パラゴン（→P.145）、アイコンサヤーム（→P.132）に支店あり。

[Map 別冊P.17-C2] トンロー駅周辺

🏠115 Soi 55, Sukhumvit Rd.　☎0-2381-6441
🕘11:00～22:00　[休]無休　[Card]A.J.M.V.　[日]　[英]
[交]BTS Thong Lo駅③出口から徒歩8分　[URL]www.baanice.com

南部料理好きのコメント

ローカルのタイ人に人気の店でした。南部料理は辛さのなかに深みがあり、一度ハマると抜け出せなくなりますよ！（東京都・りな）

ヤムトゥアプー　250B
Temple Fair Stir Fried Satau Beans
四角豆のサラダ。ゆでた四角豆のタイ風サラダはそれほど辛くない

ケーンクアホーイ　180B
River Clams Curry with Acacia and Wild Betel Leaves
アカシアとハイゴショウの葉と貝のレッドカレー。独特の香りがあるハーブを使用

南部代表

カーオ・ヤム・クン・プー　180B
Granpa's Khao Yam
ご飯にザボンや野菜をのせ、特製ソースと混ぜて食べる

「ケッタワー」のオーナーは、毎月チェンマイまで、北部特有の食材やスパイスを仕入れに行くという。

ひとりご飯の強い味方♡人気フードコートへGO!

THAI TASTE HUB MAHANAKHON CUBE
タイテイスト・ハブ・マハーナコーン・キューブ

How to Pay

カウンターでチャージ
最初に「CASH CARD」カウンターで現金をチャージ。

三つ目のキャラクター「LOOOK」はベンジラの作品

中央の高さが3.5mあるローレイの作品「DOG」が目を引く

2020年、商業施設マハーナコーン・キューブにオープン。店舗数は12軒と多くないが、そのほとんどがミシュランのビブグルマンになった店。ストリートフードにちなんで、5人のストリートアーティストが内装を手がけている。

Map 別冊P.9-C2 シーロム通り周辺

🏠1st Fl., Mahanakhon Cube, 114 Narathiwas Rd. ☎0-2677-8721 ⏰10:00〜19:30 (LO) 休無休 Card不可 英 映 BTS Chong Nonsi駅③出口直結 URLkingpowermahanakhon.co.th

クワイジャップ M75B/L95B
ヤワラートにある老舗のクワイジャップ（米粉のロール麺）店。モチモチの麺と透き通ったスープが絶品！　カリカリ豚140Bもおすすめ。ミシュラン・ビブグルマン。●ナイ・エク・ロールヌードルNai Ek Roll Noodle

マストオーダー

チュンポン・パートンコーのマーク

パッタイ・クン 270B
モチモチ麺とプリプリエビのパッタイ。バナナの葉で提供される。旧市街・ディンソー通りに本店がある。ミシュラン・ビブグルマン。●パッタイ・ファイ・タ・ル Pada Thai Fai Ta Lu

スキー・ムー・ヘーン 80B
春雨たっぷりの汁なし豚肉入りタイスキ。ヤワラートにある人気のスキー（屋台版タイスキ）屋台。ミシュラン・ビブグルマン。麺やご飯メニューもある。●マーヴェリック・スキーMaverick Suki

パートンコー＋サンカヤー・バイトゥーイ 50B
屋台の定番パートンコー（揚げパン）＋パンダンリーフのカスタード1種類付き。ブリラム県にある手作りパートンコーの店。ピンクミルク40Bなどのドリンクも。●チュンポン・パートンコーChumpol Patonggo

マハーナコーン展望台入場券とフードコート食事券のセットチケットを買いました。100Bくらいお得でした！（大阪府・トイプー）

ショッピングセンターに入っているフードコートは、
個性豊かなタイ料理が屋台価格で楽しめる食のワンダーランド♪

おいしいタイ料理が待ってるよ

How to Pay
カウンターでチャージ
2ヵ所の「COUPON」カウンターでチャージ。30日間有効。

安うま ローカルに大人気！

PIER 21 FOOD COURT
ピア21フードコート

お財布にも優しい♡

人気フードコートへGO！

場所柄旅行者も多いのでタイ語ができなくても大丈夫

タイ料理を中心に32店舗あり、味に定評がある名店揃い。船着場をイメージした店内の座席はなんと1000席！どの店もお手頃価格なので地元の人が多く、ランチタイムは大混雑。

多くの地元客でにぎわい、ランチタイムは席を見つけるのが大変かも

Map 別冊P.15-C2・3 アソーク駅周辺

5th Fl., Terminal21, 88 Soi 19, Sukhumvit Rd. ☎0-2108-0888 ⏰10:00～22:00 無休 Card不可 BTS Asok駅①③出口直結 www.terminal21.co.th

FLOOR MAP
クーポンカウンター
座席へ
座席、出入口へ
クーポンカウンター
出入口

A パッタイ・クン・ソッド 52B
シーロムにあるパッタイの有名店。タイ定番のテーブル調味料で味を調節しなくても、そのままでおいしいと大評判。●パッタイ・ホイ・トート・セント・ルイス Pad Thai Hoy Tod St.Louis

PAD THAI・HOY TOD St.Louis

B カーオ・カー・ムー 42B
ナコーンパトム県にある豚足煮込みご飯（カーオ・カー・ムー）の人気店。甘めのたれがご飯によく合う。腸付きは47B。●カームー・ナコーン・パトム Khamoo Nakhon Pathom

マストオーダー

C カーオ・ニアオ・マムアン（大）70B
バンコク郊外のナムケンサイ（タイかき氷）店の人気メニュー。小さいサイズは35B。ナツメや白キクラゲなどが入ったナムケンサイ50Bもおすすめ。●チェン・シメイ Cheng Simei

D カーオ・クルッ・カピ 49B
カピ（エビの発酵調味料）で炒めたご飯と具を混ぜて食べる人気メニュー。●ラーン・ナムプリック・スントリー Raan Nam Prik Suntree

ウイークエンドマーケットに隣接

MIXT CHATUCHAK FOOD COURT

ミックス・チャトゥチャック・フードコート

How to Pay
カウンターでチャージ
最初に「CASHIER」カウンターで現金をチャージするスタイル。

席のスタイルはさまざま。かわいいブランコの席も

パッタイ・クン・メーナーム290B

大ぶりの川エビのパッタイ。シンプルなパッタイは70Bで提供している。カキ料理のオースワンなど、炒めものが中心の店。●セン・チャンSen Chan

ママーの麺をチョイス

トムヤム・シーフード 135B

トムヤムスープのヌードル。麺は選べるがインスタント麺のママーがあるのはめずらしいのでぜひ。●トムヤム・クン・トンタムラップ

マスト オーダー

カーオ・パット・サパロット159B

パイナップルの器にタイ・チャーハンをイン！ パイナップルの甘酸っぱさがクセになる味。●タイ・ニッヨムThai Ni Yom

ウイークエンドマーケット（→P.124）を見下ろすフードコート。タイ料理をメインとした43店舗が出店しており、タイティー味の韓国風かき氷などのデザートもおすすめ。

[Map] 別冊P.2-B1
バンコク郊外

🏠3rd. Fl., Mixt Chatuchak, 8 Kamphaeng Phet 3 Rd. ☎0-2079-4888 🕘10:00～20:00（金～日は～21:00） [休]無休 [Card]不可 [英] [交]BTS Mo Chit駅またはMRT Chatuchak Park駅①出口から徒歩8分 [URL]www.mixtchatuchak.com

洗練された雰囲気で居心地いい

EATHAI

イータイ

How to Pay
退店時にレジで精算
入口で渡されたカードで支払い、フードコートを出るときに精算。

おすすめセット 175B

イーサーン料理の三大定番メニュー、カイ・ヤーン、ソムタム・タイ、カーオ・ニアオ（もち米）のお得なセット●イーサーン・キッチンEsan Kitchen

マスト オーダー

カーオ・マン・カイ85B

通称「ピンクのカーオ・マン・カイ」（→P.80）の支店。本店より少し値段は高いが便利な立地を思えば利用価値大●コーアーン・カーオマンカイ・プラトゥーナーム Go-Ang Kaomunkai Pratunam

バンコクの有名な屋台やレストランが出店するタイ料理専門のフードコート。屋台、タイ全土の料理、スイーツなどのエリアに分かれ、タイ雑貨やお菓子などおみやげコーナーもある。

[Map] 別冊P.13-D3
プルンチット駅周辺

🏠LG., Central Embassy, 1031 Phloen Chit Rd. ☎0-2119-7777 🕘10:00～21:30（LO） [休]無休 [Card]A.D.J.M.V. [英] [交]BTS Phloen Chit駅⑤出口直結

✉ イータイのあるセントラル・エンバシーは、チットロム駅直結のセントラルと連絡通路でつながっていました！（兵庫県・トムヤムクン）

教えて！バンコクの フードコートの 楽しみ方

日本のフードコートとはちょっと違う、タイのフードコートの基本情報を確認しておこう。

> ### 行ってみたいけど、支払い方法がわからなくて……

フードコートによっていろいろだけど、多いのは最初にカウンターで専用カードにお金をチャージするシステム。各店で注文の際にはそのカードで支払うよ。

気をつけたほうがいいことはある？

使い切れなかったチャージ金をカウンターで払い戻してもらうのを忘れずに！ 当日のみ払い戻し有効のことが多いので注意だよ。「リファンド・プリーズ"Refund, please"」で通じるはず。

ほかの支払い方法のフードコートもある？

ほかには、専用カードを受け取って、各店で会計して、食後退店の際にまとめて支払うタイプや、最近では座席でタブレットで支払いなんてところもあったよ。あと、利用できる場所が増えていておすすめなのが「ラビットカード」(→P.179)。日本のSuicaのような交通カードなんだけど、駅でチャージしておけば、そのままいろいろなフードコートの各店で支払えて便利だよ。

> ### ホテルがチャオプラヤー川沿いなんだけど、フードコートあるかな？

それならアイコンサヤーム（→P.132）のスックサヤームが楽しいよ！ 一般的なフードコートとは少し違うけど、水上マーケットを模した空間に、タイの地方料理の屋台が点在しているよ。

楽しそうだね！ 支払い方法が気になる^^;

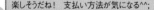

スック・サヤームにある精霊ピーの巨大な像

ここは各店でそのまま現金で支払うパターンだよ。店は数週間から長くても3ヵ月で入れ替わるので、行くたびに新しい発見があるはず！

スックサヤーム SookSiam
Map 別冊P.8-A2 ▶ チャルーン・クルン通り

🏠 GF., ICONSIAM, 299 Soi 5, Charoen Nakhon Rd. ☎0-2437-0711 ⏰10:00〜22:00 休無休 Card により異なる 交CEN Sathorn船着場から無料シャトルボートで15分 URL iconsiam.com

> ### フードコートはたくさんあるけれど、どうやって選んだらいい？

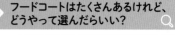

あまり深く考えず、便利な場所を選んだらいいと思うよ！ 行く予定の観光地やショップ、自分の滞在ホテルの近くにあるところでOK！

週末にウイークエンド・マーケットでショッピングをするなら、ミックス・チャトゥチャックへ行こう。

おいしい店が集まっているところがいいかな？

味にこだわるなら、有名店を集めたフードコートがいいと思うよ。タイテイスト・ハブ・マハーナコーン・キューブがおすすめ。

中華街や県外の少し行きにくい場所にある名店の味を、ここで一気に楽しめる高級フードコートだよ。

日本のフードコートと似たような感じなのかな？ マックとかもある？

ないない（笑）。日本のようにチェーン店の集合ではなく、小さな屋台が出店しているので、それぞれの店の個性が楽しめるよ。それがバンコクのフードコートの魅力！

> ### サヤーム駅周辺ならどこがおすすめ？

少し前までサヤームのショッピングセンターそれぞれにフードコートがあったんだけど、今はサヤーム・パラゴン（→P.145）のみなんだ。

通称「ピンクのカーオ・マン・カイ」や「パッタイ・ティップサマイ」など、有名店を集めたフードコートになっているよ。

サヤーム・パラゴン・グルメ・イーツ
Siam Paragon Gourmet Eats
Map 別冊P.13-C2 ▶ サヤーム・スクエア周辺

🏠 GF., Siam Paragon, 991 Rama 1 Rd. ☎0-2610-8000 ⏰10:00〜22:00 休無休 Card A.D.J.M.V. 交BTS Siam駅③番出口直結 URL www.siamparagon.co.th

「ピンクのカーオ・マン・カイ」のフライド・チキンライス75B

ミックス・チャトゥチャック・フードコートは平日の昼間（11〜14時）でもアルコールの販売あり。

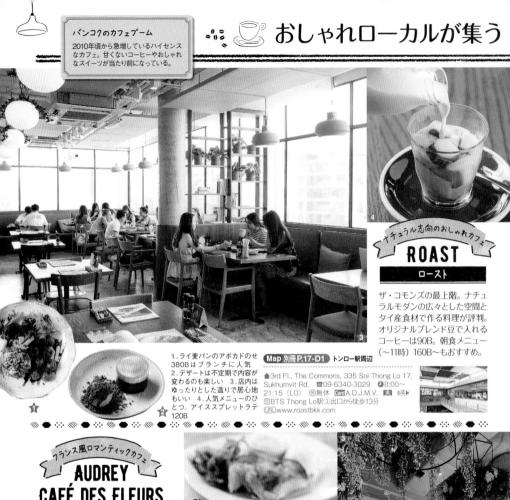

バンコクのカフェブーム

2010年頃から急増しているハイセンスなカフェ。甘くないコーヒーやおしゃれなスイーツが当たり前になっている。

おしゃれローカルが集う

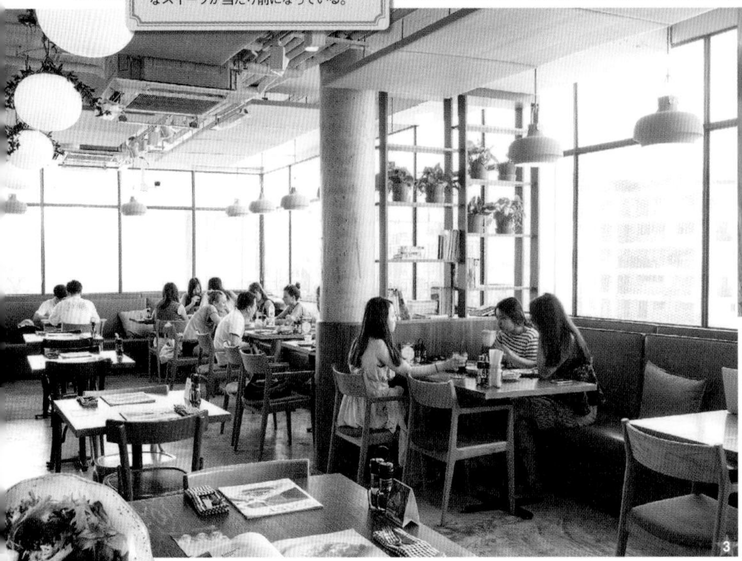

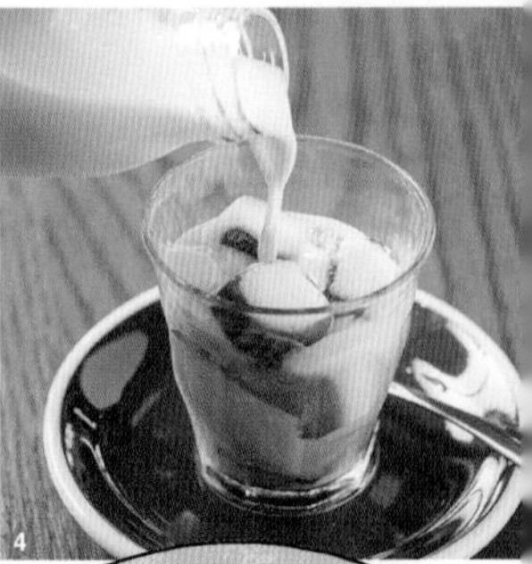

ナチュラル志向のおしゃれカフェ

ROAST

ロースト

ザ・コモンズの最上階。ナチュラルモダンの広々とした空間とタイ産食材で作る料理が評判。オリジナルブレンド豆で入れるコーヒーは90B。朝食メニュー（～11時）160B～もおすすめ。

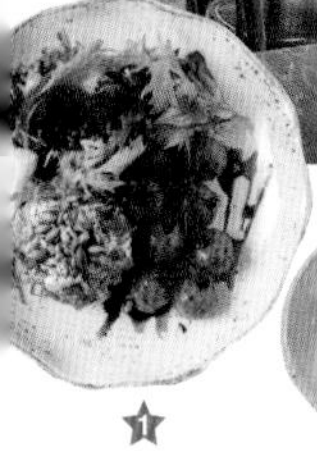

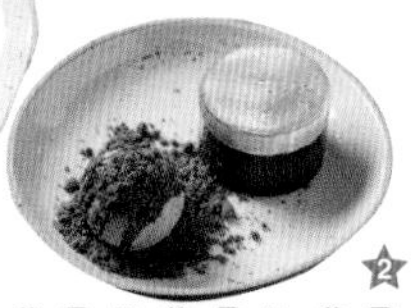

1.ライ麦パンのアボカドのせ380Bはブランチに人気 2.デザートは不定期で内容が変わるのも楽しい 3.店内はゆったりとした造りで居心地もいい 4.人気メニューのひとつ、アイススプレットラテ120B

Map 別冊P.17-D1 トンロー駅周辺

🏠3rd Fl., The Commons, 335 Soi Thong Lo 17, Sukhumvit Rd. ☎09-6340-3029 🕘8:00～21:15（LO） [休]無休 [Card]A.D.J.M.V. [英] (英▶ [交]BTS Thong Lo駅③出口から徒歩13分 [URL]www.roastbkk.com

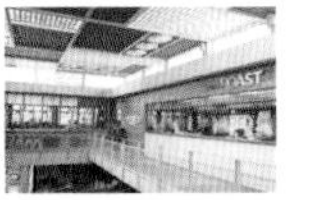

フランス風ロマンティックカフェ

AUDREY CAFÉ DES FLEURS

オードリー・カフェ・デ・フルール

フレンチビンテージをテーマにしたインテリアは女の子好みの空間。食事メニューが豊富で、定番のタイ料理からインターナショナルな料理まで楽しめる。タイティー風味のデザートがイチオシ。

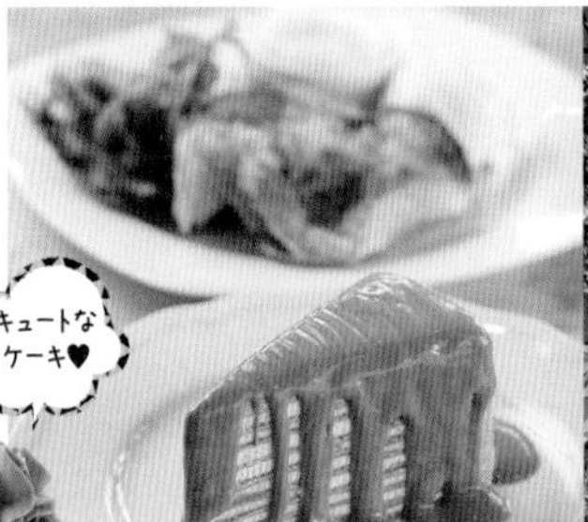

キュートなケーキ♥

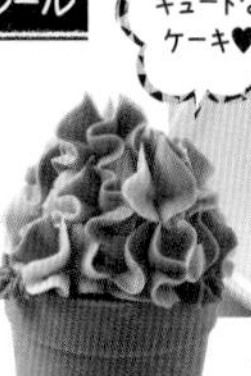

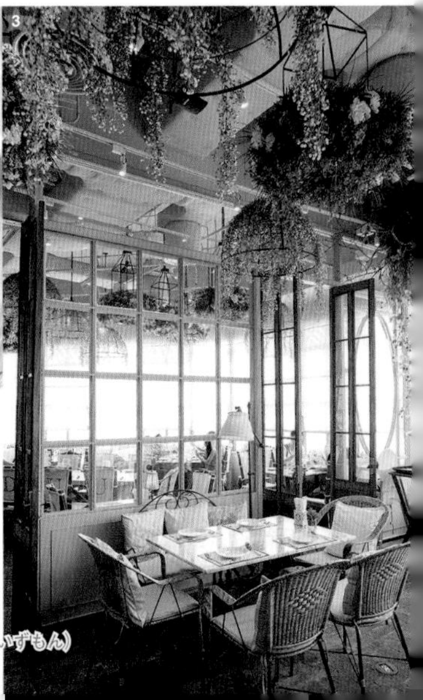

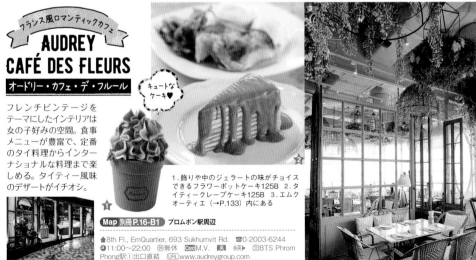

1.飾りや中のジェラートの味がチョイスできるフラワーポットケーキ125B 2.タイティークレープケーキ125B 3.エムクオーティエ（→P.133）内にある

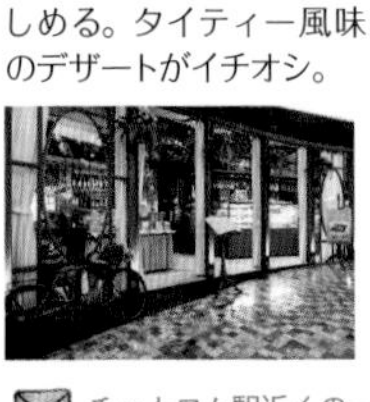

Map 別冊P.16-B1 プロムポン駅周辺

🏠8th Fl., EmQuartier, 693 Sukhumvit Rd. ☎0-2003-6244 🕘11:00～22:00 [休]無休 [Card]M.V. [英] (英▶ [交]BTS Phrom Phong駅①出口直結 [URL]www.audreygroup.com

✉ チットロム駅近くの一軒家スタバに行きました。居心地がよかったです。（島根県・いずもん）

バンコク・カフェ案内

**ひと休みするなら雰囲気のいいカフェがおすすめ！
モダンなカフェからスイーツカフェまで
ローカルに人気のカフェへご案内。**

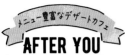

メニュー豊富なデザートカフェ

AFTER YOU
アフター・ユー

2007年のオープンから絶大な人気を誇り、現在ではタイ全土に30店舗以上を展開。日本のスイーツから発想を得たというハニートーストや、かき氷、パンケーキなど種類豊富。

[Map] 別冊P.13-C2　サヤーム・スクエア周辺

🏠G Fl., Siam Paragon, Rama 1 Rd. ☎0-2610-7659 🕘10:00〜21:00 [休]無休 [Card]J.M.V. [英] 《英》 [交]BTS Siam駅③出口直結 [URL]www.afteryoudessertcafe.com

1. バンコクでも人気のタピオカミルクティー135B　2. その名もShibuya Honey Toast 215B。アイスとクリームがたっぷり　3. タイティーのかき氷275B。スモールサイズ195B

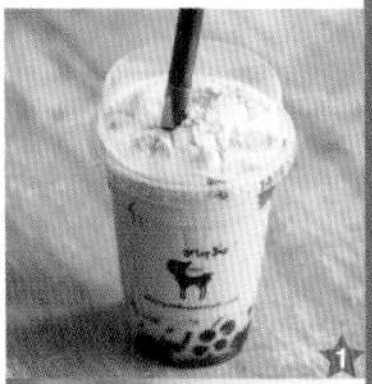

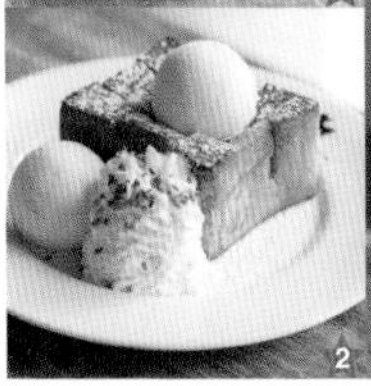

MBKセンターやターミナル21などにもある

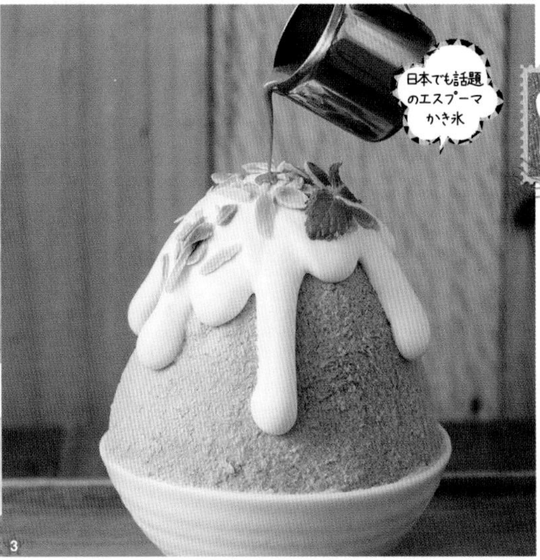
日本でも話題のエスプーマかき氷

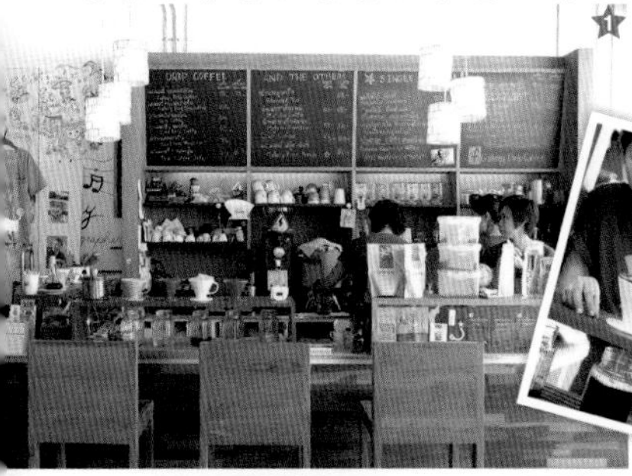

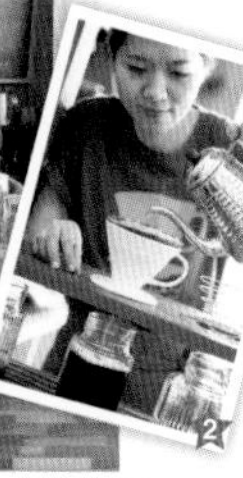

ドリップ式コーヒーの専門店

GALLERY COFFEE DRIP
ギャラリー・コーヒー・ドリップ

バンコクでは珍しいドリップ式コーヒーの専門店。注文するごとにていねいにコーヒーを落としてくれる。

[Map] 別冊P.12-B2　サヤーム・スクエア周辺

🏠Room 107, 1st Fl., Bangkok Art and Culture Centre, 939 Rama 1 Rd. ☎08-1989-5244 🕘10:30〜19:30 [休]月 [Card]不可 [英] 《英》 [交]BTS National Stadium駅③出口からすぐ

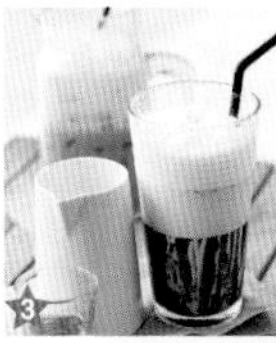

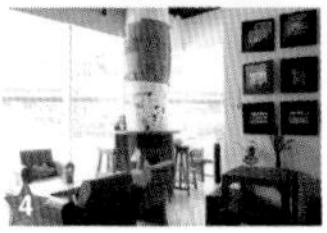

1. メニューはカウンター後ろの黒板にある　2. 一杯ずつていねいに　3. ドリップ・コーヒー・ジェリー 100B（手前）、抹茶ラテ70B（奥）　4. 座席は外にもある

チェンマイ発、ふわふわかき氷

CHEEVIT CHEEVA
チーウィット・チーワー

[Map] 別冊P.13-C2　サヤーム・スクエア周辺

🏠G Fl., Siam Square One, Soi5, Rama 1 Rd. ☎08-5362-9461 🕘11:00〜21:00 [休]無休 [Card]不可 [英] 《英》 [交]BTS Siam駅②出口から徒歩2分 [URL]cheevitcheevacafe.com

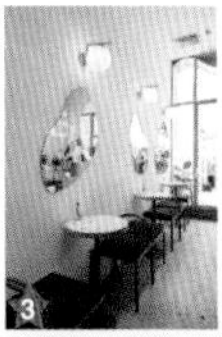

チェンマイ発のデザートカフェ。バンコクには2018年に進出し、現在5店舗ある。イチオシは100%ミルクで作るふわふわ食感のピンス（韓国版かき氷）。2〜3人でシェアして。

1. アイスレモンティー90B（右）とプリン入り抹茶&カスタード145B（左）　2. ブアローイ・ピンス255B。カイケム卵黄ソースとココナッツミルクをかける　3. 店内はこぢんまりとしていてすぐ満席になる

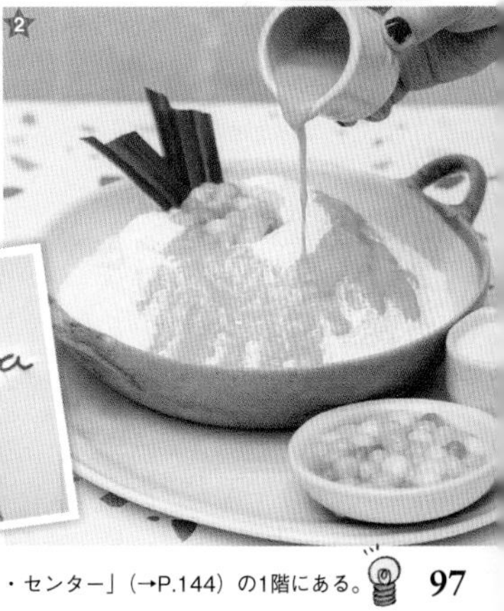

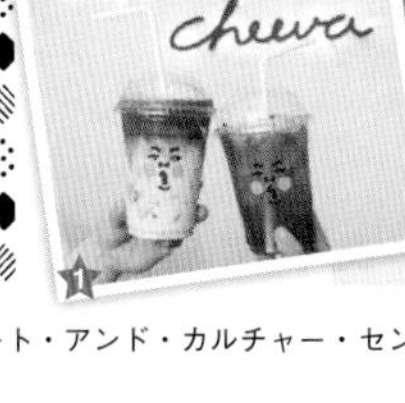
Cheevit cheeva

「ギャラリー・コーヒー・ドリップ」は「バンコク・アート・アンド・カルチャー・センター」（→P.144）の1階にある。

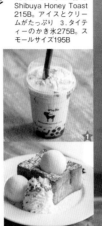

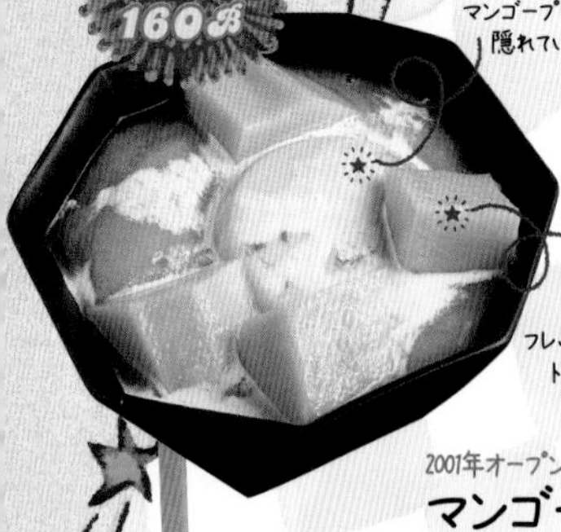

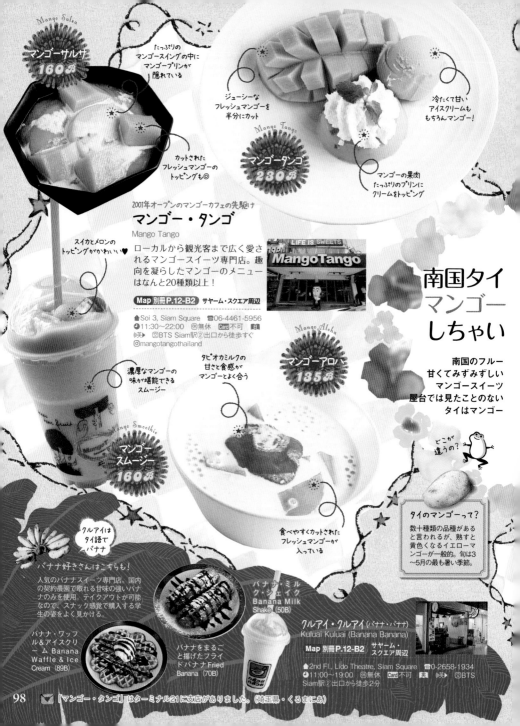

Mango Salsa
マンゴーサルサ
160B

たっぷりのマンゴースイングの中にマンゴープリンが隠れている

カットされたフレッシュマンゴーのトッピングも◎

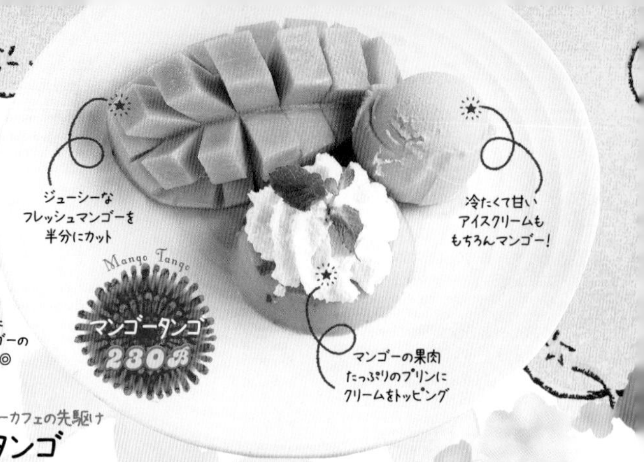

ジューシーなフレッシュマンゴーを半分にカット

冷たくて甘いアイスクリームももちろんマンゴー！

Mango Tango
マンゴータンゴ
230B

マンゴーの果肉たっぷりのプリンにクリームをトッピング

2001年オープンのマンゴーカフェの先駆け

マンゴー・タンゴ

Mango Tango

ローカルから観光客まで広く愛されるマンゴースイーツ専門店。趣向を凝らしたマンゴーのメニューはなんと20種類以上！

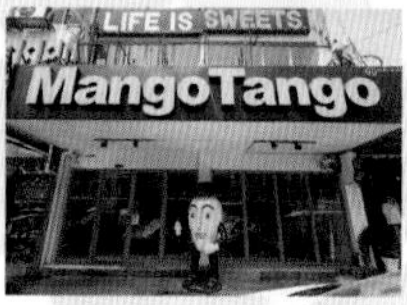

[Map] 別冊P.12-B2 サヤーム・スクエア周辺

Soi 3, Siam Square ☎06-4461-5956
11:30〜22:00 [休]無休 [Card]不可 [日] [英] [交]BTS Siam駅②出口から徒歩すぐ
mangotangothailand

南国タイ マンゴーしちゃい

南国のフルー
甘くてみずみずしい
マンゴースイーツ
屋台では見たことのない
タイはマンゴー

スイカとメロンのトッピングがかわいい♥

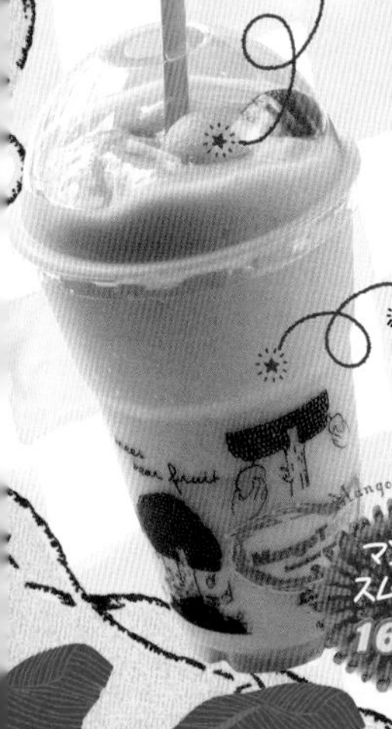

濃厚なマンゴーの味が堪能できるスムージー

Mango Smoothie
マンゴースムージー
160B

Mango Aloha
マンゴーアロハ
135B

タピオカミルクの甘さと食感がマンゴーとよく合う

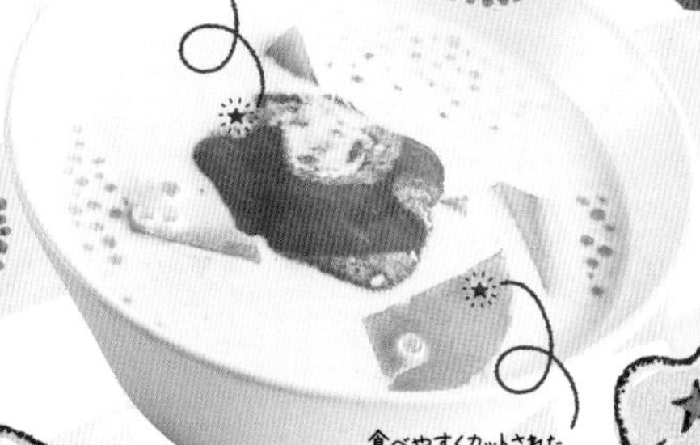

食べやすくカットされたフレッシュマンゴーが入っている

どこが違うの？

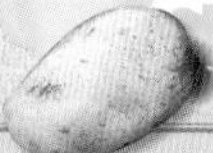

タイのマンゴーって？

数十種類の品種があると言われるが、熟すと黄色くなるイエローマンゴーが一般的。旬は3〜5月の最も暑い季節。

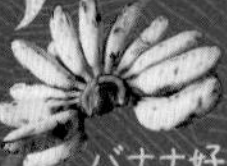

クルアイはタイ語でバナナ

バナナ好きさんはこちらも！

人気のバナナスイーツ専門店。国内の契約農園で取れる甘味の強いバナナのみを使用。テイクアウトが可能なので、スナック感覚で購入する学生の姿をよく見かける。

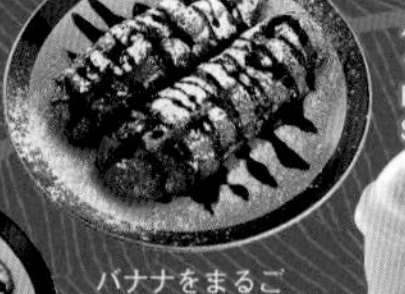

バナナ・ミルク・シェイク Banana Milk Shake（50B）

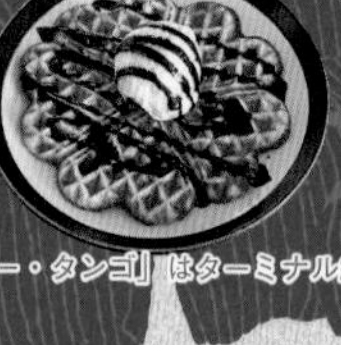

バナナ・ワッフル＆アイスクリーム Banana Waffle & Ice Cream（89B）

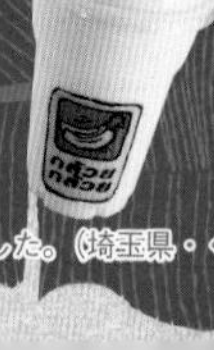

バナナをまるごと揚げたフライドバナナ Fried Banana（70B）

クルアイ・クルアイ（バナナ・バナナ）

Kuluai Kuluai (Banana Banana)

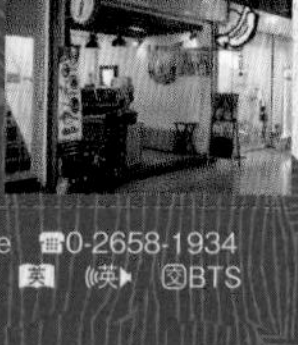

[Map] 別冊P.12-B2 サヤーム・スクエア周辺

2nd Fl., Lido Theatre, Siam Square ☎0-2658-1934
11:00〜19:00 [休]無休 [Card]不可 [英] [英] [交]BTS Siam駅②出口から徒歩2分

「マンゴー・タンゴ」はターミナル21に支店がありました。（埼玉県・くるまにあ）

ステキなマンゴーカフェ見つけた！
メイク・ミー・マンゴー
Make Me Mango

2016年のオープン以来、大人気の
マンゴースイーツ専門店。マンゴー
一尽くしのメニューは高級品種の
ナムドークマイ種を使用。

Map 別冊P.4-B3 　王宮周辺

🏠 67 Maharat Rd. ☎ 0-2622-0899
🕐 10:30〜20:00（土・日・祝は〜20:30）
⊕無休 Card不可 〘英〙
🚇MRT Sanam Chai③出口から徒歩7分
URL makememango.business.site

のんびり過ごし
てほしいという
オーナーの思い
が詰まったかわ
いい店

Mango Smoothie Yogurt
**マンゴー・
スムージー・ヨーグルト**
130฿

Make Me Mango
**メイク・ミー・
マンゴー**
245฿

1杯にマンゴーまるごと
1個使用。
ヨーグルト入りは
さっぱりした味わい

マンゴーソースが
たまらない
マンゴーパンナコッタ

ココナッツで炊いた
カーオ・ニアオ（もち米）。
タイ伝統のおやつカーオ・
ニアオ・マムアンの進化形！

南国タイならでは！

マンゴー三昧

ホームメイドの
マンゴーアイスクリーム
もおいしい

Make Me Mango
**マンゴー・
ビンズ**
285฿

マンゴー2個分！　中には
ミルクかき氷が入っている

ならでは！
三昧
ましょ

ツといえば、
フレッシュなマンゴー！
専門店があったり、
食べ方ができたり、
パラダイスです★

《通常はこんな感じ》

Mango Sticky Rice
**カーオ・ニアオ
マムアン**
150฿

ココナッツミルク
もポリ袋で持ち
帰りできる

果物屋さんの名物スイーツ♥
メー・ワーリー
Mae Varee

マンゴー（1kg150〜300B）を中
心に扱う、創業30年以上の老舗果
物店。ここのカーオ・ニアオ・マ
ムアン目当てに来る地元客も多数。

Map 別冊P.17-C2 　トンロー駅周辺

🏠 1 Soi Thong Lo, Sukhumvit 55 Rd.
☎ 0-2394-4804 🕐 6:00〜22:00
⊕無休 Card A.D.J.M.V.（500B〜。チャー
ジがかかる）〘英〙
🚇BTS Thong Lo駅③出口から徒歩すぐ

もち米は黒米と
パンダンリーフも
選べる

旬の時期には
マンゴーがまるまる1個
楽しめちゃう

店先には1年中マンゴー
が山積み！

とっても
おいしい
ですよ

マンゴースイーツの人気チェーン
マンゴー・マニア
Mango Mania

タイ全国に17店舗ある、マンゴー
スイーツとスムージーのチェーン
店。高級品種ナムドークマイを
使った各種スイーツが人気。

バンコク市内には2店舗

Map 別冊P.17-D3 　エカマイ駅周辺

🏠 G Fl., Gateway
Ekkamai, 982/22
Sukhumvit Rd. ☎なし
🕐 10:00〜21:00
⊕無休 Card不可
🚇BTS Ekkamai駅連絡歩
道橋から徒歩すぐ
URL www.mangomania.
in.th

プルプルの
マンゴープリン

もち米には
ココナッツミルクを
かけて

うちの
マンゴーは
最高よ

フレッシュマンゴーは
高級品種の
ナムドークマイ

さっぱり味の
マンゴーアイス

Super Mango Mania
**スーパー・
マンゴー・マニア**
149฿

甘酸っぱい実の中には種が入っている

サラ (サクラヤシ)
สละ
トゲトゲした皮をむいて食べる。独特の匂いだが、酸味と甘さのバランスがいい。
旬：5〜7月

ソムオー (ザボン) ส้มโอ
ぶ厚い皮の中からジューシーな実が現れる柑橘類。甘くてみずみずしい。
旬：8〜11月

ケーオ・マンコーン (ドラゴンフルーツ)
แก้วมังกร
半分にカットし、白い実をスプーンで食べる。クセがない甘さ。
旬：5〜10月

割ると白い中皮が出てきて、その中に黄色い実が入っている

人気

マフアン (スターフルーツ)
มะเฟือง
ナイフでカットすると切り口が星形。甘味は薄くみずみずしい。
旬：通年

リンチー (ライチー)
ลิ้นจี่
旬：3〜6月

日本のものより大粒で、手でむいて食べられる。まろやかな甘さ。

カヌン (ジャックフルーツ)
ขนุน
カットして実を取り出して食べる。強烈な匂いだが蜜たっぷり。
旬：4〜6月

毎日食べタイ！

トロピカル＆タイ

南国の暑さのなかに甘くてみずみず
タイ伝統の手頃な値段なのでいろ

Tropical Fruits

カーオ・ニアオ・ケーオ
ขาวเหนียวแกว
蒸したもち米とココナッツミルクの素朴な甘さがたまらない！

人気

タコー・ヘーオ
ตะโก้แก้ว
タピオカとココナッツミルクのゼリーの2種類の食感が楽しい。

フォーイ・トーン
ฝอยทอง
溶き卵をアツアツのシロップに落としたもの。激甘なので注意。

カノム・メット・カヌン
ขนมเม็ดขนุน
アヒルの卵黄菓子に緑豆のあんが入っている。甘いがちょっと上品。

カノム・ターン
ขนมตาล
バナナの葉の器に入った、パームシュガーのカステラ風菓子。

フルーツ＆スイーツ
屋台で便利な
タイ語

どれが甘いですか？
อันไหนหวานคะ
アンナイワーンカ

味見できますか？
ชิมได้ไหมคะ
チムダイマイカ

カットしてください
ช่วยตัดหน่อยคะ
チュアイタットノーイカ

1個（5個）ください
ขอหนึ่ง（ห้า）อันคะ
コーヌン（ハー）アンカ

カノム・チャン
ขนมชั้น
ぷるぷるの食感が楽しめる、カラフルでキュートな上新粉のお菓子。

タイの伝統菓子は屋台でよく見かけました。レストランではあまり食べられないので、見つけたら即買いがいいと思います。（静岡県・

ノーイナー（シャカトウ）
นอยหนา
カットすると白い実が現れる。ねっとりした食感でとても甘い。
旬：7〜9月

割ると中から真っ白な実が！

マンクッ（マンゴスチン）
มังคุด
必食
皮は硬いのでナイフで割って中身を取り出す。上品な甘味が人気。
旬：5〜9月

ドゥリアン（ドリアン） ทุเรียน
刺激臭があるが、こってりとした食感と強い甘味にハマる人も。
旬：4〜6月

ファラン（グァバ） ฝรั่ง
リンゴとナシの中間のような食感と味。ナイフでカットして食べる。
旬：通年

ンゴ（ランブータン） เงาะ
皮を手でむくと、ブドウのような白い実が出てくる。水分が多く甘い。
旬：4〜6月

手で皮を取るとつるっとした実が出てくる

チョムプー（ジャワフトモモ） ชมพู่
人気
ローズアップルとも呼ばれ、リンゴをさらにみずみずしくした味。
旬：通年

トロピカルフルーツ＆タイスイーツ

フルーツ スイーツ

いると食べたくなるのがしいフルーツや甘〜いお菓子！いろ食べ比べてみよう。

Thai Sweets

フルーツとスイーツはココで買える！
どちらもスーパーマーケットで気軽に購入することができるが、便利なのが屋台。フルーツはその場でカットしてくれるのでそのまま食べられる。

カットしますよ！

ブアローイ・ナーム・キン บัวลอยน้ำขิง
ショウガシロップとゴマあんの入った団子は相性抜群！

ルアムミット รวมมิตร
かき氷にタピオカや豆、ココナッツミルクをかけて食べる
必食

チャー・モンクット จ่ามงกุฎ
祭事に欠かせないお菓子。アヒルの卵黄と、緑豆あんで作る。

カノム・トゥアイ ขนมถ้วย
タピオカ粉と上新粉で作ったぷるぷるの餅風菓子。

ルーク・チュップ ลูกชุบ
果物や野菜の形がかわいいココナッツあんの菓子。味はどれも同じ。

トーン・エーク ทองเอก
細かな細工がきれいな祝い事の際に作られた菓子。アヒルの卵を使ったあんを使用。

タイの伝統スイーツは砂糖をたっぷり使ったものが多いので、ダイエット中の人は食べ過ぎに注意！

101

アロイ！（おいしい）でもちょっと言わせて！
小腹を満たすストリートスナック

街角でいい匂いをさせているあれは何？　ノドが渇いたけどあれは飲めるの？
arucoスタッフが、小腹がすいたときにトライしたい街角スナックを実食調査しました！

aruco調査結果
コンデンスミルクと
バターの最強コンビ！
炭焼き独特の風味もいい！
（編集S）

aruco調査結果
甘い生地とソーセージって
合うんですよね～。
カスタードも文句ないお味
（コーディネーターT）

トースト
ขนมปังปิ้ง
カノム・パン・ピン

朝によく見かける炭焼き
トーストの店。バ
ターたっぷりで、香ば
しくいい香りをさせて
いる。1枚10B。

1.オフィス街によ
く出ている 2,3.
串も付いて食べやすい
4.コンデンスミルクも
トッピング可能

カノム・バンコク
ขนมบางกอก
カノム・バンコーク

クレープ生地にカス
タードやソーセージを
入れて巻いたお菓子。
少し前はカノム・トー
キョーと呼ばれていた。

1.生地の厚さは店によって
違う 2.カスタード5B、
ソーセージ10B

♪SWEETS♪

aruco調査結果
まずはないけど、
正直食べ慣れない。
マンゴーは完熟がいいです
（フォトグラファーY）

青マンゴー
มะม่วงดิบ
マムアン・ディップ

熟す前の青いマン
ゴーをカットし
て、トウガラシ入
りの砂糖に付けて
食べる。サクサク
とした食感。20B。

1,2. 買うとその場で
カットしてビニール
袋に入れてくれる

イモ団子
มันทิพย์
マンティップ

すりつぶしたイモにコ
コナッツミルクを混ぜ
た種をひと口大に丸めて
炭火で焼いたほくほ
くスナック。

aruco調査結果
イモの香りと
ココナッツミルクの
上品な甘さがマッチ！
（編集M）

1.8個で20B　2.黄色は
ジャガイモ、紫はタロイモ

aruco調査結果
知らずに口にしたら
イモかと思う味と食感。
タレは激甘でちょっと……
（編集M）

タイのバナナは加
熱して食べる種類
のものも多い。タ
イ人にも人気のス
ナック。10B～。

焼きバナナ
กล้วยปิ้ง
クルアイ・ピン

1.好みの数を入れてもらう
2.蜂蜜などの甘いたれを
つける

aruco調査結果
モチモチで和菓子に
通じる味わいがなじみやすい。
甘過ぎず絶品です
（通訳H）

カーローチー
กาลอจี๋
カーローチー

餅のような食感のお菓子。中
国伝来で、チャイナタウン以
外ではあまり見かけない。

1.大きな塊からち
ぎって販売
20B　2.1袋
20B

どこに出没する？
スナック売りは人が集まるBTSの駅
の近くや、バスターミナル、オフィ
ス街でよく見かける。ウイークエン
ド・マーケット（→P.124）にも多
いので、チェックしてみて。

BTSサラデーン駅周辺にたくさんスナック屋台が出ていておもしろかった！（愛知県・青田）

ＳＮＡＣＫ！

aruco調査結果
タレに甘味があって
ご飯やビールが欲しくなる味。
ジューシーでおいしいです
（コーディネーターT）

aruco調査結果
屋台のスシのレベルが
ここまで上がってるなんて！
これなら毎日でもいけます
（編集S）

1.エビ、カニ、
豚肉、海苔の
4種類 2.6
個20B

aruco調査結果
いわゆる焼売（笑）
その場で蒸しているので
アツアツなのがいいです
（フォトグラファーM）

1.1本10B
2.けっこうな
ボリューム

豚串焼き
หมูปิ้ง
ムー・ピン

バーベキューのように串刺しにした豚肉をたれにつけて焼き上げるおかず風スナック。

焼売
ขนมจีบ
カノム・チーブ

屋台で焼売を蒸して売っているのも食の都っぽい。袋から串で食べるのがおもしろい。

寿司
ซูชิ
スーシー

1. その場で作る 2. 注文は指さしで。1個10B

日本食ブームに乗っかり、寿司も屋台の定番に。生ものは少ないが、よく売れている店を選ぶのがおなかを壊さないコツ。

ストリートスナック

aruco調査結果
これはうまい！
海苔が入っているものが
特にお気に入りです
（フォトグラファーY）

1.日本じゃ見たこと
ない 2.3個30B

焼き玉子
ไข่ปิ้ง
カイ・ピン

1,2.ハサミでカットして串を付けてくれるので食べやすい 3.米の生地の中にキノコがたっぷり 4.海苔の揚げ物 5.具だくさんの春巻き

各種揚げ物
อาหารทอด
アーハーン・トート

シーロムのオフィス街で人気の中華風の揚げ物。その場で揚げてくれるのでアツアツが楽しめる。1個2〜7B。

aruco調査結果
焼き卵なんて初めて。
ゆで卵よりも
乾いた感じがする
（編集M）

卵を遠火で炙るとまるでゆで卵のように中身が固まって、殻をむいて食べられる。

ＤＲＩＮＫ！

1. ルビー色が美しい 2. ちょっと高くて1本40B

aruco調査結果
おいしいのは当たり前！
でもコスパ的には
正直イマイチというところ
（フォトグラファーM）

豆をその場でひいてくれるので香り高いコーヒーが35B

aruco調査結果
これは遭遇率が高く、
取材中よく飲みましたね。
自然な甘さがいいです
（コーディネーターT）

ザクロジュース
น้ำทับทิม
ナム・タプティム

3月ぐらいからザクロが出回るとジュース屋台も登場。甘酸っぱくてぐいぐい飲める。

氷で冷やしプラスチックボトルで提供20B

マンゴー好きなら
ぜひ試したい

コーヒー
กาแฟ
カフェー

昔ながらのコーヒーや紅茶の屋台もいたるところに出ている。コンデンスミルク入りのタイコーヒーが楽しめる。

オレンジジュース
น้ำส้ม
ナム・ソム

搾った100%ジュースは、街のいたるところで見かける。1年中楽しめるドリンク。

aruco調査結果
さわやかな味わいで
一気にリフレッシュ
できます
（コーディネーターT）

マンゴージュース
น้ำมะม่วง
ナム・マムアン

マンゴーが旬を迎える3〜5月限定のフレッシュジュース。濃厚な甘さが楽しめる。繁華街だと1本40Bと高め。

aruco調査結果
普段ブラック派だけど
暑い気候とこの甘さはよく合う！
クセになるけど太る〜
（編集S）

コーヒー屋台でブラックを頼むときには「カーフェダム、マイサイナムターン」と言おう。

「aruco調査隊が行く!!③

タイのビール飲み比べ！

aruコで飲めるビールを一挙紹介！

「今宵も暑いぞビールがうまい♪」ということで、バンコクで飲める結果がこちら。
arucoスタッフが飲み比べた結果がこちら。

フェデルブラウ FEDERBRÄU

独特の香りが
クセになるかも
byコーディネーターY

チャーンが造るド
イツビール。高級
感たっぷり。

☆ — 軽

ビア・チャーン Chang

口当たりさわやか。
タイ料理に合う！
by編集S

タイで最もよく飲
まれているのがコ
レ。手頃な値段。

重 ☆ — 軽

シンハー SHINGHA

苦味が強く
高級感のある味
by編集M

タイのビールのな
かでも世界的に有
名な銘柄。

重 ☆ — 軽

ハイネケン Heineken

タイで飲むと
より軽く感じます
by編集S

タイで最もよく飲
まれている海外
のビールはこれ。

重 ☆ — 軽

ビア・リオー LEO

安いけど
味が濃くないですね
byカメラマンY

ビア・シンが作っ
た低価格ブラン
ド。人気は上々。

重 ☆ — 軽

シン・ライト SHINGHA Light

ビールが苦手な
私には飲みやすい！
byカメラマンM

アルコール度数
3.5%というビア・
シンのライト版。

重 ☆ — 軽

アサヒスーパードライ Asahi

日本とちょっと
味が違う気がします
by編集K

日本のビールも飲
める。タイで生産
されているスーパ
ードライ。

重 ☆ — 軽

チアーズ CHEERS

女子に
オススメ

これは
グイグイ飲めますね
by編集M

ハイネケンの製造
会社が造る、軽め
のビール。490ml。

重 ☆ — 軽

スノーウィー・ヴァイツェン Snowy WEIZEN

これが58Bで
飲めるのは安い！
by編集M

ビア・シンが造る
クラフトビール。
セブン-イレブンで
限定販売。

重 ☆ — 軽

氷を入れてください
ใส่น้ำแข็งด้วยนะ
サイナムケーンドゥワイカ

えっ氷入れちゃうの？

常夏のタイでは暑さのせいかビー
ルに氷を入れるのが一般的だ。ビ
ールが苦手な人でも一気にビール好
きになれるほど飲みやすくなるから
不思議。

キレイになって
帰っちゃおう☆

キレイになりたい人必見！
スパ天国バンコクの
ビューティスポット

スパ、ネイルサロン、タイ古式マッサージ店……。
星の数ほどあるバンコクのビューティスポットから
arucoスタッフが厳選したサロンやショップをご紹介。
出発前よりキレイな自分に出会えちゃうはず☆

BEAUTY

01 人気スパは日本から予約を

人気のスパは週末や夕方は特に混雑するので、希望の時間が決まっていれば早めに予約しよう。ほとんどのスパでは、ウェブサイトから予約ができる。目安は遅くても日本出発の1週間〜3日前までに。

スパによっては日本語表示のサイトもある

02 日本語サイトや旅行会社のクーポン利用がお得

自分で予約するのはちょっと不安と思う人は、旅行会社や日本語予約サイトがおすすめ。割引や特典付きもあるので、安心でお得。信頼できるアプリやサイトを選ぼう。

日本語対応している旅行会社パンダバス（→P.183）

klookやkkdayなど便利な予約アプリも

03 スパメニューを読みこなそう

基本は下記の5種類。各スパを象徴するおすすめのトリートメントはメニュー名に「signature」と記載されているので確認を。

ハーバルボールの中身はレモングラスやショウガなどのハーブ

Spa Menu

●タイ古式マッサージ Traditional Thai Massage
タイの伝統医療。指圧やストレッチで体の凝りをほぐしてくれる。
●アロマテラピーマッサージ Aroma Therapy Massage
アロマオイルを使った全身マッサージ。体のほぐしとオイルの効果が期待できる。

●タイハーバルボール Thai Herbal Ball
天然ハーブを包んだ蒸しボールを全身に押し当てる。血行促進&デトックス。
●ボディスクラブマッサージ Body Scrub Massage
タイの自然素材から作るスクラブで全身マッサージ。ツルスベ素肌に。
●ボディラップ Body Wrap
全身にクリームやハーブを塗り、ラップで包む。肌の保湿に最適。

バンコクのスパ通が伝授

これでaruco流 スパ

バンコク滞在中、女子なら至福の時を過ごすために覚えて

04 日本と比べてどれくらい安いの？

例えば、日本にある最高級ホテルのスパだと、アロマテラピーマッサージ60分で約3万円だが、バンコクでは約3500B。一軒家スパになると約1500B。日本では格安のマッサージ店も多くなっているが、ゆったり過ごせるゴージャスなスパとなると、比べものにならないほど安い。

贅沢空間に加え、技術力の高さもスゴイ！

05 タイならではの自然素材が気になる

ハーボルボールやアロマオイル、植物の種子とオイルを配合したスクラブなど、タイのスパは自然素材を用いたトリートメントが多数。効果もさまざま。

自然素材の効能

●タマリンド Tamarind
ビタミンCが豊富。エイジングケアにおすすめ。
●ジャスミンライス Jasmine Rice
肌の角質除去や保湿にいい。敏感肌にも使える。
●アロエ Aloe
日焼けした肌を落ち着かせる。保湿、美肌効果も高い。
●レモングラス Lemongrass
抗酸化作用が高く、ニキビや吹き出物に効果的。
●ココナッツ Coconut
保湿効果が高い。老化対策や肌荒れを改善。
●バラ Rose
鎮静、安眠効果あり。シミを薄くするなど、美肌へと導いてくれる。

タイらしい香りが人気のレモングラス

タイでは自然素材を使用するのが一般的！

06 マッサージ店で使えるタイ語リスト

セラピストやマッサージ師のなかには英語が通じない人も。困ったらチェック！

マッサージで使えるタイ語

肩	ไหล่	ライ	気持ちいい	สบายดี	サバーイディー
首	คอ	コー	痛い	เจ็บ	チェップ
背中	หลัง	ラーン	寒い	หนาว	ナーオ
腕	แขน	ケーン	熱い	ร้อน	ローン
足	เท้า	タオ	強く/弱く	แรงๆ/เบาๆ	レーンレーン/バオバオ

バーバルボールは全身ポカポカになって本当に気持ちいい！　おみやげに買って家で使っています。(東京都・W)

07 予約時間は厳守しよう

時間を守るのは基本ね！

地元の人から外国人旅行者まで利用客が多いので、遅れるとトリートメントの時間が短くなってしまうことも。余裕をもって15分前には受付を済ませるようにしたい。

08 チェックアウト後に利用するのも◎

帰国のフライトが深夜便の場合、ホテルをチェックアウトしたあとスパを利用すれば、リラクセーションついでにシャワーで体も洗える！　ただし、オイルマッサージ後はオイルを流さないほうが効果的。

オイルを使用する場合、シャワーはトリートメントの前に

安心！テクニック 13

一度は訪れてみたいスパ。おきたいテクニックはこちら！

09 アロマオイルの効能を知っておこう

タイのスパはアロマオイルを使ったトリートメントが多い。各オイルは香りや効能が異なるので、自分に適したものを選んで。

オイルは数種類用意しているところがほとんど

アロマオイルの効能と特徴

- ●レモングラス Lemongrass
  リラックス効果が高い。食欲不振、筋肉疲労に。
- ●ジャスミン Jasmine
  パワー不足に。スキンケアにもおすすめ。
- ●サンダルウッド Sandalwood
  リラックス効果抜群。肌の潤い、むくみにもいい。
- ●ラベンダー Lavender
  不眠、高血圧、肩凝り、痛みの緩和など、万能オイル。
- ●ティーツリー Tea Tree
  殺菌効果がある。肌荒れや風邪にもいい。
- ●ゼラニウム Geranium
  ホルモンバランスを整えてくれる。妊娠中は不向き。

10 送迎って付いているの？

BTSやMRTの駅から離れているスパは最寄り駅まで送迎を行っているところがあるので、予約の際に確認しよう。渋滞が多いバンコクではホテルまでの送迎はあまりない。

特に夕方や雨の日は大渋滞するので注意

11 チップは支払うべき？

担当してくれたセラピストに渡すのが一般的。相場は高級スパなら1時間当たり100B程度。特別上手だったり、親切に接してくれた場合はもっと出してもOK。

帰り際、担当セラピストに直接渡そう

13 日本語OKなスパはある？

この本で紹介するスパで、日本語で電話予約から当日の対応までできる店はない。アプリなどで気軽に予約ができるようになり、スパ公式で日本語メニューを用意する所は減っている。日本人経営のマッサージ店なら日本語で利用可。

日本語メニューあり
★オアシス・スパ・バンコク
→P.111
★アジアハーブアソシエイション
→P.112
★バンブー・スパ→P.113
★アット・イース→P.113

日本語OK
★アジアハーブアソシエイション
→P.112
★アット・イース→P.113

12 体調に不安があったらどうしよう！

何でも聞いてください！

妊娠中のボディトリートメントは基本的にNG。生理になった場合、事前に伝えよう。トリートメント中に気分が悪くなったときも我慢せずに中止するのがベスト。

不安な人は最低限の言葉を覚えておくといい

一度は贅沢したい！
HIGH
予算3000B～

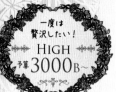

予算別！ キレイになれる クチコミで評判の実力派スパ

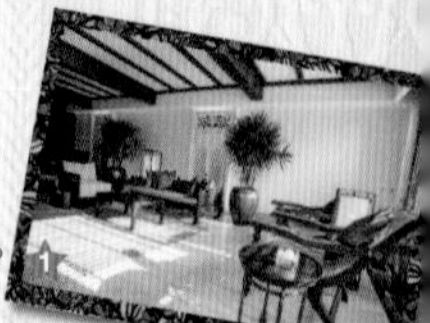

雰囲気、技術、サービスよしのスパってどこ？ やっぱり値段も気になるし……。
ここでは予算別、至福の時間が過ごせるイチオシスパを紹介します！

リバーサイドのスパ専用棟で非日常を

ペニンシュラ・スパ The Peninsula Spa

チャオプラヤー川沿いにある高級ホテル、ペニンシュラ・バンコク内にあるスパ。コロニアル様式の専用棟を設け、ラグジュアリーな空間。トリートメントは16歳から。

[Map] 別冊P.8-A3 チャルーン・クルン通り周辺

🏠The Peninsula Bangkok, 333 Charoen Nakhon Rd. ☎0-2020-2888 🕘9:00～23:00（最終受付はメニューによる）[休]無休 [Card]A.D.J.M.V. [予]要予約 《英》 [交]CEN Sathorn船着場から専用渡し船 [URL]www.peninsula.com/ja/Bangkok/wellness

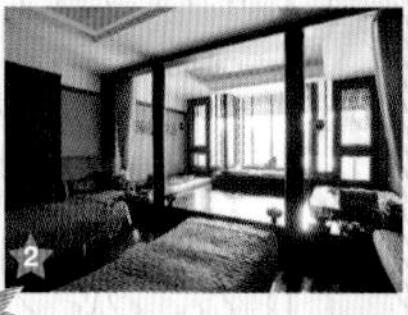

利用者のクチコミ

ホテルとは別の棟にあります。プールやジャクージもあるようでした。（岐阜県・アジサイ）

コロニアル調の癒やしの空間でした。Klookのアプリから予約をしました。（東京都・タイ大好き）

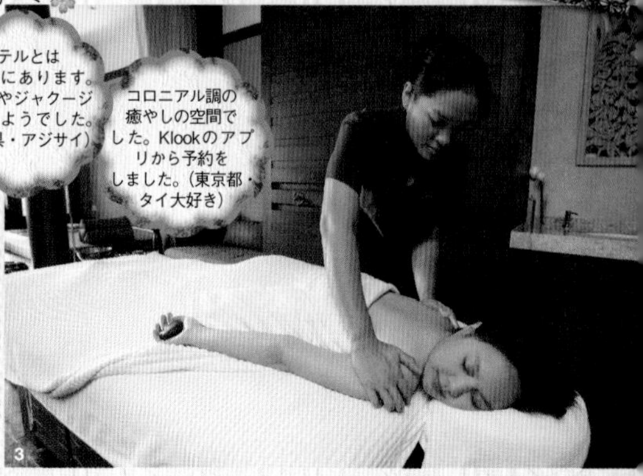

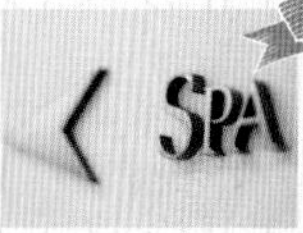
SPA

おすすめMENU

ザ・ペニンシュラ・ロイヤル・タイ・マッサージ	…90分	4000B
ヴォルカニック・ホット・ストーン・マッサージ	…90分	4950B
フォーハンド・シンクロナイズド・マッサージ	…90分	6690B
ザ・ペニンシュラ・トラディショナル・フットマッサージ	…60分	2990B

1. 施術後にゆっくり休めるリラクセーションエリアもある 2. トリートメントルームは18室。スイートの部屋にはジャクージもある 3. 温めた石で施術をするヴォルカニック・ホットストーン・マッサージ

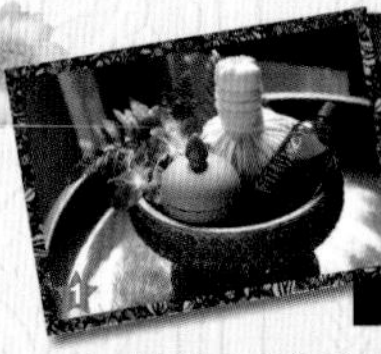

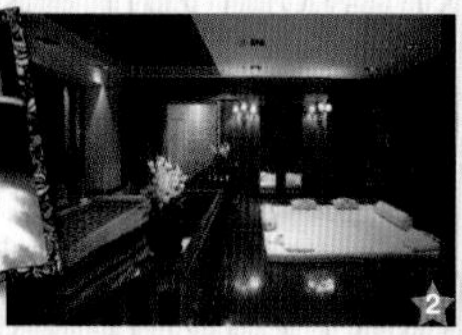

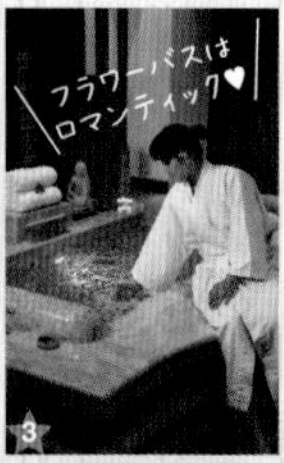
フラワーバスはロマンティック♥

1. オリジナルのプロダクトを使用 2,3. スイートの部屋はプラス2500B～で利用できる 4. タイとヨーロッパのトリートメントを融合させたオリエンタル・シグネチャーが人気

タイのスパの先駆的存在

オリエンタル・スパ The Oriental Spa

最高級ホテル、マンダリン・オリエンタル（→P.166）のスパ。チャオプラヤー川を船で渡り、昔ながらのタイ建築を利用したスパ棟へ。トリートメントは伝統医療のタイ古式マッサージ、ハーブ療法などを取り入れた独自のものからアーユルヴェーダまで幅広い。

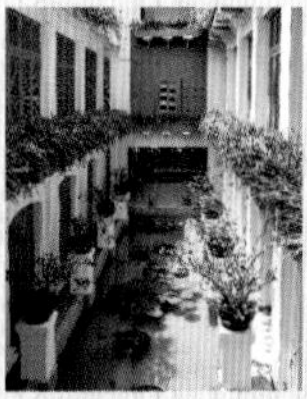

静かなスパ棟はまるで異空間

[Map] 別冊P.8-A2 チャルーン・クルン通り周辺

🏠Mandarin Oriental Hotel, 48 Oriental Ave., Charoen Krung Rd. ☎0-2659-9000 🕘10:00～22:00（最終受付は20:00）[休]無休 [Card]A.D.J.M.V. [予]要予約 [英] 《英》 [交]CEN Sathorn船着場から専用渡し船 [URL]www.mandarinoriental.co.jp/bangkok/luxury-spa/

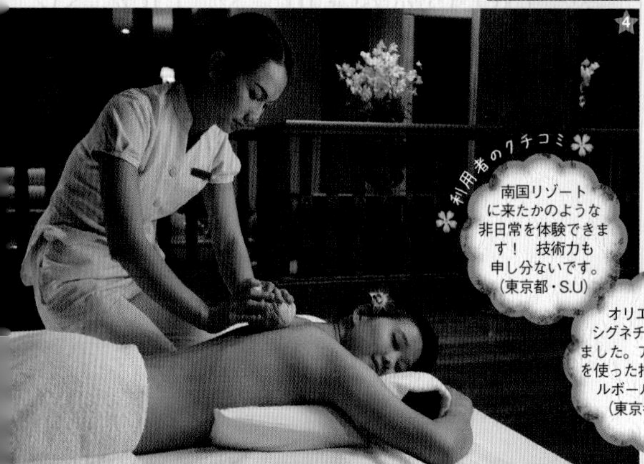

利用者のクチコミ

南国リゾートに来たかのような非日常を体験できます！ 技術力も申し分ないです。（東京都・S.U）

オリエンタル・シグネチャーを受けました。アロマオイルを使った指圧やハーバルボールは最高！（東京都・R.T）

おすすめMENU

オリエンタル・シグネチャー	…90分	4800B
タイ伝統古式マッサージ	…90分	4150B
タイ・ハーバルコンプレス	…30分	1750B
ボディスクラブ・エクスペリエンス	…60分	3250B
ボディラップ・エクスペリエンス	…60分	3250B

✉「オリエンタル・スパ」は値段もそれなりにしますが、サービスのレベルと施設の造りがさすがでした！（石川県・アツコ）

天上の癒やしの空間

バンヤンツリー・スパ

Banyan Tree Spa

タイのプーケットで生まれ、世界に70店舗を展開。徹底したセラピスト指導と、国や地域に合わせた独自のトリートメントで、世界中のセレブから支持されている。

[Map] 別冊P.10-B2 シーロム通り周辺

🏠21st Fl., Banyan Tree Bangkok, 21/100 Sathorn Tai Rd. ☎0-2679-1052 🕘10:00～22:00（最終受付は20:00） [休]無休 [Card]A.D.J.M.V. [予]要予約 [英] [英] [交]MRT Lumphini駅②出口から徒歩8分 [URL]www.banyantreespa.com

おすすめMENU

- ロイヤル・バンヤン（フェイシャル+ハーバルボール+ハーバルバスなど）…150分 9500B
- シグネチャー・マスターセラピスト・エクスペリエンス…90分 6000B
- タイ古式マッサージ…60分 3800B

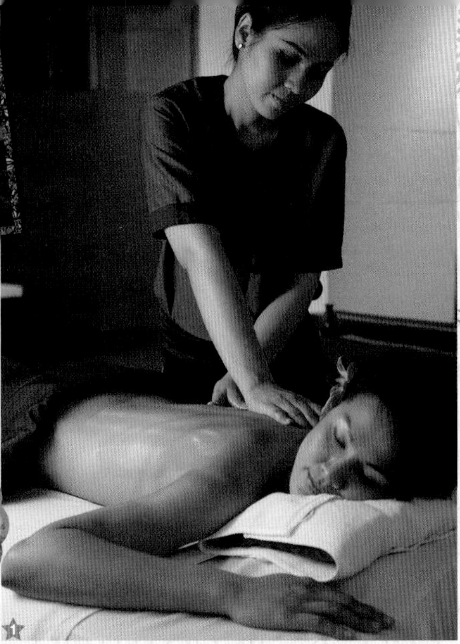

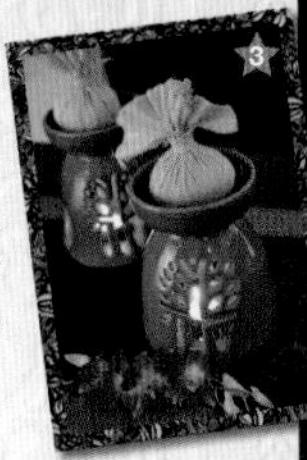

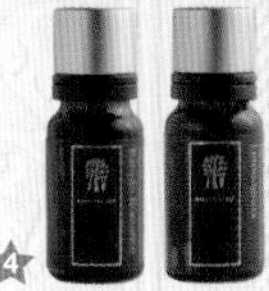

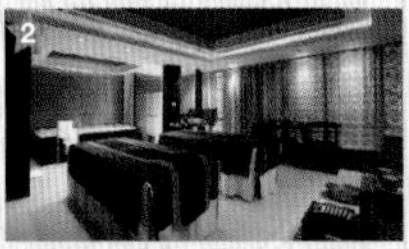

利用者のクチコミ

トリートメントルームはゆったりとした造りで落ち着ける空間でした。（東京都・M.P）

タイ古式マッサージにハーバルボール、ハーブバスなどのタイ・トラディション120分7500Bはタイならではのトリートメントです。（新潟県・N.S）

1. イチオシはトップの技術をもつセラピストが、そのときの体の状態に合わせて行う、シグネチャー・マスターセラピスト・エクスペリエンス 2. トリートメントルームはシングル6室、カップル10室 3,4. プロダクトはショップで購入が可能

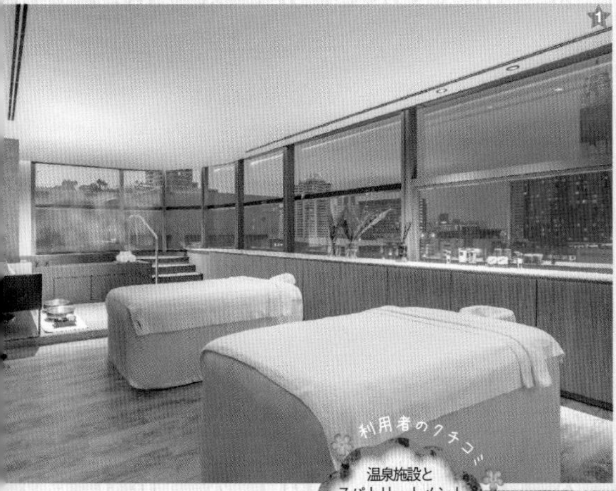

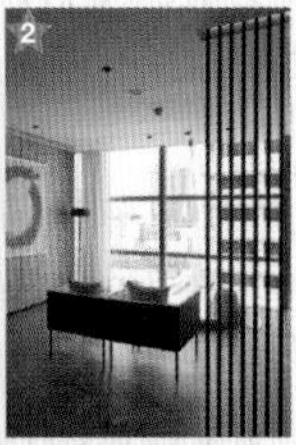

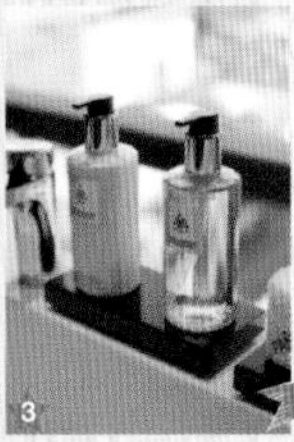

温泉施設が備わる究極の癒やし

パンピューリ・ウェルネス Pañpuri Wellness

ナチュラルコスメのパンピューリが2017年にオープンした温泉施設付きのスパ。バスローブやタオルなどすべてオーガニックにこだわる。メニューは温泉とのパッケージなどさまざま。

[Map] 別冊P.13-C2 チットロム駅周辺

🏠12th Fl., Gaysorn Tower, Phloen Chit Rd. ☎0-2253-8899 🕘10:00～22:00 [休]無休 [Card]A.J.M.V. [予]要予約 [英] [英] [交]BTS Chit Lom駅⑥出口直結 [URL]www.panpuriwellness.com

おすすめMENU

- オンセン（6歳以上利用可）…750B
- オンセン+アカスリ…1550B
- ディープ・スリープ・アロマテラピー・マッサージ…60分 2900B
- パンピューリ・シグネチャー・ホリスティック・マッサージ…90分 3900B

利用者のクチコミ

温泉施設とスパトリートメントのセットにしました。プライベート温泉もあるので、次回利用してみたい。（福岡県・M.S.）

シンプルモダンなデザインはとにかくスタイリッシュ！（東京都・K.A.）

1. 温泉付きの個室トリートメントルームも用意している 2. くつろげるリラクセーションルームを完備 3. アメニティもすべてパンピューリ製品 4. 入浴料にタオルや館内着、ミネラルウオーター付き 5. まずはウエルカムドリンクでひと息

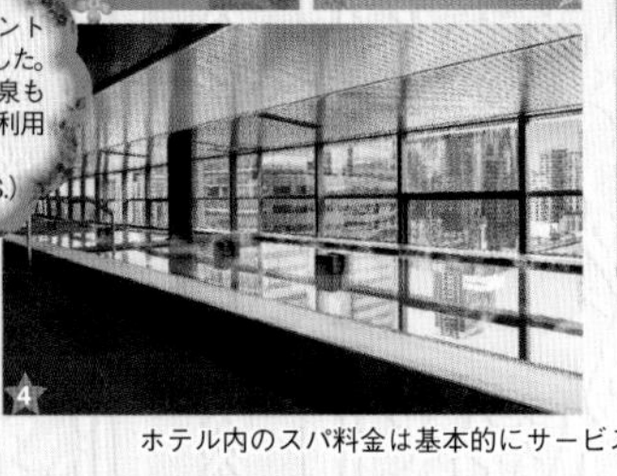

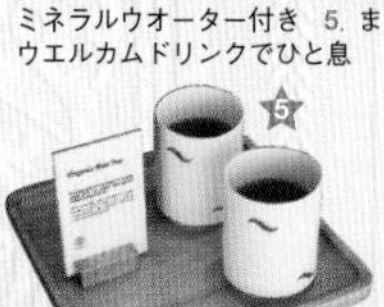

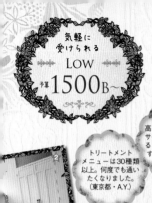

気軽に受けられる
LOW
予算1500B～

利用者のクチコミ

手頃な値段で高級ホテル並みのサービスが受けられるのでおすすめです。（バンコク在住・M.S.）

トリートメントメニューは30種類以上。何度でも通いたくなりました。（東京都・A.Y.）

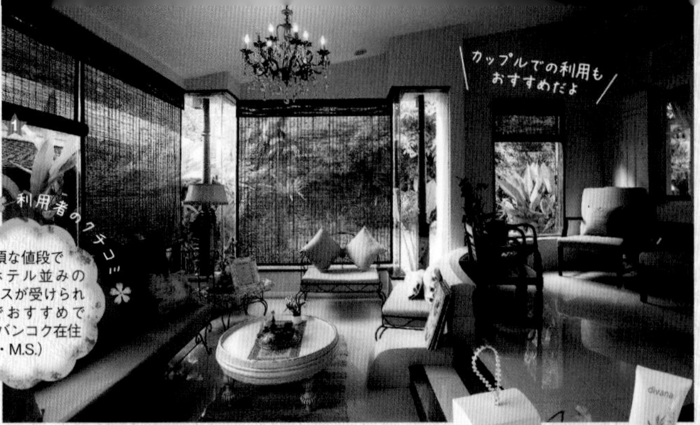
カップルでの利用もおすすめだよ

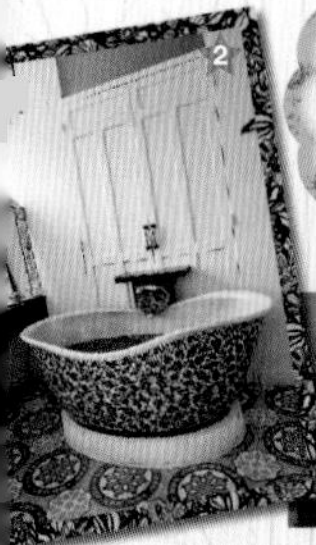

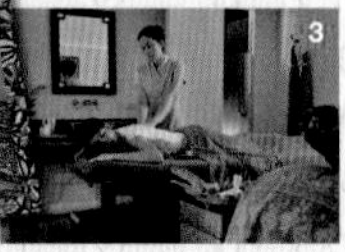

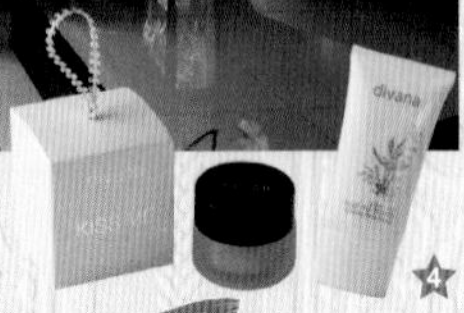
divana

1. 受付を済ませるとシャンデリアがあるウエイティングルームへ　2. 特注のバスタブで、ロマンティックなフラワーバスを　3. 全8室すべてカップルルーム　4. 敏感肌でも安心して使えるオリジナルの自然派コスメも人気（写真はリニューアル前のもの）

真っ白な一軒家のお姫様スパ

ディヴァナ・ヴァーチュ・スパ Divana Virtue Spa

「自然に還る」をベースに、コンセプトの違う5店を展開している。ここヴァーチュ店では、マッサージやスクラブなどのメニューのほかに、レーザーに頼らないフェイシャルクリニックを併設。

Map 別冊P.8-B3　シーロム通り周辺

🏠10 Si Wiang Rd.　☎0-2236-6788　🕘11:00～23:00（土・日は10:00～、最終受付は21:00）[休]無休　[Card]A.D.J.M.V.　[予]要予約　[英]　[英]　[交]BTS Surasak駅③出口から徒歩3分
[URL]www.divanaspa.com

おすすめMENU

アロマティック・リラクシング・マッサージ…90分 2150B
ネイチャー・スパ・エッセンス（スクラブ+アロマオイルマッサージ）…130分 2950B
サイアミーズ・センス（足湯+タイ古式マッサージ）…100分 1950B

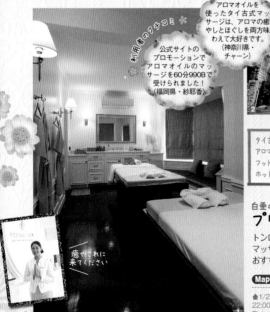

利用者のクチコミ

アロマオイルを使ったタイ古式マッサージは、アロマの癒やしとほぐしを両方味わえて大好きです。（神奈川県・チャーン）

公式サイトのプロモーションでアロマオイルのマッサージを60分990Bで受けられました！（福岡県・紗耶香）

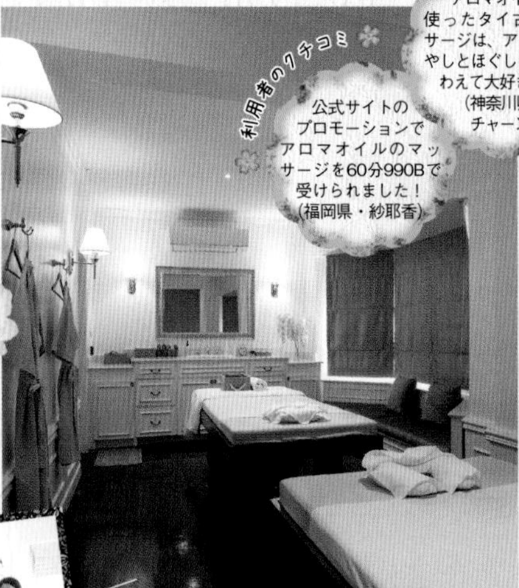

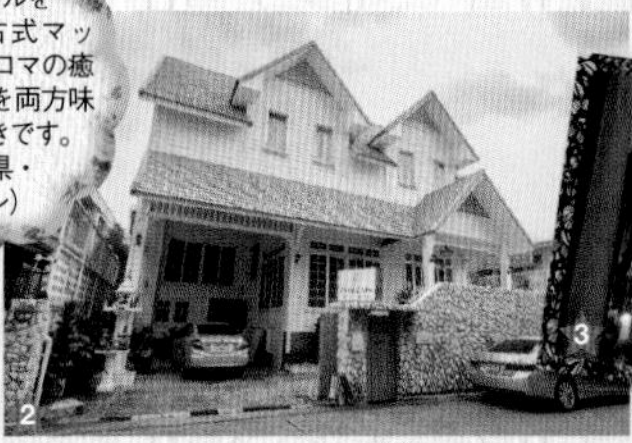

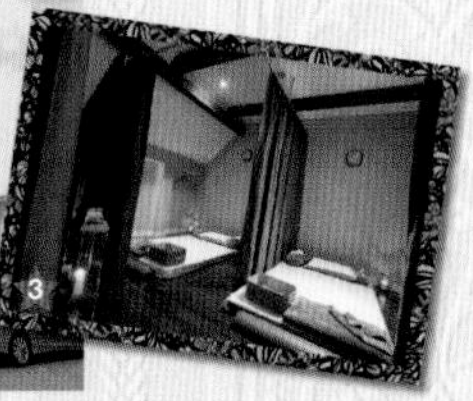

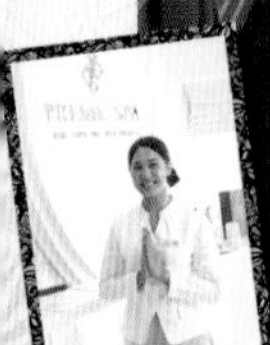
癒やされに来てください

おすすめMENU

タイ古式マッサージ…60分 800B
アロマ・スウィディッシュ・マッサージ…60分 1300B
フット・ホット・オイルマッサージ…60分 890B
ホットストーン・4エレメンツ…90分 3200B

1. 友人同士やカップルで利用できるトリートメントルーム　2. トンローの住宅街にあり、靴を脱いで入るスタイル　3. 豊富なタイマッサージのメニューは、ロースタイルのマットで行う

白亜の洋館を改装した一軒家スパ

プリーム・スパ Preme Spa

トンローの駅からすぐとは思えない静かなロケーション。タイ古式マッサージをベースにした、オイルやバームを使ったマッサージがおすすめ。プロモーションを頻繁に行っているのでチェックして。

Map 別冊P.17-C2　トンロー駅周辺

🏠1/2 Soi Napasap 1, Soi 36, Sukhumvit Rd.　☎0-2108-3880　🕘10:00～22:00（最終受付は21:00）[休]無休　[Card]J.M.V.　[予]要予約　[英]　[交]BTS Thong Lo駅②出口から徒歩3分　[URL]www.premespa.com

✉「ディヴァナ」の予約時間に遅刻したが、とてもよく対応してもらいました。15分前をめどに到着するといいそうです。（広島県・D）

オフィス街の癒やし空間
バワー・スパ・オン・ザ・エイト
Bhawá Spa On the Eight

緑いっぱいの敷地に立つ一軒家のスパ。「バワー」とはインドの言葉で生命力を意味し、体を正しい状態へと導く種類豊富なメニューを用意している。トリートメント後にはフルーツなどが提供され、のんびり過ごせるのも人気の理由。

Map 別冊P.14-B3　ナーナー駅周辺

🏠34/1, Soi 8 Sukhumvit Rd.　☎0-2254-9663
🕐11:00～21:00（最終受付は19:00）　🈳無休
Card J.M.V.　🈦要予約　🈂🈺　🚇BTS Nana駅④出口から徒歩5分　URL www.bhawaspa.com

クチコミで評判の実力派スパ

利用者のクチコミ

手頃なものから長めのメニューまで、いろいろありました。時間と予算で決められるのがいい！（秋田県・M.S.）

トリートメント後にフルーツとドリンクのサービスがありました。うれしいですね。（千葉県・C.G.）

ヘッドスパも人気がある

> **おすすめMENU**
>
> エクスクイジット・タッチ・オブ・タイマッサージ・バワーズ・シークレット（フットスクラブ＋バワー式タイマッサージ）…100分 1990B
> バワー・デ・ストレス・シューティング・マッサージセラピー（フットスクラブ＋バワー式タイマッサージ＋ソルトコンプレス＋ヘッドマッサージ）…100分 2790B

1. プルンチットの店舗は閉店し、現在ナナ駅近くの店舗のみで営業　2. 建物に入ると明るく広々とした空間が広がる　3. ほとんどのトリートメントメニューに、終了後のフルーツや軽食が付く　4. 大きな窓から緑を眺められるトリートメントルーム

> **おすすめMENU**
>
> タイ古式ボディマッサージ…120分 1700B
> タイハーブ・ホット・コンプレス…60分 1200B
> トック・セン（木槌で木の棒をたたきツボを刺激する）…90分 2900B

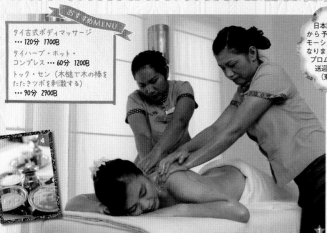

日本語の公式サイトから予約をしたらプロモーションで少し割引になりました。予約でBTSプロムポン駅から無料送迎がありました。（東京都・A.S.）

利用者のクチコミ

緑あふれる広々とした庭に白亜の邸宅がステキ。施術も申し分ないのでまた訪れたいです。（山形県・H.M.）

チェンマイ発・白亜のスパ
オアシス・スパ・バンコク
Oasis Spa Bangkok

チェンマイで圧倒的な人気を誇るスパのバンコク店。タイの伝統的な装飾が美しいトリートメント棟は全12室で、全室ツイン対応。手頃な価格とセラピストの技術力はコスパが高いと評判。

Map 別冊P.15-C2　プロムポン駅周辺

🏠64 Soi 4, Soi 31, Sukhumvit Rd.
☎0-2262-2122（コールセンター）　🕐10:00～22:00（最終受付は21:00）　🈳無休
Card A.D.J.M.V.　🈦要予約　🈺　🈂　🚇BTS Phrom Phong駅①出口から徒歩18分　URL oasis-spa.thailand.st

1. ふたりのセラピストによるオアシス・フォー・ハンズ・マッサージ60分2500Bも人気　2. 静寂に包まれた清潔感あふれるトリートメントルーム　3. トリートメント棟はスパ専用に設計された　4. 自然素材を用いたプロダクトは購入可能

オイルマッサージのあとはオイルを洗い流さないほうがより効果が出る。シャワーを浴びるのはトリートメントの前にしよう。

毎日通いたい！ 雰囲気◎の

スパのような優雅な設備を整えたマッサージ店でも、料金は日本の2分の1程度！

キモチイイ~

施術後は体が軽くなりますよ

1. 高級ホテルのようなレセプションエリア　2. 着替えも用意されている　3. アーユルヴェーダなどスパ並みのトリートメントメニューも

Menu

- トラディショナル・タイ・マッサージ…120分 650B
- タイ古式マッサージ・ウィズ・ハーバル・コンプレス…120分 1000B
- アロマテラピー・ボディ・マッサージ…90分 1100B～
- フット・マッサージ…60分 400B

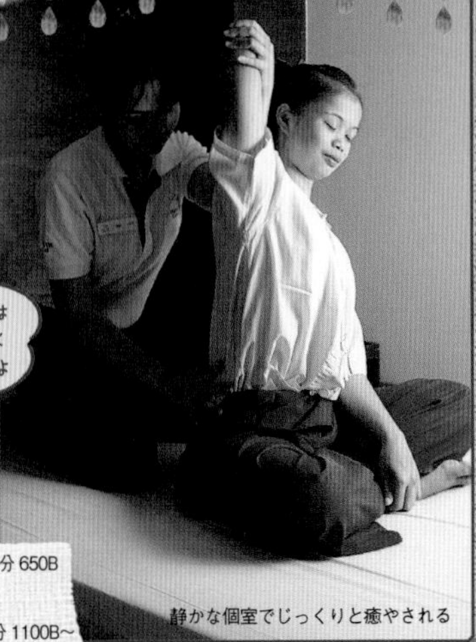

静かな個室でじっくりと癒やされる

ローカルの絶大な支持を受ける

ヘルスランド Health Land

町のマッサージ店とは一線を画したゴージャスで清潔感あふれる店内、それでいて手頃な料金で人気を集めるマッサージ店。

Map 別冊P.15-C2　アソーク駅周辺

🏠55/5 Asok Montri Rd.（Soi 21, Sukhumvit Rd.）☎0-2261-1110
🕘9:00～21:30（最終受付は20:30）
[休]無休　[Card]M.V.(1000B～)
[予]したほうがよい　[英]　🔊英
[交]BTS Asok駅①出口から徒歩5分
[URL]www.healthlandspa.com

サートーン店　Map 別冊P.9-C3
エカマイ店　Map 別冊P.17-D2
ピンクラオ店　Map 別冊P.2-A2

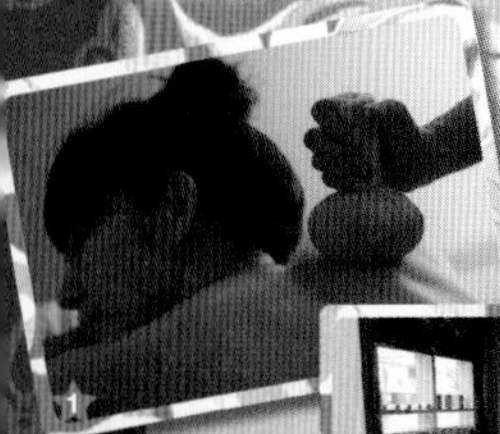

深夜に駆け込む方も多いです

1. トンロー店は24室　2. オリジナルのスパグッズが充実　3. タイ古式のほか、フットマッサージ60分700B～も人気

ハーバルボールの魅力

ハーブを布で包み、それを蒸して体のセン(体の気の通り道)に押し当て健康を促すタイ伝統の民間療法。ハーブがもつ効果を実感できるトリートメントなので、試してみよう。

Menu

- タイ古式マッサージ…60～180分 700～1900B
- タイ古式マッサージ+生ハーバルボール（ボディ）治療…90～180分 1450～2650B

在住日本人の人気No.1

アジアハーブアソシエイション Asia Herb Association

ハーバルボールに魅せられた日本人オーナーが2003年にオープン。おしゃれで清潔な店舗と安定した技術で人気になり、市内に3店舗をもつ。

Map 別冊P.16-B2　プロムポン駅周辺

🏠50/6 Soi 24, Sukhumvit Rd.　☎08-9999-1234（日本語）、0-2261-7401
🕘9:00～24:00（最終受付は22:00）
[休]無休　[Card]A.J.M.V.　[予]したほうがよい
[日]　🔊日（日によって）🔊英　[交]BTS Phrom Phong駅④出口から徒歩5分
[URL]www.asiaherbassociation.com

ベーンチャシリ公園店　Map 別冊P.16-B1
スクムウィット4ナナ店　Map 別冊P.14-B2

✉「アジアハーブアソシエイション」は予約や受付の際に日本語が通じ、安心して利用できました。（滋賀県・吉永優子）

タイ古式マッサージ店

今日も行っちゃう？

1日の終わりに立ち寄って、全身をほぐして帰りましょう。

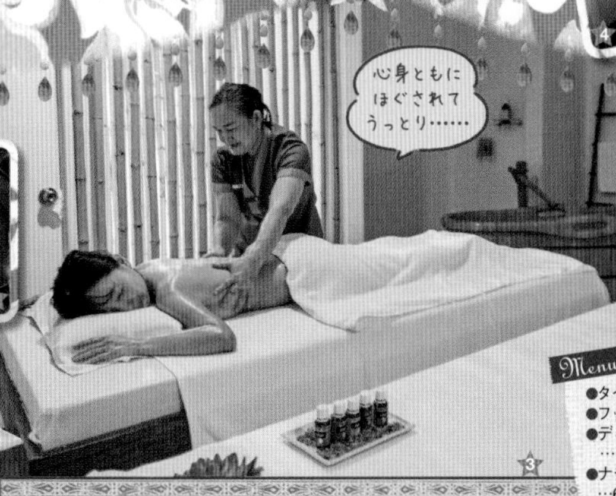
心身ともに
ほぐされて
うっとり……

Menu
- ●タイ古式マッサージ…60～120分 599～999B
- ●フットマッサージ…60～120分 599～999B
- ●ディープ・オイルマッサージ ……60～120分 999～1799B
- ●ナチュラル・アロマテラピー …60～120分 1499～2699B

リピーター多数の台湾式マッサージ店

バンブー・スパ

Bamboo Spa

タイの芸能人御用達の台湾式マッサージ店。竹をあしらった癒やし空間で、熟練セラピストによる極上の施術を受けられる。手頃な値段で在住日本人にも大人気。

[Map] 別冊P.16-B2 プロムポン駅周辺

⌂74 Soi 26, Sukhumvit Rd. ☎09-3419-0555 🕘11:00～23:00(最終受付はメニューによる) [休]無休 [Card]J.M.V. [予]したほうがよい [日] [英] [交]BTS Phrom Phong駅④番出口から徒歩10分 bamboospathailand

BAMBOO SPA

1. 人気タレントのオーナー・ウェーブ氏が内装をデザイン 2. オーガニックのアロマオイルを使用 3. ベッドでアロマオイルマッサージ60分999B～を 4. 個室やシャワー室も完備 5. フットマッサージの椅子も座り心地がいい

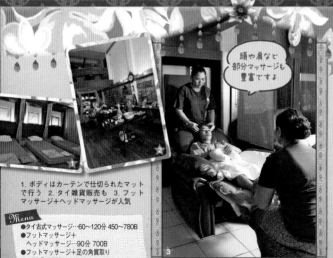

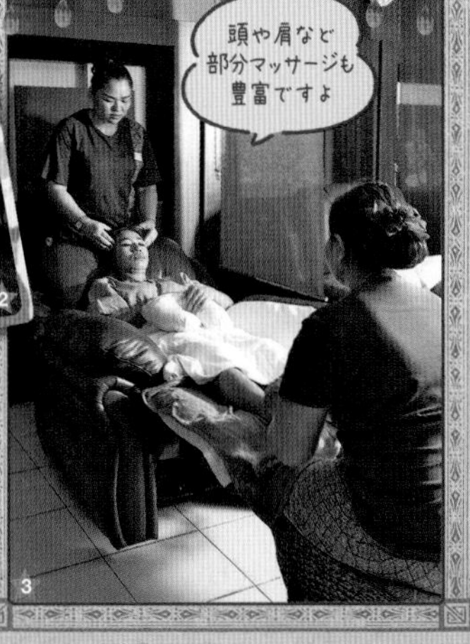
頭や肩など
部分マッサージも
豊富ですよ

コスパよしでリピーター多数

アット・イース at Ease

日本人経営ならではのきめ細かなサービスが人気の店。プロムポン駅界隈にスパも合わせて3店舗ある。

[Map] 別冊P.16-B1 プロムポン駅周辺

⌂Soi 33/1 Sukhumvit Rd. ☎06-1682-2878 🕘9:00～23:00（最終受付は22:00） [休]無休 [Card]J.M.V. [予]したほうがよい [日] [英] [交]BTS Phrom Phong駅⑤出口から徒歩3分 [URL]atease-massage.com

1. ボディはカーテンで仕切られたマットで行う 2. タイ雑貨販売も 3. フットマッサージ＋ヘッドマッサージが人気

Menu
- ●タイ古式マッサージ…60～120分 450～780B
- ●フットマッサージ＋ヘッドマッサージ…90分 700B
- ●フットマッサージ＋足の角質取り…90分 700B

最高品質のハーブと香り

Pañpuri

パンピューリ

世界21ヵ国で展開し、5つ星ホテルのアメニティやスパでも使われる高級コスメブランド。原料となる自然素材はすべて契約農家で栽培し、無添加にこだわっている。

Map 別冊P.13-C2 チットロム駅周辺

🏠2nd Fl., Gaysorn Tower,127 Ratchadamri Rd. ☎0-2656-1149 ⏰10:00〜20:00 🈺無休 Card A.J.M.V. (英) 🚇BTS Chit Lom駅⑥出口直結 URL www.panpuri.com

アロマティック・ボディ&ハンドクレンザー
Aromatic Body & Hand Cleanser 890B

ボディ&ハンドソープは8種類（各330ml）。写真はバンコクを思わせる香りをブレンドしたワンナイト・イン・バンコク

リニューアル！新パッケージもステキ♡

クワイエット・マインド・アンティオキシダント・インテンス・フェイスオイル
Quiet Mind Antioxidant Intense Face Oil 2890B

抗酸化作用のあるフェイスオイル（45ml）。肌本来の回復力を復活させるエイジングケアオイル

サイアミーズ・ウオーター・ハンド・コンセントレイト・クリーム
Siamese Water Hand Concentrated Cream 720B

モリンガオイルを使ったハンドクリーム。香りはタイジャスミン、ミント、イランイラン、サンダルウッドのミックス

湯船に入れるとミルクバスになります！

セイクリッド・サンタル・アンティオキシダント・ミルクバス&ボディオイル
Sacred Santal Antioxidant Milk Bath & Body Oil 1590B

リラックス効果の高いサンダルウッドを使った抗酸化作用のあるボディオイル。入浴剤としても使える

世界のセレブが愛用！
タイ発ナチュラルコスメブランド5

自然素材にこだわるタイのナチュラルコスメは、肌にやさしく、植物の香りに癒やされると世界中にファンが多い。日本に展開するブランドもあるけれど、買うならバンコクがお得！

人気No.1アイテムはコレ！

シソ・コレクション・ボディバター
Shiso Collection Body Butter 1700B

シソ葉を使った人気のラインアップ。乾燥や紫外線から肌を守り、スムーズにする効果あり

ライスグレイン・ソープバー
Rice Grain Soap Bar 205B

炭成分を配合した肌に優しい「ライスコレクション」の石鹸。余分な皮脂や汚れを取り除く

ジャスミンの香りに癒やされる

Thann

日本にも支店がある世界ブランド

ターン

スキンケア医療とアロマテラピーの両方からアプローチしたプロダクトは、シソ葉や米ぬかオイルを中心にレモングラスなど33種類の厳選された自然素材を取り入れている。

アロマテラピー・キャンドル
Aromatherapy Candle 900B

1番人気はレモングラスとライムをブレンドしたオリエンタル・エッセンス。100%植物オイルを使用

Map 別冊P.13-C2 チットロム駅周辺

🏠3rd Fl., Gaysorn Center,999 Phloen Chit Rd. ☎0-2656-1423 ⏰10:00〜20:00 🈺無休 Card A.J.M.V. (英) 🚇BTS Chit Lom駅⑥出口直結 URL www.thann.info

オートミール・フェイス・スクラブ
Oatmeal Face Scrub 1200B

オートミールとアプリコットの種、米ぬかオイル配合で、古い角質を取り除き、肌をなめらかに

ライス・エクストラクト・モイスチュアライジング・クリーム
Rice Extract Moisturizing Cream 1200B

米ぬかオイル、シアバター、ココナッツオイルを使った高保湿のフェイス&ボディクリーム

癒やしのフレグランス専門店

Karmakamet

カルマカメット

古くから伝わるお香や香水作りの技術を生かした、アロマオイルやキャンドル、ポプリなどを扱う、アロマブランドの旗艦店。150種類もの香りがあり、好きな香りを探すのが楽しい。

[Map 別冊P.16-B2] プロムポン駅周辺

🏠30/1 Soi Matheenivet ☎0-2262-0701 🕘10:00〜20:00 [休]無休 [Card]A.D.J.M.V. [英] [交]BTS Phrom Phong駅②出口から徒歩3分 [URL]www.karmakamet.co.th

タイらしい定番のジャスミン

モイスチュアライジング・ハンドクリーム
Moisturizing Hand Cream **250B〜**
米ぬか、ヒマワリオイルが入った保湿効果が高いハンドクリーム。香りは8種類

1番人気！香りは2〜3ヵ月続く

オリジナル・ルーム・パフューム・ディフューザー
Original Room Perfume Diffuser
1150B
ザクロやジャスミンのほか、ラベンダー×スイートバジル×カモミールといったブレンドタイプなど50種類以上！

ブックマーク
Bookmark **各95B**
アロマオイルを染み込ませた、カードタイプのブックマーク。香りの袋を取り出して、パッケージに戻して使う

マスクに使ってもイイネ

オリジナル・ルーム・パフューム・スプレー
Original Room Perfume Spray **670B**
アロマオイルのルームスプレーは、カーテンやハンカチなど、使い道いろいろ。香りは30種類

イースタン・トリート・アロマティック・ハンドクリーム
Eastern Treat Aromatic Hand Cream
850B
ジャスミンとオーガニックミント成分配合。タイ航空のビジネスクラスでも採用されている

夏にも使いたくなる香り♡

ラベンダー・ラッシュ・ボディ・ローション
Lavender Lush Body Lotion **1090B**
香りに鎮静効果があるオーガニックのラベンダーとセンテラ、はちみつ入り。肌に優しく入浴後に最適

Erb

高品質でパッケージもカワイイ

アーブ

タイ王室に伝わるレシピをもとにしたスキンケアが充実。20種類以上のハーブと花の精油を使用している。

[Map 別冊P.13-C2] チットロム駅周辺

🏠2nd Fl., Gaysorn Tower,127 Ratchadamri Rd. ☎0-2252-5680 🕘10:00〜22:00 [休]無休 [Card]A.D.J.M.V. [英] [交]BTS Chit Lom駅⑥出口直結 [URL]www.erbasia.com

サイアミーズ・ジャスミン・フルーフューム・アロマオイル
Siamese Jasmine Fleurfume Aroma Oil 7ml**530B**
バンコクのロイヤルコート（王宮）の香りを再現。ジャスミンとミントの伝統的なタイの香りで、ベッドルームにぴったり
※現在、パッケージが変更されています

Harnn

高級スパプロダクトの代表格

ハーン

米ぬかオイルとハーブの効能を生かした自然派プロダクト。ワールド・ラグジュアリーSPAアワードを獲得するなど、世界的にも評価が高い。エンポリアム4階のエキゾチック・タイでの取り扱い。

[Map 別冊P.16-B2] プロムポン駅周辺

🏠4th Fl., Emporium, 622 Sukhumvit Rd. ☎0-2269-1000 🕘10:00〜22:00 [休]無休 [Card]A.J.M.V. [英] [交]BTS Phrom Phong駅②出口直結 [URL]www.harnn.com

ウオーター・リリー・ブロッサム・エッセンス・トナー・ミスト
Water Lily Blossom Essence Toner Mist **950B**
洗顔後や、肌が乾燥したときに使えるミスト化粧水。植物エキス配合で肌に潤いを与える

人気のレモングラス&ラベンダー

パフューム・ローション
Perfume Lotion **1250B**
オーガニックのオリーブオイル、椿オイル、朝鮮人参エキスを使ったボディクリーム。中国五行思想を5つの香りで表現

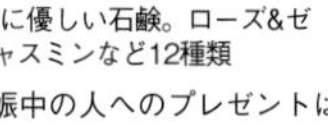

ライス・ブラン・ソープ
Rice Bran Soap **220B**
米ぬかオイル配合の肌に優しい石鹸。ローズ&ゼラニウム、ホワイトジャスミンなど12種類

シンボポゴン・ボディスフレ
Cymbopogon Body Souffle
1490B
肌に潤いとハリを与えるポンプ式の保湿クリーム。レモングラスとラベンダーのさわやかな香り

ジャスミン、ゼラニウム、レモングラス、カモミールなどのアロマ成分配合の商品は、妊娠中の人へのプレゼントは避けておこう。

Cathy Doll
キャシードール

カルマカメット（→P.115）が手がける売り上げNo.1ブランド。「小さい頃、お人形（Doll）で遊ぶのが大好きだった女の子」がコンセプト。

139B

must buy

Cathy Doll

HYALURON MOIST

229B

Lychee Soda Trio Eye Palette
ライチー・ソーダ・トリオ・アイパレット

はやりの目元が作れるアイカラーパレット

Hyaluron Lip Moist
ヒアルロン・リップ・モイスト

ヒアルロン酸配合のリップは美しいツヤと高い保湿力

#02 JUST LADY

119B

1976年創業老舗コスメメーカー

cute press
キュートプレス

must buy

タイでは老舗のコスメメーカー。10代向けのかわいいパッケージの商品から、エイジングケアに特化した商品まで幅広いラインアップ。

228B

Eye & Cheek Mini Palette
アイ＆チーク・ミニパレット

持ち歩きにいいアイカラーとチークのパレット

Evory Retouch Pore Minimizing & Oil Control Primer
エヴォリ・リタッチ・ポア・ミニマイジング＆オイルコントロール・プリメール

さらりとした使い心地のベースメイク下地

aruco調査隊が行く!!④

今、注目の
EVEANDBOY

NEXT韓国コスメといわれて美容大国らしく多機能＆プチプラでも安心し

ここはタイコスメの博物館

EVEANDBOY
イブアンドボーイ

タイをメインに、世界の有名ブランドを扱うコスメショップ。バンコクを中心に全国18店舗を展開。イチオシ商品には必ずテスターがあるので、試しながらお気に入りを見つけよう！

Map 別冊P.13-C2 サヤーム・スクエア周辺

🏠LG Fl., Siam Square One, Soi 5 Rama 1 Rd. ☎0-2080-9188
🕙10:00〜22:00 📅無休 💳A.M.V.
🚉BTS Siam駅②出口直結
🔗www.eveandboy.com

タイで今一番ホットなブランド♡

4U2
フォーユーツー

must buy

タイの10〜20代の絶大な支持を得ているブランド。売り場面積も広く、専属のスタッフが対応している。メイクアイテムがおすすめ。

159B

Moji Blush
モジ・ブラッシュ

チークはMatt、Shimmer、Mojiの3種類。Mojiは軟らかな質感が特徴

Jelly Tint
ジェリーティント

159B

発売初月30万本を売り上げた商品。今っぽいマットな仕上がりに

Color Correcting Touch Up Skin
カラー・コレクティング・タッチアップ・スキン

299B

絶妙なパール感のフェイスパウダー。崩れにくい

Powder Matte Lipstick
パウダー・マット・リップスティック

マットなリップスティックは全12色。発色がいいのに、唇が荒れない優秀さ

159B

ポーチを家に忘れてタイに飛んでしまいましたが、おかげでタイのプチプラコスメの魅力に気づけました！（茨城県・豊子）

must buy

199B

159B

Petite Pocket Eyeshadow Palatte
プチ・ポケット・アイシャドウ・パレット
これひとつで今どきの目元が作れる人気商品

Blush Paint
ブラッシュ・ペイント
リキッドタイプのチーク。唇にも使える

韓国・中国・台湾でも大人気！

SO GLAM
ソーグラム
2018年にスタートした新しいコスメブランド。「So Glamorous」が名前の由来。動物実験を行わないクルエルティフリー。

コンビニコスメはP.138をチェック☆

タイコスメは でチェック！
いるタイのプチプラコスメ。自然派コスメが中心で、て使えるのが魅力！

must buy

295B

279B

Bare Perfect Translucent Powder
ベア・パーフェクト・トランスルーセント・パウダー
日本とタイで共同開発した商品。つや感をアップさせたい人向け

Translucent Powder
トランスルーセント・パウダー
1番人気の定番商品。写真は30gの大容量タイプ

デパコスレベルのパウダーが話題！

SRICHAND
シーチャン
1948年漢方薬局として創業。高温多湿のタイの気候に合ったフェイスパウダーが「マスクをしていても崩れない！」と日本でも話題になった。

タイコスメはEVEANDBOYでチェック！

国際基準のハイクオリティなコスメ

IN2IT
イントゥーイット
2000年頃、香港で誕生しタイで成長したブランド。世界基準の安心安全なコスメを提供している。

99B

195B

must buy

160B

Light Fit Pact
ライト・フィット・パクト
しっかりとしたカバー力のパウダーファンデ

Expert Protection Serum
エクスパート・プロテクション・セラム
CICAやヒアルロン酸を配合したベースクリーム

Girls Can Shine Blush On
ガールズ・キャン・シャイン・ブラッシュオン
マットタイプとつやタイプの全10色から選べるチーク

115B

BT21 Shining Star Glassy Tint
BT21シャイニングスター・グラッシー・ティント
BT21とのコラボパッケージのリップグロス（期間限定商品）

SRICHANDのプチプラ妹ブランド

sasi
サシ
10〜20代向けの、シーチャンの妹ブランド。品質は落とさずに、プチプラでパッケージもかわいいものばかり。

シーチャンの定番のトランスルーセント・パウダーは日本では10gサイズ2000円程度で売られている。タイで買えば数分の1の値段。

117

歩き疲れた足にもカラダにも！

アバウト1500円でOK!

ゴッドハンドマッサージで癒やされたい

痛いけど気持ちいいのが
足裏マッサージの店。
ゴッドハンドと評判の
有名な2軒をご紹介！

1,3. フットマッサージ用チェアのほかに、ベッドの部屋も 2. カッピング400～600Bや鍼治療300～500Bも組み合わせたい

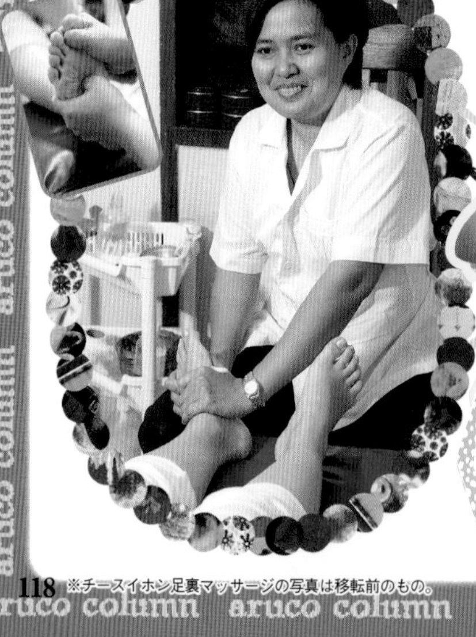

シリラック先生

ここで徐先生と出会って約20年のベテラン。指名は無料、要予約。

最初かなり痛いと思うので、ツラかったら我慢せず言ってくださいね

台湾の若石健康法を継承

チースイホン足裏マッサージ

Chee Sui Hong

台湾の若石（足裏）健康法を修めた亡き徐先生の診療所で、現在は弟子のふたりの女性が店を守る。通常と若石どちらのフットマッサージも60分400B。

Map 別冊P.17-C2 トンロー駅周辺

⌂21 Soi Napasap Yaek 1, Soi 36, Sukhumvit Rd. ☎08-1835-0974 ◷8:00～20:00 [休]無休 [Card]不可 [予]したほうがよい [日] [英] [交]BTS Thong Lo駅②出口から徒歩4分

木先生

足に触れるだけで、その人のどこが悪いのかがわかる先生。指名無料。

イタ気持ちいいを実感できると思います。終わると体が温まりますよ

1. フットマッサージ用のチェアが並ぶ 2. 先生のお陰で睡眠障害が治った人も 3. 現在要予約

全身が軽くなるとウワサの店

木先生の足の裏マッサージ

Moku Thai Traditional Massage

20年以上前にオープンし、クチコミで広まり、在住日本人の絶大な人気を誇る。現在、台湾式のフットマッサージ60分300Bのみ。

Map 別冊P.16-A2 プロムポン駅周辺

⌂106/7 Soi 22, Sukhumvit Rd. ☎08-6789-1569 ◷9:00～21:00（最終受付は20:00） [休]無休 [Card]不可 [予]要予約 [日] [英] [交]BTS Phrom Phong駅⑥出口から徒歩15分

※チースイホン足裏マッサージの写真は移転前のもの。

欲しいモノ
ザクザク♪

プチプラ☆ショッピングタウン
楽し過ぎるバンコクの
最強お買い物ナビ！

アジアン雑貨がカワイイだけ、なんて昔の話！
最新ショッピングセンターや週末マーケットから
おみやげにしたいゾウさんグッズの店まで
今、行くべき店を徹底セレクト。
バンコクほどショッピングが楽しい街はありません！

ウオーターヒヤシンスで編んだサンダル。カラフルなボンボンがキュート。3サイズあり／570B

カラフルなビーズのピアスはバリエーション豊富。真鍮製／330B

リス族の伝統的なテキスタイルをモチーフにしたポーチ／大280B、小140B

ミニチュア♡

お供えなどに使われるプアンマーライのミニチュア／350B

水草の繊維を編んだ手提げ。職人が少なく、いずれ手に入らなくなるかも／2750B〜

室内でも使えそう！

マンゴスチンの形をしたシュガーポット／S220B、M260B（下皿150B、スプーン各25B）

淡い緑がきれいなセラドン焼きのコーヒーカップ／395B（スプーンは80B）

水牛の角を加工した箸置き。集めたくなるかわいさ！／各150B

精巧に再現されたミニチュアフルーツ／1個12B、マグネット付き1個14B

ウタイ・ターニー県のカレン族のテキスタイルを使用したポーチ／各290B

やっぱりキュンキュンタイ

おしゃれなデザインがここでは伝統素材やおみやげにぴったりなア

A チコ
ナチュラル雑貨がたくさん
Chico

インテリアデザイナーの経歴をもつチコさんのアイデアが詰まった一軒家ショップ。居心地のいいカフェも併設。ネコグッズも充実。

Map 別冊P.17-D1　トンロー駅周辺

🏠321 Soi Ekkamai 19, Sukhumvit 63 Rd.　☎0-2258-6557　🕘9:30〜18:00　火　CardJ.M.V.　⑤BTS Thong Lo駅③出口からタクシーで10分　URLwww.chico.co.th

---

B ソップ・モエ・アーツ
山岳少数民族のデザイン
Sop Moei Arts

北タイの山岳民族カレン族が作る織物やバスケットがおしゃれなデザイン雑貨に変身！クオリティも高く、日本人ファンも多い。

Map 別冊P.17-C1　プロムポン駅周辺

🏠104, Soi 49/9, Sukhumvit Rd.　☎0-2119-7269、0-2712-8039　🕘9:30〜17:00　🚫日・月　CardA.J.M.V.　⑤BTS Phrom Phon駅③出口から徒歩15分　URLwww.sopmoeiarts.info

---

C ピース・ストア
センスのいい雑貨を発見！
Peace Store

少数民族のアンティークファブリックやオリジナルアクセサリーを扱う日本人女性オーナーのショップ。2階には家具なども。

Map 別冊P.16-B1　プロムポン駅周辺

🏠3/7 Soi 31, Sukhumvit Rd.　☎0-2662-0649　🕘10:00〜17:00　🚫水　CardJ.M.V.　⑤BTS Phrom Phong駅⑤出口から徒歩8分　URLwww.peacestorebkk.com

欲しい！ ンしちゃう 雑貨

増え続けるタイ雑貨。技術にもこだわるアイテムをピックアップ！

[B] タイシルクと織物のテーブルランナーは色使い、サイズが豊富／680B～

[B] ベトナムの山岳民族の衣装をモチーフにカレン族が手織りするスリムバッグ／2500B

[D] カレン族のテキスタイルを利用した、ポンポンのアクセントがキュートなポーチ／600B

[F] タイの米袋を使ったトートバッグ。トラとマンゴスチンのイラストがGOOD／大350B、小200B

[B] カレン族女性の美しい刺繍をそのまま生かしたカレン・ブラウスバッグ／3700B

[F] グリーンカレーやパッタイ、ソムタムなどタイ料理モチーフのマスキングテープ／各160B

[D] カレン族やモン族など、いろいろな少数民族のテキスタイルを使ったヘアゴム／各80B

[C] 伝統的な唐草とバラをモチーフにした鍋敷き380Bとコースター95B

[B] ミャンマーの山岳民族の装飾が美しいフラワートップバスケット／1800B

[D] ロフティー・バンブー Lofty Bamboo

フェアトレードの手作り雑貨

山岳民族や少数民族を支援するショップ。織物を使った小物やアクセサリーなどデザイン性が高い。ターミナル21の1階に支店あり。

[Map] 別冊P.16-B1 プロムポン駅周辺

⌂2nd Fl., 20/7, Soi 39, Sukhumvit Rd.
☎0-2261-6570 🕘9:30～18:30 [休]無休
[Card]J.M.V.（500B～）[日]（日によって）
[交]BTS Phrom Phong駅③出口から徒歩3分
[URL]www.loftybamboo.com

[E] ザ・レジェンド The Legend

種類豊富なセラドン焼き

木の葉やゾウをモチーフにした皿など、オリジナルのセラドン焼きが多数。ローズウッドや黒檀で作るカトラリーも人気。

[Map] 別冊P.12-B1 プラトゥーナーム周辺

⌂486/127 Ratchatewi Intersection
☎0-2215-6050 🕘10:00～18:00 [休]無休
[Card]不可 [交]BTS Ratchathewi駅③出口から徒歩すぐ

[F] ザ・セレクテッド The Selected

タイの最先端ブランドが集結

タイのクリエイターが手がけるブランドが80以上集まる楽しいショップ。雑貨からファッション、コスメまで品揃えは幅広い。

[Map] 別冊P.8-A2 チャルーン・クルン通り周辺

⌂2nd Fl., ICONSIAM, 299 Soi 5, Charoen Nakhon Rd. ☎0-2658-1000 🕘10:00～21:00 [休]無休 [Card]M.V. [交]CEN Sathorn船着場から無料のシャトルボートで15分
@the_selected

セラドン焼きはタイ北部で500年以上続く青陶器で、淡い緑色とヒビ模様が特徴。

バイヤーは大きなキャリーケース持参

欲しくなるものばかり！

個性派ショッピングビルへ行ってみよう！

バイヤーが集まるファッションと宝石のショッピングビルに潜入！
バンコクほどショッピングが楽しい街はありません★

ファッション好きなら絶対に楽しい！

The Platinum Fashion Mall

プラティナム・ファッションモール

高感度のファッションアイテムがプチプラで手に入るショッピングセンター。ショップ数は2000以上！　ローカルはもちろん海外からのバイヤーの姿も多く見かける。館内に両替ができる銀行やATMもあるので安心。

Map 別冊P.13-C2　プラトゥーナーム周辺

🏠222 Phetchburi Rd.　☎0-2121-8000
🕘9:00〜20:00　🈯無休　Card店により異なる　📷映🈲BTS Chit Lom駅⑥出口から徒歩13分　URLwww.platinumfashionmall.com

フィット感を追求したサンダルメーカー「サンダルズ・ワールド」のリアルレザーアイテム

アート&クラフト・サンダルズ
Art & Craft Sandals **4F**
@sandalsworld.net

690B　690B

280B

ボーダーのリボンがかわいい深めのバケットハット。普段使いにも◎

ハット・トゥー・ヘッド・ショップ
Hat to Head Shop **2F**
@hattoheadshop

1890B

590B

オープンショルダーのリネンブラウス。同じデザインのワンピース690Bもある

レッド・アップル Red Apple **2F**
@redapple_fashion

セットアップに見えるオールインワン。リネンアイテムが多いショップ

アンタイトルド_011
Untitled_011
@untitled_011 **1F**

20Bのアクセサリーショップも♪

1690B

ゾウさんパンツを扱うショップも。プラティナムは良心的な金額で買える

100B

アス-ヴェラ
as-vela **2F**

まとめ買いするならココ

コットンのハンドメイド刺繍ワンピース。リゾートウエアとしても使えるアイテム

ピムス Pim.s **2F**
@pim.s_embroidery

1690B

バンディのバッグは1個290B、2個で500B

キュートなパール風のハンドルのカゴバッグ。オーナー姉妹がデザインしている

ハンディ・ショップ
Handy Shop
@handy_shop2017 **2F**

390B

グルメも充実★おなかがすいても大丈夫！

6階のフードセンターにはきれいなフードコートがあり、屋台ご飯が楽しめる。ほかのフロアにはコーヒーショップや、ジューススタンド、コンビニも。

1. フードコート　2. スタバとミスドはB階にある　3. KFCは6階

FLOOR GUIDE ▶▶

BUILDING A	Zone1	Zone2		BUILDING B	Zone3
6F	駐車場	フードセンター			おみやげ・インテリア
5F	子供服	アクセサリー・タイ雑貨			おみやげ・インテリア
4F	レディスファッション	メンズファッション	屋外連絡通路		おみやげ・インテリア
3F	レディスファッション	レディスファッション			コスメ・おみやげ
2F	レディスファッション	レディスファッション		2F	コスメ・おみやげ
1F	レディスファッション	レディスファッション		1F	コスメ・おみやげ
BF	レディスファッション・ジーンズ	レディスファッション・ジーンズ		BF	駐車場

Zone3は改装を経て2023年4月に1・2階がオープン。

p

「プラティナム・ファッションモール」楽しかったです！　センスのいいショップは2階に集まっている印象でした。(東京都・ぞうパンツ)

宝石探しはB1Fへ！

私がご案内します！

個性派ショッピングビル

トータルジュエリープロデューサー
SATOKO HIRATAさん
バンコクで石の買い付けからデザイン、加工まで、オーダーメイドでジュエリーを制作している。
@satokohirata_

世界の宝石が集まるバンコクで運命の石を探そう！

Jewelry Trade Center
ジュエリー・トレード・センター

古くから宝石の採掘地だったタイ。バンコクは優位な立地から世界有数の集積地として栄えてきた。その中枢となるJTCは、世界中からバイヤーが集まる宝石の卸売ビル。初めてなら地下1階でまばゆい世界をのぞいてみよう。

Map 別冊P.8-B3 シーロム通り周辺

🏠919, 1 Silom Rd. ☎0-2630-1000 🚇BTS Surasak駅①出口から徒歩10分 URLwww.jewelrytradecenter.com

---

1 良質なサファイアを購入！

ブルーミング・ジェム
Blooming Gem

ピンクサファイアやブルーサファイアなど、非加熱含め高品質なルースを豊富に取り揃えている。タイで最も権威のある鑑別機関のひとつ、「AIGS」が発行する鑑定書付き。

🏠No.JB140, B1 Fl. ☎09-0895-4164 🕐11:00〜17:00 休金〜日・祝 CardM.V. 英

タイで見るべき石は？アメトリンやパライバトルマリンなど、憧れの希少石も多数見つけられるのがバンコク。心ときめく一級品をハントしてみて。

---

2 ルースから宝物を見つける

アールエムシー RMC

トパーズやガーネット、トルマリンをはじめ、主要な半貴石のルースを幅広く取り扱っている。バンコクのほかに、東京の上野や香港にも営業所がある卸売専門店。

🏠No.B-04B, B1 Fl. ☎0-2126-5419 🕐9:30〜18:30 休日・祝 Card不可 英 URLrmcgems.com

どれも自慢の商品です

石の輝きにうっとり……

---

3 オパールもチェックして

レインボー・ミネラル・アンド・クリスタル
Rainbow Mineral & Crystal Co., Ltd

エチオピア産ホワイトオパールをはじめ、神秘的な輝きを放つ無数のオパールがずらり。専門店ならではの豊富な品揃え。お気に入りの1点を見つけよう。

🏠No.B-34, B1 Fl. ☎08-2457-5460 🕐9:30〜18:30 休日・祝 CardM.V. 英

1. エチオピア産ホワイトオパール
2. ジュエリーも購入可能

石の見極め方

カラーストーンは色が命！できるだけ色が鮮やかで透明度が高く、輝り（てり）がよいものを選びましょう。

1. 人気のロンドンブルートパーズ（1.5カラットがUS$5〜）
2. ルーペは借りられる

ショップの選び方
ルビー専門、サファイア専門など、各専門店は質のよい石を揃えていることが多いのでおすすめです！

Rainbow

---

4 ユニークなショップも！

ダース Ders

小さな宝石で作るフォトジェニックな「ジュエリー絵画」を販売する店。タイらしい写真のトゥクトゥクはUS$7000。

🏠No. B-40, B1 Fl. ☎06-4939-4007 🕐10:00〜18:00（土は〜15:00）休日・祝 CardM.V. 英 @ders_intl

---

ジュエリーを買うならこのShop

ジュエリーの販売ブースもあり。3日程度あればサイズ直しも可能。

種類豊富な天然石リング
ゼネハ・ジェムズ
Zenehha Gems

手頃な価格で天然リングを購入できる。ピンクトパーズのリングが1800B、ホワイトジルコンのリングが2800Bなど。サイズ調整は300〜500B。

🏠No.JB504, B1 Fl. ☎09-0624-9154 🕐11:00〜18:00 休日・祝 CardM.V. 英

可憐で繊細なデザイン
カートゥーン・コレクション
Cartoon Collection

華やかなデザインのジュエリーが多数。9種のマルチカラーリングが700B、オパールのブレスレットが1700B、アメジストの蝶々リングが800Bなど。

🏠No.JB1807, B1 Fl. ☎09-8101-0656 🕐10:00〜17:00 休日・祝 CardM.V.

ぜったい行きたい！ チャトゥチャック・ウイークエンド・マーケット

週末市場

11万3000m²ほどの広大な敷地に
約1万5000軒のショップがぎっしりと並ぶ
まるで迷路のような東南アジア最大級のマーケット。
雑貨から衣料品、スパグッズ、ガーデニング、
アートにペットまであらゆる物が集まります！

バンコク最大のマーケット

チャトゥチャック・ウイークエンド・マーケット

Talat Chatuchak（Jatujak Market）

Map 別冊P.2-B1　バンコク郊外

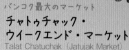

⌂Talat Chatuchak, Phahonyothin Rd.　☎0-2272-4270
🕘土・日9:00～18:00（店により異なる）
[休]月～金（一部の店は金曜も営業）
[Card]店により異なる　[交]MRT Kamphaeng Phet駅②出口直結、またはBTS Mo Chit駅①出口徒歩3分
[URL]www.chatuchakmarket.org

雰囲気のいいカフェも点在している

アイスキャンディ食べていって！

暑いから全部見ようとしちゃダメよ

混んでくると戻ることが不可能に

何時に行くのがおすすめ？

涼しくて比較的すいている10:00～12:00がおすすめ。店が閉店作業を始める17:00くらいもいい。

地下鉄利用が便利！

MRTカムペーン・ペッ駅で降りれば市場内に出られるので便利。BTSモーチット駅からは徒歩3分。

ケバブなどの屋台グルメもある

まめに水分補給をしよう

屋外なのでとにかく暑い！　マメに水分補給をしよう。ジューススタンドなど多数出ている。

カゴバッグが大人気！

欲しいものは即買い！

地図があっても実際行くと自分の位置を見失うのがこの市場。欲しいものは即買いが鉄則！

次のデートもチャトゥチャックがいいな☆

写真映えスポットにも注目

✉ リュックを後ろに背負っていたら、ファスナーを開けられて財布を盗られました。スリは本当にいるので気をつけてください！（千葉県・祐子）

ウイークエンド・マーケット徹底解剖

エリア分けは一応あるが、違うカテゴリーの店も入り乱れている状態なので、そのつもりで歩こう。①～㉗のセクションに分かれている。

チャトゥチャックで見つけた戦利品は P.126 をチェック！

日本のお姉さん聴いてってよ！

タイ雑貨エリア ⑧ ⑩

タイシルク（機械プリントの量産品が多い）や、セラドン焼き、木製のカトラリーなどのおみやげが揃う。

プチ情報
ペットまで売られている！
モノに紛れてかわいい犬や猫、は虫類なども売られている。少しかわいそうな気分に。

ファッション アクセサリーエリア ⑫ ⑭ ⑯ ⑱ ㉑～㉔

敷地の大部分を占める衣料品とアクセサリーのエリア。1枚100B以下のTシャツやパンツ、下着などが集まる。

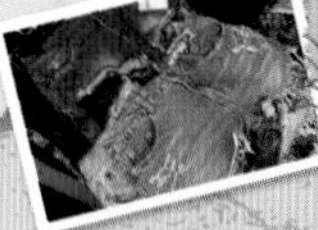

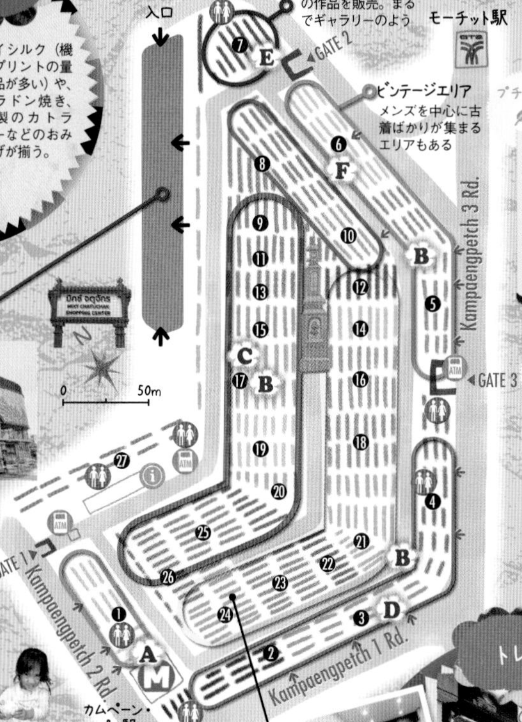

チャトゥチャック・ウイークエンド・マーケット

アートエリア
アーティストが自分の作品を販売。まるでギャラリーのよう

ビンテージエリア
メンズを中心に古着ばかりが集まるエリアもある

入口

モーチット駅

GATE 2

Kampaengpetch 3 Rd.

プチ情報
造花エリアが人気！
セクション⑨～⑪にある造花店。カラフルでSNS映えすると話題になっている。

プチ情報
NEW
新しいショッピングモールがオープン！

2019年のコロナ禍直前にオープン。2023年春でも空きテナントが目立つが、マーケットが暑くてつらいときにはエアコンで涼んで。トイレも各階にあり無料。3階のフードコート（→P.94）もおすすめ。

ミックス・チャトゥチャック
Mixt Chatuchak
☎0-2079-4888 ⏰10:00～22:00（月～木は～20:00）📅無休
🔗www.mixtchatuchak.com

GATE 3

プチ情報
トイレはキレイ
数ヵ所にトイレが設置されている。ほどほどにキレイなので安心して利用できる。

GATE 1

Kampaengpetch 2 Rd.

カムペーン・ペッ駅

🅂 チャンパ→P.131

Kampaengpetch 1 Rd.

トレンドエリア ❷ ❸ ❹

ファッション好きならこのエリア。プチプラでトレンドアイテムを購入できる。

雑貨＆ホームスパグッズエリア ⑨ ⑪ ⑬ ⑮ ⑰ ⑲ ⑳ ㉕ ㉖

インテリア雑貨やホームスパグッズなどの店が集合。アジアン雑貨も一部扱うのでおみやげ探しにもぴったり。

プチ情報
インフォメーションあり
ゲート1を入ってすぐの所に🛈がある。地図をもらったり、お店の場所を聞いたりできる。

水・木曜は植木市としてオープン。日本へ持ち帰るには植物検疫を受ける必要があるので、見て楽しんで。

チャトゥチャックで見つけたもの大集合

220B

A

コブミカンとココナッツオイル配合のボディスクラブ

80B

A

シュガースクラブで唇を優しくケア。イチゴの香りなど

F

1100B

カラフルな花の刺繍がきれいなチューブトップワンピース

値切り交渉について
定価の店が増えているので、安くならない可能性もあるが、「ちょっと安くならない？」くらいの感覚で聞いてみるのはあり。値札がなく、明らかに高い金額を言われたときには交渉を。

250B

E

幸せを運ぶといわれる小さなフクロウのセラドン焼きの置物。中サイズ

カラフルなポンポンと、helloの文字のあしらい込みでこの値段！

1000B

C

150B

A

人気の繭玉の洗顔石鹸。ノンケミカルで安心して使える。3個で400B

ゾウの個性的なイラストが印象的なハンドル付きポーチ

290B〜
D

1200B

F

フラワー刺繍がかわいいリゾートワンピース

タイ語会話 → 別冊P.21

レモングラスや炭、アロエのハーバルソープバー。3個買うと250B

90B

A

195B

B

オリジナルイラストがかわいいホーローのプレート。小165Bもある

自分だけのバッグを作って！

マダムカピのスタッフ

ネコのほかにイヌや恐竜などイラストはさまざま

320B

B

タイのお弁当箱といえばホーロー製のこのスタイルが定番

290B
D

A

タイらしいナチュラルコスメ
プタワン
Phutawan

ハンドメイドソープからココナッツオイルまでオリジナルのスパグッズを扱う。

⌂ No.3-5, Section 1　土・日8:00〜18:00（日曜9:00〜）　Card A.J.M.V.（500B〜、チャージ3%）　URL www.phutawanshop.com

B

ホーロー食器とキッチン雑貨の店
ジャンクション
Junktion

タイの食器といえばホーローも有名。オリジナル柄もあるのでチェックしてみて。

⌂ No.148-150, Soi 39, Section 2　☎08-8979-1914　土・日10:00〜18:00　Card不可　@ junktion.jj

C

カゴバッグをセミオーダー
マダムカピ
Madamekapi

カゴバッグを選び、フリンジやポンポンを加えて自分好みにカスタマイズできる。

⌂ No.327-328, Soi 9/4, Section17　☎06-2862-4654　土・日10:30〜20:00　Card不可　@ madamekapi89

aruco取材スタッフがマーケットを一周して見つけた
タイ雑貨やホームスパグッズ、ファッションアイテムなどをご紹介。

ココナッツ・
アイス屋台の
スタッフ

マーケットは
フードも充実
しています♥

ポンポン付きのトートバッグ。サイズもポンポンの色も各種あり

690B **D**

完成まで15分〜1時間程度だが、人気なので早めにオーダーを

950B

C

480B

北タイ・ラムパーンの伝統柄であるニワトリのお弁当箱

B

C

900B

文字の書体や内容も自由に選べるので、自分の名前を入れるのも人気

850B

鳥と花モチーフの刺繍が個性的なコットン100%のシャツ

F

540B

ミラー刺繍がキュート！ 持ち手のテープも好きな色で追加できる

C

セラドン焼きのミルク＆シュガーポット。かわいいマンゴスチン型

550B **E**

マットな質感が珍しいセラドン焼きのカップ＆ソーサー

650B

E

マンゴーの形をしたセラドン焼きのプレート。サイズもいろいろある

E

170B

見ざる聞かざる言わざる……サルではなくゾウ♥ 3個セットで販売

E

480B

450B

B

チャトゥチャック・ウイークエンド・マーケット

カラフルな4段のホーロー弁当箱。1段が小さめのタイプ

900B **F**

揺れる刺繍の袖がかわいいトップス。ほどよい透け感で夏にぴったり

E

480B

プルメリアの花がモチーフのセラドン焼きプレート。これは小サイズ

D

キュートなバッグ

ラタ・ミニマーケット
Ra-Tha minimarket

デザイナーの姉妹が作る、個性的なプリントのハンドメイドバッグの店。

🏠No.224, Soi 46/0, Section 3　📞なし　🕐土・日9:00〜18:00　💳不可　📷@rathaminimarket

E

ファンの多い
セラドン焼き専門店

セラドン・ショップ
Celadon Shop

良質のセラドン焼きが手に入る。食器から置物まで商品の種類やサイズは幅広い。

🏠Soi 4, Section 7　📞08-9780-6007　🕐金〜日9:00〜18:00　💳M.V.

F

繊細でキュートな
コットン刺繍の店

コットン・アレー
Cotton Alley

ラムパーンの自社工場でオールハンドメイドで作る100%コットン刺繍の店。

🏠No.271, Section 6　📞08-6610-1094　🕐土・日8:00〜18:00　💳J.M.V.

雑貨店を中心に一部の店は金曜も営業しているので、空いている時間に見たい人は金曜日に行くのもおすすめ。

タイシルクのテッパン★ブランド「ジム・トンプソン」に夢中!

日本語ガイドもいますよ

永い歴史をもつタイのシルク織物。
有名ブランド「ジム・トンプソン」の創始者はアメリカ人で、
彼の暮らした家は人気の観光地になっている。

私たちが民族舞踊を見せますよ!

ジム・トンプソンの家を公開

ジム・トンプソンの家
The Jim Thompson House

Map 別冊P.12-B2　サーム・スクエア周辺

🏠 6 Soi Kasem San 2, Rama 1 Rd.
☎ 0-2216-7368　⏰ 10:00〜18:00　無休
🚇 BTS National Stadium駅①出口から徒歩5分　URL www.jimthompsonhouse.com

1 HOUSE

タイの伝統建築に魅せられたトンプソンは、6軒の古い建築を解体移築し、自分の家にリノベーションした。館内はガイドツアーでのみ見学ができる。

⏰ 10:00〜18:00（入館は〜17:00）
無休　200B　日▶

1. タイの伝統的なチーク材の家を6軒用いて建てられた斬新な造り　2. 食堂の椅子はトンプソン氏デザインのもの。天井にはシャンデリア　3. 庭とセーンセーブ運河を見渡すリビングがメインの見どころ

2 RESTAURANT & CAFE

タイ建築を利用した居心地のいいレストランを併設（2023年6月現在改装中）。ひと休みするなら、ショップ2階のカフェ、またはアートセンターのカフェを利用しよう。

ジム・トンプソン (1906〜1967?)

アメリカ生まれの実業家。CIA前身の諜報機関に所属していたという経歴をもつ。手織りのタイシルクの美しさに魅せられ、1948年より事業をスタート。成功を収めシルク王と呼ばれる。1967年に旅先のマレーシアで失踪、現在まで消息は不明。

BRAND HISTORY

1946年	シルク事業の構想生まれる
1948年	前身である「タイシルク・カンパニー」設立
1950年代初頭	スリウォン通りに1号店をオープン
1951年	アメリカ映画『王様と私』に衣装提供、一躍有名に
1959年	「ジム・トンプソンの家」完成
1960年代半ば	世界35ヵ国で販売を開始
1976年	タイ王国認定の財団設立
2023年現在	国内21、海外60ヵ国以上で展開

3 ART CENTER

2023年2月にオープンしたアートセンター。時期により展示はさまざまなので公式サイトをチェック。ジム・トンプソンの家のチケットで入館できる。

⏰ 10:00〜18:00　無休　50B
（アートセンターのみ入館する場合）

Jim Thompson

Jim Thompson

4 SHOP

入口すぐ左にはショップも。アイテム数は本店ほどではないが、おみやげにぴったりの小物はひととおり揃う。

☎0-2612-3603 ⏰10:00〜19:00 🗓無休
Card A.D.J.M.V. 🗣英可

鮮やかな彩りの商品がずらり

コースター　480B
2頭のゾウがプリントされたタイらしいデザイン。4枚入り

ゾウのクッションカバー　2700B〜
柄やサイズが豊富なプリントシルクのクッションカバー。ゾウは定番

タイモチーフのポーチ　1150B
テキスタイルも人気とあって、コットン素材のアイテムも多数揃う

シルクのカードケース　1250B〜
ピンク×フラワーのテキスタイルが女性に人気。ミラー付き

バタフライ柄のクッションカバー　2200B

鮮やかなブルーグリーンにバタフライとフラワーのプリントが美しい

シルクのミラー　790B
両面鏡になっているコンパクトミラー。ドットやリーフなどカバーもいろいろ

シルクスカーフ　2000B〜
スカーフなら手織りをチョイスしたい。優しい風合いが楽しめる

アクセサリーケース　1850B
大人っぽい柄が人気の便利アイテム。旅行用にひとつ購入したい

ティッシュケース　630B
レトロなフラワープリントがキュート。表がポーチになっていて便利

ネクタイ　2700B〜
男性へのおみやげ人気No.1。シンプルなものからゾウさんまで柄は豊富

バンコク市内のショップInfo

ショップは市内に12店舗あるが、最も品数が豊富なのはスリウォン通り本店。また、品数は少ないが空港内なら手続きなしで、免税で購入できる。定価の30〜50%オフで購入できるアウトレット店もチェックしたい。

- ●スリウォン通り本店　Map 別冊P.9-D2
- ●セントラルワールド店　Map 別冊P.13-C2
- ●サヤーム・パラゴン店　Map 別冊P.13-C2
- ●アイコンサヤーム店　Map 別冊P.8-A2
- ●スクムウィット・ソイ93店　Map 別冊P.3-D3外
　（アウトレット）

A アジア雑貨のセレクトショップ ニア・イコール Near Equal

店内にはゾウグッズのみならず、セラドン焼き、シルク、木製のカトラリーなど、定番雑貨がぎっしり！ オリジナルアクセサリーもある。

Map 別冊P.17-C2 プロムポン駅周辺

🏠20/7 Soi 41, Sukhumvit Rd. ☎0-2003-7588 🕐10:00～18:00 無休 **Card**J.M.V. 英▶ 🚇BTS Phrom Phong駅③出口から徒歩10分

B 日本人女性オーナーのセンスが光る チムリム Chimrim

オリジナル雑貨やセラドン焼きなどの陶器が充実。ノニ石鹸や、天然素材の肌に優しいボディタオルなど、実用的なものも人気。

Map 別冊P.16-B2 プロムポン駅周辺

🏠3/5 Soi 43, Sukhumvit Rd. ☎0-2662-4964 🕐10:00～17:00 月 **Card**A.J.M.V. 英▶（日によって）🚇BTS Phrom Phong駅③出口から徒歩7分

小さな店内に充実の品揃え

かわいくって 愛しのゾウ&

2023年2月に移転

※写真は旧店舗

カラフルなミニゾウさんの置物／各90B **B**

ラオスのモン族の手刺繍フレームにゾウさん見つけた！／780B **D**

エナメル絵付けのガラスコースター／各120B **B**

あたたかみのある木製の箸置き／各25B **A**

真ん中にゾウさんがかわいく収まったコインケース160B **B**

カラフルなミニゾウの置物／各90B

ハンドペイントのキュートな置物／各85B **A**

エナメル絵付けのショットグラス／各150B **B**

フルーツピックはゾウさんがいっぱい！／250B **B**

チェンマイ在住アーティストが描くコースター／各48B **A**

2色展開のレザーキーホルダー／各120B **B**

タイの伝統的な柄をまとったぬいぐるみ／小180B、大250B **B**

セラドン焼きのゾウさんオーケストラ♪／セットで1200B **B**

「リヤ・バイ・インドラ・ジュエリー」で自分の名前のタイ文字ジュエリーをオーダー。お気に入りです！（栃木県・tonton）

C リヤ・バイ・インドラ・ジュエリー Liya by Indra Jewelry

タイ文字ジュエリーといえばココ！

1971年創業のジュエリーショップ。オーダーメイドのタイ文字ジュエリーは、コレクションしたくなる美しさ。

Map 別冊P.13-D1 プラトゥーナーム周辺

🏠407, 9-11 Ratchaprarop Rd. ☎0-2254-2251
🕐10:30～18:00（土は～17:30）🚫日
💳A.J.M.V.
🚃BTS Chit Lom駅⑥出口から徒歩18分

D チャンパ Champa

北タイやラオスの雑貨をセレクト

2019年にオープンした日本人オーナーの店。タイ文字商品は人気で欠品のことが多く、タイミングよく買えたらラッキー。

Map 別冊P.2-B1 バンコク郊外

🏠Section 24, Soi 34/5, Talat Chatuchak ☎なし
🕐10:00～17:00 🚫月～金 💳不可 🚃MRT
Kampaheng Phet駅⑦出口直結 📷@champa_bkk

ひとめぼれ♥ タイ文字グッズ

タイらしいおみやげならゾウさん＆タイ文字はハズせない二大人気モチーフ人気ショップで見つけたカワイイあれこれをご紹介♪

入口は普段施錠されている

チャトゥチャック内にある

愛しのゾウ＆タイ文字グッズ

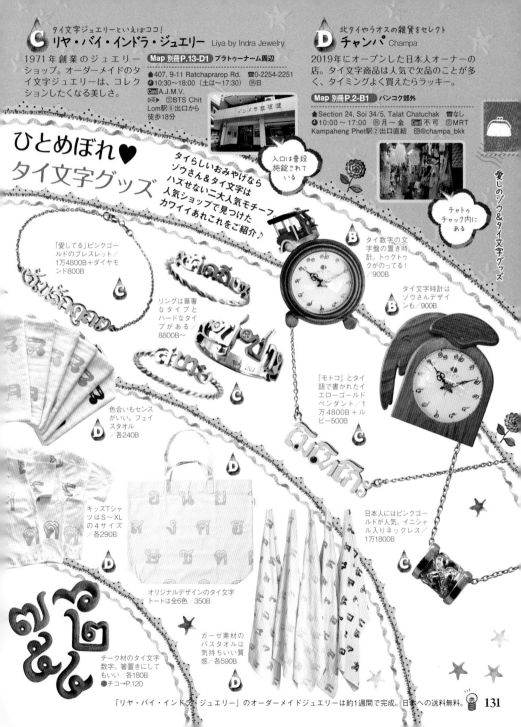

「愛してる」ピンクゴールドのブレスレット／1万4800B＋ダイヤモンド800B C

リングは華奢なタイプとハードなタイプがある／8800B～ C

タイ数字の文字盤の置き時計。トゥクトゥクがのってる！／900B B

タイ文字時計はゾウさんデザインも／900B B

色合いもセンスがいい。フェイスタオル／各240B D

「モトコ」とタイ語で書かれたイエローゴールドペンダント／1万4800B＋ルビー500B

キッズTシャツはS～XLの4サイズ／各290B D

オリジナルデザインのタイ文字トートは全6色／350B D

日本人にはピンクゴールドが人気。イニシャル入りネックレス／1万1800B

チーク材のタイ文字数字。箸置きにしてもいい／各180B →チコ→P.120 D

ガーゼ素材のバスタオルは気持ちいい質感／各590B D

「リヤ・バイ・インドラ・ジュエリー」のオーダーメイドジュエリーは約1週間で完成。日本への送料無料。 **131**

このフロアに行けばOK！ショッピングセンター攻略法

最旬ショップからレストラン、カフェ、スーパーマーケットまであり、バンコクのショッピングセンターはかなり使える。広いので、目指すフロアを事前にチェック！

バンコクの新ランドマーク ICONSIAM アイコンサヤーム

チャオプラヤー川の西岸に2018年11月オープン。タイ最大級の売り場面積を誇り、ハイブランドの旗艦店や飲食店を含む600の店舗が入る。日本の髙島屋を併設。

FLOOR GUIDE

8F	ミュージアム
7F	フィットネスセンター
6F	レストラン、映画館
5F	子供服、アイコンクラフト
4F	電化製品、アイコンクラフト
3F	スポーツ、電化製品
2F	ファッション、ライフスタイル
1F	アクセサリー、ファッション
MF	ハイブランドファッション
GF	スックサヤーム、レストラン

[Map] 別冊P.8-A2 チャルーン・クルン通り周辺

⌂299 Soi 5, Charoen Nakhon Rd. ☎0-2495-7000 🕘10:00～22:00 [休]無休 [Card]店により異なる [交]CEN Sathorn船着場から無料のシャトルボートで15分

噴水ショーもスゴイ！

建物前の広場では週末はマルチメディア技術を駆使した光と音の噴水ショーを開催。夕方以降に訪れる人は必見！

🕘18:30、20:00（土・日・祝のみ）

行くべきフロアBEST 3

BEST 1 [GF] 川が流れる巨大マーケット スックサヤーム SookSiam

タイ全土の名物グルメや手工芸品などが集結。伝統家屋や水上マーケットを再現した店内が楽しい。

詳しくは→P.95

タイティーとマンゴースムージーのキーホルダー各150B

BEST 2 [4.5F] メイドイン・タイの雑貨 アイコンクラフト ICONKRAFT

織物や陶器などタイ人デザイナーによる約300のものクラフトブランドが集まる。北タイで生産されるタイ産のコーヒー豆や、タイで作られるチョコレートなどのグルメみやげも。

1.タイらしい陶器に入ったキャンドル　2.ユニークなタイの味が楽しめるチョコレート。写真はタイティー味と、コーヒー＆ザボン味など（各180B）

BEST 3 [2F] 高感度のタイブランドを集めた ザ・セレクテッド The Selected

最先端のファッションからスパグッズ、アクセサリーなどタイのクリエイターが手がけるブランドを揃えたセレクトショップ。

詳しくは→P.121

Let's 女子トーク ショッピングセンターどう使う？

S：初めてのバンコク旅行です。どのショッピングセンターが便利ですか？

N：まずは自分の行きたいショップやレストランをリストアップするといいですよ。ガイドブックなどでは特定の店舗が紹介されているけど、ほかのショッピングセンターにも店舗があることが多いので事前に調べて。

T：どこも巨大なので近くの施設をセットで完結させるのがおすすめ。サヤーム・パラゴンとサヤーム・センター（→P.144・145）のセットか、セントラルワールド（→P.145）または、エムクオーティエとエンポリアムのセット。

サヤーム・パラゴン

N：伊勢丹が閉店したこともあり、最近はサヤームへ行きます。サヤーム・センターでタイブランドをチェックしてから、パラゴン地下のスーパーマーケットやフードコートへ行くのが定番。ただ、タイは物価が上昇しており、最近はショッピングセンターでの買い物にお得感がなくなりました。

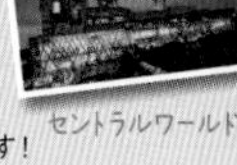

セントラルワールド

S：プチプラでショッピングができるイメージだったので驚きです！プチプラで買い物できる場所はありますか？

T：それならターミナル21とプラティナム・ファッションモール（→P.122）がおすすめですよ。どちらも小売店がぎっしり入っています。

N：ターミナル21のフードコート（→P.93）大好きです。タイ料理のラインアッ

「サヤーム・パラゴン」と「セントラルワールド」は広くて途方に暮れました。「エンポリアム」が買い物しやすかった。（埼玉県・メイジ）

1.クオーターは随時セールを開催している　2.夜のプロジェクションマッピング広告は見もの

Q U R A T O R
ALLTHAIDESIGNERSHE

話題のショップが大集合
EmQuartier
エムクオーティエ

2015年オープンのデザイン性に優れたショッピングセンター。日本のBEAMSなどタイ初上陸の店が多い。空中庭園など緑あふれるエリアも。

行くべきフロア BEST 3

1. **2F クオーター**
40以上のタイブランドが大集結。

2. **GF クオーティエ・フードホール**
市内人気店が15以上揃うフードコート。

3. **GF グルメ・マーケット**
おみやげコーナーが充実しているスーパー。

Map 別冊P.16-B1 **プロムポン駅周辺**

🏠693, 695 Sukhumvit Rd. 📞0-2269-1000 🕐10:00～21:00 ㊡無休 **Card**店により異なる 🚇BTS Phrom Phong駅①出口直結 **URL** www.emquartier.co.th

---

在住日本人に人気の高級デパート
Emporium
エンポリアム

1997年のオープン以来、在住日本人に愛されてきたデパート。エムクオーティエと駅を挟んで反対側にあり、高架で行き来できる。

行くべきフロア BEST 3

1. **4F エキゾチック・タイ**
タイ雑貨やスパグッズが揃う。

2. **5F グルメ・イーツ・エンポリアム→P.146**
リーズナブルで気軽に食べられる。

3. **4F マンダリン・オリエンタル・ショップ**
センスのいいグルメみやげはここで

Map 別冊P.16-B2 **プロムポン駅周辺**

🏠622 Sukhumvit Rd. 📞0-2269-1000 🕐10:00～21:00 ㊡無休 **Card**店により異なる 🚇BTS Phrom Phong駅②出口直結 **URL** www.emporium.co.th

1.エキゾチック・タイはタイ雑貨のセレクトショップ　2.5階にはスーパーとデリがある

ショッピングセンター攻略法

1.フロアはロンドンや東京などテーマが異なる　2.空港ターミナルそのもの

フロアごとのテーマがユニーク!
Terminal 21
ターミナル21

空港ターミナルがコンセプトで、世界の都市をイメージしたフロアが楽しい。プチプラファッションから雑貨店まで600店舗あり。

Map 別冊P.15-C2・3 **アソーク駅周辺**

🏠88, Soi 19, Sukhumvit Rd. 📞0-2108-0888 🕐10:00～22:00（店により異なる）㊡無休 **Card**店により異なる 🚇BTS Asok駅①③出口直結 **URL** www.terminal21.co.th

行くべきフロア BEST 3

1. **5F ピア21フードコート →P.93**
安くておいしくて大人気。

2. **4F 和食チェーン店**
大戸屋、吉野家、かつやなどが集結。

3. **GF プチプラファッションブランドあり。**

ハイブランドがめじろ押し
Central Embassy
セントラル・エンバシー

富裕層をターゲットにしたショッピングセンター。地下のフードコートやスーパーがおすすめ。セントラル・チットロムとも直結。

Map 別冊P.13-D3 **プルンチット駅周辺**

🏠1031 Ploen Chit Rd. 📞0-2119-7777 🕐10:00～22:00 ㊡無休 **Card**店により異なる 🚇BTS Phloen Chit駅連絡通路直結 **URL** www.centralembassy.com

1.プルンチット駅と高架でつながっている　2.日本でも話題になったスレトシス

行くべきフロア BEST 3

1. **LG イータイ →P.94**
タイ全土の料理が味わえるフードコート。

2. **2F スレトシス**
人気タイブランドの旗艦店

3. **5F ソンブーン・シーフード →P.78**
プー・パッ・ポン・カリーで有名なソンブーンの支店がある。

ブが充実していて、しかも安い!

T：ショッピングセンターでは外国人旅行者のみ割引される「ツーリストカード」を発行しているところが多いので、お得に買い物ができます。インフォメーションで作れます。

S：タイドラマでよく見たアイコンサヤーム!

J：高級ホテルが並ぶ川沿いという立地もあり、観光客向けにセレクトされている印象です。パラゴンなどショッピングセンターとはその点が違います。

T：GFのスックサヤーム（→P.95）がおすすめ。タイ全土の市場と屋台が集まったような、テーマパークみたいなおもしろさがあります。

N：2020年にBTSチャルーン・ナコーン駅直結になりましたが、ゴールドラ

アイコンサヤーム

インに乗り換える時に一度改札を出て乗車券を買い直すことになるので、シャトルボートのほうがおすすめです。

S：ありがとうございました!

座談会メンバー

Tさん（バンコク在住・会社員）
バンコク歴8年。オンネット在住。

Nさん（都内在住・WEBデザイナー）
渡航回数十回。タイ好きのリピーター。

バンコク通に聞いたよ♪

Sさん（都内在住・会社員）
タイドラマを見て旅行を決意!
初めてのバンコク。

ショッピングセンターには世界の高級ブランドが出店しているが、タイは関税が高く日本よりお得感はないと思っていい。

133

aruco調査隊が行く!!⑤

こだわりグルメみやげ

お世話になったあの人へ、
プチプラのバラマキみやげ
ちょっとこだわったおいしい

SWEETS

憧れのマンダリン・オリエンタル・ショップの商品が多数ランクイン！高級感のあるパッケージも◎

1位

マンダリン・オリエンタル・ショップのマカロン [A]

「マンゴーやココナッツ、パッションフルーツなど、南国フレーバーがうれしい♥ 要冷蔵で日持ちしないので、帰国日に購入して（編集S）」

1個70B〜

4位

ドーイカムのドライフルーツ [D]

「無添加で安心して食べられるのがポイント高いです。個人的にはトマトがおすすめ。一部のコンビニやスーパーにもあります（通訳M）」

28B
20B
20B

5位

カード・ココアのチョコレートバー [C]

「カード・ココアはタブレットもあります。お気に入りはクリーミーな味わいのプラチュアップ産（フォトグラファーI）」

kad kokoa

1枚245B〜

3位

マンダリン・オリエンタル・ショップのココナッツチップス [A]

「スーパーの安価なものでも十分においしいので、この金額を出すか出さないかで悩むところ。でも食べて納得のおいしさでした！（編集K）」

275B

2位

カード・ココアのナポリターニ [C]

「チェンマイなどタイのカカオ産地の豆から作るダークチョコの詰め合わせ。おみやげにぴったり（通訳E）」

kad kokoa

345B

JAM & SPREAD

南国フルーツを使ったジャムはタイみやげの新定番ともいえる充実ぶり。今注目のスプレッドはこちら！

1位

カード・ココアのダーク・チョコレート・カシューナッツ・スプレッド [C]

「カカオ70％のチョコとカシューナッツ、ココアバター入りスプレッド。トーストに塗って食べるのがおいしい！（通訳S）」

kad kokoa
DARK CHOCOLATE CASHEW NUT SPREAD

390B

3位

マンダリン・オリエンタル・ショップのザボンジャム [A]

「タイ産ソムオー（ザボン）100％使用。上品な甘さでそのまま食べたくなるくらい（笑）！ すてきな箱に入っています（編集M）」

690B

2位

ドーイトゥンのマカダミアナッツ・スプレッド [D]

「重いけれど絶対に買って帰るスプレッド。北タイのマカダミアナッツを使っています。チョコレートバージョンもおいしいですよ！（編集I）」

DOITUNG
MACADAMIA NUTS SPREAD
NATURAL

175B

[A] 憧れの高級ホテル直営ショップ マンダリン・オリエンタル・ショップ
The Mandarin Oriental Shop

バンコクきっての高級ホテルメイドのスイーツがずらり。ほかにクッキーやチョコレートも人気。ティールームを併設し、アフタヌーンティー1200Bも楽しめる。

Map 別冊P.13-C2 サヤーム・スクエア周辺

🏠G Fl., Siam Paragon, 991/1 Rama 1 Rd. ☎0-2610-9845
🕘10:00〜21:00 [休]無休 [Card]A.D.J.M.V. [英] [交]BTS Siam駅③⑤出口直結 [URL]www.mandarinoriental.com/bangkok/

[B] オーガニック食材の先駆け レモン・ファーム
Lemon Farm

ヘルシーでおいしいよ♥

1999年にスタートしたオーガニック専門のスーパーマーケット。併設のカフェでは玄米や野菜を中心としたヘルシーなタイ料理が味わえる。バンコク市内に18店舗展開。

Map 別冊P.13-D3 チットロム駅周辺

🏠G Fl., The Portico, 31 Soi Langsuan Rd. ☎06-3902-4305
🕘9:00〜19:00 [休]無休 [Card]J.M.V. [英] [英] [交]BTS Chit Lom駅④出口から徒歩5分

 ✉「カード・ココア」でカフェも利用しました。チョコレートドリンクが絶品！（東京都・chii）

悩んだらコレをGET！

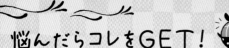

いつもがんばっている自分へ、
では物足りない人のために、
おみやげを集めました！

aruco調査隊まとめ
悩んだら高級ホテルの直営ブティックや、オーガニック食品の店へ行くのが早いですよ！

レモン・ファームのオーガニック・ジャスミンライス

B

「赤米のジャスミンライス（右）と黒米や赤米など5種のミックス（左）。どちらも体にいい健康食品でリピ買いです（編集K）」

3位 125B 145B

FOOD

ここ数年日本で人気のココナッツオイルは品質にこだわってチョイス！オーガニック食材はバンコクでもブーム

こだわりグルメみやげ

1位

1800B

マンダリン・オリエンタル・ショップの限定オリジナルブレンドティー

A

「マンダリン・オリエンタルの限定ティーはぜひチェックしてください！写真は開業140周年記念のマリアージュフレールとのコラボ（通訳A）」

ドーイカムのミックスジュース

D

 17B

「マンゴーとパッションフルーツのミックスジュース。果物の自然の甘さを感じられます。ホテルの冷蔵庫に常備していました（編集S）」

2位 35B

塗りやすいよ

ドーイカムのピザソース

D

「ドーイカムのイタリアンシリーズ。ハーブたっぷり、ほんの少し辛味があっておいしい！しかも塗りやすいです（編集I）」

4位

COFFEE & TEA

タイ北部で作られるコーヒー豆や昔から飲まれているハーブティーなど、新しいおいしさにハマる人、続出！

レモン・ファームのコールドプレスバージンココナッツオイル

「アメリカやヨーロッパのオーガニック認証を受けたココナッツオイル。料理はもちろん、スキンケアにも使える優れモノ（通訳M）」

1位

250B

レモン・ファームのオーガニックハーブティー

B

Organic
Ten Thousand
Miles Scented Tea

140B

3位

「カオヤイ産のキンモクセイの香りを付けたウーロン茶。さっぱりした味わいと甘い香りに癒されます。6パック入り（フォトグラファーM）」

ドーイトゥンのコーヒー豆

D

2位 320B

「チェンラーイ産の希少な高級コーヒー豆ピーベリー。ツンとしたところがなくまろやかな風味で本当においしい。感動しました！（編集S）」

タイ産カカオ豆で作るチョコ
カード・ココア
Kad Kokoa

C

カカオ豆の栽培から焙煎などチョコレートができるまでの全行程を一貫して行う、ビーントゥーバー。カフェではチョコレートドリンクやスイーツが楽しめる。

Map 別冊P.16-B2　プロムポン駅周辺

🏠 Baan Pakapun, 26 Soi Methi Niwet　☎06-6321-1387　🕐8:00〜17:00　🈺無休　**Card** M.V.　🈟英　🚇BTS Phrom Phong駅⑥出口から徒歩7分　🌐 www.kadkokoa.co

---

ロイヤルプロジェクト商品大集合！
ゴールデン・プレイス
Golden Place

D

2階は居心地のよいカフェ

農村の生活向上のためにプーミポン前国王が設立した、ロイヤルプロジェクト商品を買うならココ。オーガニックにこだわった食品のほか、コスメもおみやげにいい。

Map 別冊P.4-A2　王宮周辺

🏠 196, 198, Maharat Rd.　☎02-2729-6628　🕐7:00〜17:00　🈺無休　**Card** M.V.　🈟英　🚢N9 Tha Chang船着場まで徒歩1分　🌐www.goldenplace.co.th

---

「マンダリン・オリエンタル・ショップ」はエンポリアム（→P.133）とセントラル・チットロム **Map** 別冊P.13-D2・3 内にもある。

スーパーマーケットで バラマキみやげ 辛口 実食調査!

バラマキみやげを買うならスーパーマーケット。と、気になるところをarucoが実食調査しました!
タイの食材は日本で食べてもおいしいの?

S NACK

本当においしい タイみやげを決める!

Nさん
（埼玉県在住・食品メーカー勤務）
タイにも進出している有名食品メーカーに勤める。

Tさん
（都内在住・パティシエ）
職業柄、食べること、特に甘いものは大好き。

Mさん
（都内在住・専業主婦）
料理好きの主婦。タイ料理店でアルバイト経験あり。

N：まずはスナックからね！ テッパンはプリッツのラープ味かと……A。文句なくおいしい。
M：ラープってひき肉のサラダみたいなもので、本来は激辛。しかしプリッツにするとハマるね。極細タイプはさらに味が濃く感じられて◎
T：ドリンクは断然このブラックティーがおいしい B。オレンジ色だけど（笑）。
M：以前は缶タイプを買っていましたが、エバミルクがないとタイの味が出せませんでした。今は絶対これ！
N：お菓子はどれもおいしい♡ なかでもこのバナナチップスが激うま！日本にない味だけどクセになる C。
T：私はこれ D！ コーヒー味とかもあるらしくて気になる。あとカンナ E のワッフルは持って帰りたいくらい好き。絶妙な食感と甘さ！
M：フード系はタイカレーペーストが1番 F。 好きな具が入れられて、ヘタなお店で食べるよりおいしい！
N：パッ・タイ G は作るのが難しいのよね。火力のせいかな全然うまくいかなくてオススメ度は低い。
T：このトムヤム・クンのカップ麺 H すごくない？ 50円くらいでフォーク付く。しかも本格的！
N：結論出すの難しい〜！ 日本で食べてもあまりハズレがなかったね。

味 ★★★
バラマキ度 ★★☆

レイズのポテトチップス
「Lay's」のポテトチップスはフレーバーが豊富。これはタイ限定のミエンカム味

BANANA JOE
CRISPY FUN
SEA SALT
40B

バナナ・ジョー
無添加で安心してプレゼントできるバナナチップス。天然塩と自然なバナナの甘味

味 ★★★
バラマキ度 ★☆☆

Lay
Thai Tastes
รสเมี่ยงคำกรอบรส
Mieng Kam Krob Ros Flavor
20B

PRETZ
TOM YUM KUNG
10B

PRETZ LOD
10B

味 ★★★
バラマキ度 ★★★

プリッツ
プリッツはトムヤム・クンやサワークリーム味もある。極細タイプも人気 A

味 ★★☆
バラマキ度 ★★★

Pocky Mango
Pocky Choco Banana
各12B

ポッキー
ポッキーのタイオリジナル味はチョコバナナとマンゴー

D RINK

味 ★★★
バラマキ度 ☆☆☆

ESPRESSO
250B

タイ産コーヒー豆
北タイで栽培されているコーヒー豆。コーヒー通も納得の味わい

味 ★★☆
バラマキ度 ★★★

タイ・ブラックティー
甘さがクセになるタイティーの粉末。ミルクや砂糖も入っているのでこれだけでタイの味になる。5パック入り B
145B

味 ★☆☆
バラマキ度 ☆☆☆

65B

INSTANT MATOOM BEVERAGE
MAE CHAENG
美爽
10-1-17148-1-0003

マトゥーム・ティー
デトックス作用のあるベルフルーツの粉末茶。かなり砂糖が入っているのでハイカロリー。リクエストされたときのみに購入が無難

マトゥーム・ティーはスパの施術の前後でお茶として出されました。個人的には好きです。（大阪府・yaoyao）

ローカルに人気の大型スーパー

ビッグC

Big-C

バンコクを中心に全国展開。食品以外に食器や雑貨、衣料品などの日用品もローカルプライスで揃う。

Map 別冊P.13-C・D2 チットロム駅周辺

⌂97/11 Ratchadamri Rd. ☎0-2250-4888 🕘8:00〜21:00 [休]無休 [Card]A.D.J.M.V. [交]BTS Chit Lom駅⑥出口から徒歩5分 [URL]www.bigc.co.th

高級オリジナル商品多数

グルメ・マーケット

Gourmet Market

サヤーム・パラゴン、エンポリアム、ターミナル21内にある。高級感あるオリジナル商品が人気。

Map 別冊P.13-C2 サヤーム・スクエア周辺

⌂G Fl., Siam Paragon, 991/1 Rama 1 Rd. ☎0-2690-1000 🕘10:00〜22:00 [休]無休 [Card]A.D.J.M.V. [交]BTS Siam駅③⑤出口直結 [URL]www.gourmetmarketthailand.com

日本食材を揃える日系スーパー

フジ・スーパー

UFM Fuji Super

日本人向けで品揃えも気が利いている。すべての商品に日本語で説明が入っているのがうれしい。

Map 別冊P.16-B1 プロムポン駅周辺

⌂Soi 33/1, Sukhumvit Rd. ☎0-2258-0697〜9 🕘8:00〜22:00 [休]無休 [Card]A.D.J.M.V. [交]BTS Phrom Phong駅⑤出口から徒歩5分 [URL]www.ufmfujisuper.com

SWEETS

味 ★★★
バラマキ度 ★★☆

59B

ココナッツ・ワッフル・ミルク・チョコレート

「KUNNA（カンナ）」の人気商品。甘さ控えめのチョコレートとサクサクのワッフルがたまらない E

タマリンドジャム入りバナナチップス

サクサク食感のバナナの甘味とタマリンドの酸味がクセになる味 C

味 ★★★
バラマキ度 ★★★

27B

味 ★★☆
バラマキ度 ★☆☆

各12B

ヤンヤンつけボー

meijiのチョコレート菓子。タイではチョコレートとイチゴのダブルやヨーグルト味もある

味 ★★★
バラマキ度 ★☆☆

乾燥マンゴー

プレミアムマンゴーを乾燥させて甘味を凝縮。少量のきび砂糖のみ使用でヘルシー

229B

味 ★★★
バラマキ度 ★★★

ココナッツチップス

ココナッツをローストした「KING ISLAND（キングアイランド）」の人気シリーズ。キャラメル味がおすすめ D

25B

FOOD

味 ★★★
バラマキ度 ★☆☆

59B

パッ・タイミールキット

パッ・タイもこれがあれば簡単！ しかしかなり甘めなので好みは分かれる。米麺は固めにゆでると炒めるときにくっつきにくくなる G

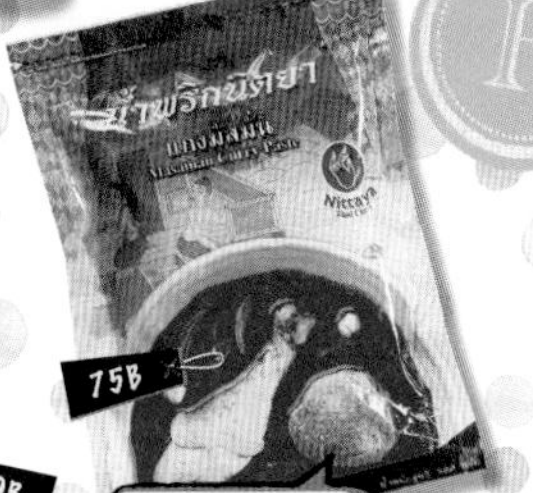

75B

味 ★★★
バラマキ度 ★☆☆

カレーペースト

いろいろなメーカーが作っているが、プロ御用達「Nittaya（ニタヤ）」ブランドがイチオシ。写真はマッサマン F

味 ★★☆
バラマキ度 ★★★

41B
4個入り

インスタント粥

水と一緒に鍋に入れて温めるだけでタイ風粥のできあがり

カップ麺（トムヤム・クン）

タイの食品メーカーMAMAのトムヤム・クン麺。マナーオの風味もちゃんと感じられて◎ 便利なプラスチックのフォーク付き H

14B

味 ★★★
バラマキ度 ★★☆

味 ★★☆
バラマキ度 ★★★

タマゴスープ

日本語で「おたご」と書かれたパッケージが印象的。パクチーなどが入ったタイ風タマゴスープ

5個入り 80B

味 ★★☆
バラマキ度 ★★★

19B

カパオスパイス

鶏のひき肉を加えてカパオ・カイを作ろう。フレッシュバジルも用意するとおいしさアップ！

65B

ふりかけ

タイらしいフレーバーのふりかけ。ラープ味、シーフード味など4種類。ラープはピリ辛

味 ☆☆☆
バラマキ度 ★★☆

スーパーのプチプラコスメもあなどれません！

フジ・スーパーではアパイプーベート病院（→P.142）のマンゴスチン石鹸とノニ石鹸（各30B）も販売

こちらもアパイプーベート病院のハンドソープ（50B）とボディーソープ（90B）

タイの食品の賞味期限は仏暦で書かれていることがあるのでご注意を（→P.11）。

aruco調査隊が行く!!⑦

やっぱり使える！
コンビニアイテム

バンコクには日本でおなじみのコンビニがたくさん。
日本でも話題になったコンビニコスメとフードをチェック！

三大コンビニ

 セーウェン
 ファミリーマート
 ローサン

セブン-イレブン
店舗が最も多く、タイ全土に1万店以上。圧倒的なシェア率。

ファミリーマート
日本と同じく、イートインスペースが用意された店舗も。

ローソン108
「108」と付く。店舗数は少ないが、MRT駅内やBTS駅近くに出店。

コンビニコスメ

試供品感覚で使えるのがコンビニコスメ。プチプラみやげとしても優秀！

39B
Cathy Doll
クリームファンデーション
人気のキャシー・ドールはいろいろなアイテムがコンビニに揃う。数回で使い切れるサイズなので、試供品感覚で使ってみて！

なんと！ミラー付き

59B

Cathy Doll
オードパルファン
人気俳優の広告で人気のブランドもコンビニに！ちょっと試したい香り系アイテムはうれしい

99B
IN2IT
パウダーファンデーション
イントゥーイットのライトフィットパウダー。HYAとCICA成分入り。うれしいSPF25+++。容量5g

29B
SRICHAND
保湿クリーム
フェイスパウダーで人気のシーチャンもパウチコスメがある。ヒアルロン酸配合のクリーム

アロエは日焼けにもいい

25B
Khaokho Talaypu
フェイスマスク
100%天然のタマリンドを使用。透明感のある明るい肌へ。洗い流すタイプ。

現地でも日本でも！

59B
MAYBELLINE
マスカラ
メイベリンのウォータープルーフマスカラ。短期旅行ならこれで十分！

タイのコンビニあるある！

体重計が置いてある！
コンビニをはじめ、街のいたるところに体重計がある。健康志向のタイではどこでも測定するのが定番だとか。1回1B

アルコールが買えない時間帯がある！
タイでのアルコール販売は11:00〜14:00、17:00〜24:00のみと法律で決められているので注意。

コンビニグルメ

タイの定番料理があのスナック菓子やコンビニ定番グルメで登場！

おでん 各8〜30B
トムヤム・クンスープのおでん。辛さは控えめ。ファミリーマートとローソンの一部の店舗で買える

揚げ豆腐
ちくわ
ソーセージ

レジで温めてもらおう

45B
ガパオライス
日本のコンビニ弁当感覚で買えるタイ料理のお弁当。写真はファミリーマートのもの

ソーセージ・チーズ！

29B
ホットサンド
日本よりも種類豊富。温めてもらって食べよう

各20B程度
ソムタム＆ラーヤーン
トムヤム・クン
ポテトチップス
袋に入ったタイ料理味のプリングルス。Lay'sはふたつのフレーバーがひと袋に

138

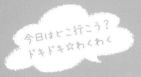
今日はどこ行こう？
ドキドキ☆わくわく

最新ニュースが詰まった！バンコクおさんぽコース

バンコクの今と昔を楽しめる
7つのエリア別おさんぽプランをご紹介。
今まで知られていなかった
あのソイ（路地）も案内しちゃいます☆

王宮周辺 旧市街の古い町並みをてくてく

遊びに来てにゃ〜

バンコク三大寺院がある情緒たっぷりの下町エリア。小さな商店が並ぶ昔ながらの町並みは、新市街とは違った魅力がいっぱい！

TOTAL 5時間

王宮周辺 おさんぽ

TIME TABLE

- 11:00 パーク・クローン市場
- ↓ 徒歩約8分
- 11:30 ミュージアム・サヤーム 発見博物館
- ↓ 徒歩約13分
- 13:00 プレーン・プートーン通り
- ↓ 徒歩約5分
- 13:30 ワット・スタット
- ↓ 徒歩約5分
- 14:00 モン・ノム・ソット
- ↓ 徒歩約15分
- 15:00 国立博物館

1 散策が楽しいフラワーマーケット 11:00
パーク・クローン市場
Talat Pak Khlong

チャオプラヤー川沿いにある大きな生鮮市場で、生花のマーケットとしても名高い。プレゼント用のバラ、お供え用のジャスミンやハスなど色とりどりの花が並んでいる。

[Map] 別冊P.6-A2

🏠Chakkraphet Rd. 🕘9:00〜17:00 [休]無休 [Card]不可
[交]MRT Sanam Chai駅④出口から徒歩5分

ジャスミンの花輪もありますよ

1. 川に面した部分はショッピングモール「Yodpiman River Walk」 2. 市場前の歩道にもぎっしり花屋 3. 花に埋もれてしまいそうな店の人 4. バンコク最大の花市場

疲れたら庭のカフェでひと休みしよう

2 体験型歴史博物館 11:30
ミュージアム・サヤーム 発見博物館
Museum Siam Discovery Museum

タイ人のアイデンティティがどこから来たのかを紹介する博物館。模型や映像、インタラクティブ性の高い展示が多く、外国人でも楽しめる。広い庭にはカフェもある。

[Map] 別冊P.6-A1

🏠4 Sanam Chai Rd. ☎0-2225-2777
🕘10:00〜18:00 [休]月 [料]100B
[交]MRT Sanam Chai駅①出口からすぐ
[URL]www.museumsiam.org

1. 元商務省の建物 2. 古い町並みを再現 3. 展示で遊ぶタイ人の見学者 4. 古い衣装で記念撮影

3 ゆるやかな時が流れるレトロな通り 13:00
プレーン・プートーン通り
Phraeng Phuthon Rd.

19世紀半ばに計画的に建設された建物が残る通り。統一感のある建物が続く美しい町並みが見られる。のんびり散歩して古きよき時代を感じよう。

[Map] 別冊P.4-B2

[交]MRT Sam Yot駅③出口から徒歩12分

変身写真も撮れますよ！

さっぱりココナッツ味

ココナッツアイスは地元の人にも人気

1. 道路標識は英語併記 2. ショップハウスと呼ばれる建築 3. 老舗のナッタポーン・ココナッツ・アイスクリームの自家製アイス 4. 店先で食べられる

 プラ・チャーン船着場の周辺には屋台街があって、地元の人でにぎわっていました。（埼玉県・レッズ）

王宮

サヤーム・スクエア

スクムウィット通り

シーロム通り

ルンピニー公園

ラーマ4世通り

チャオプラヤー川

Map 別冊P.4～6

2019年にMRT（地下鉄）駅が開通してアクセスが便利に！

サナーム・チャイSanam Chai駅、サームヨートSam Yot駅が開通し、新市街からのアクセスが便利になった。また、今までどおりボートでのアクセスも可能。 →P.180

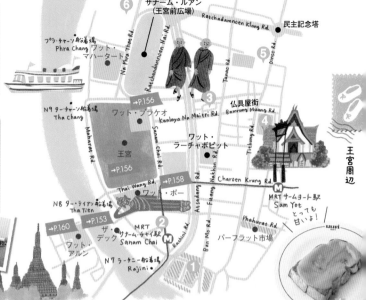

サナーム・ルアン（王宮前広場）

Ratchadamnoen Klang Rd.

民主記念塔

Dinso Rd.

プラ・チャーン船着場
Phra Chang

ワット・マハータート

Na Phra That Rd.

Ratchadamnoen Nai Rd.

Tanao Rd.

Tanac Rd.

仏具屋街

N9 ターチャーン船着場
Tha Chang

ワット・プラケオ →P.156

Kanlaya Na Maitri Rd. Bamrung Muang Rd.

ワット・ラーチャボピット

Maharat Rd.

Sanam Chai Rd.

王宮 →P.156

Titthong Rd.

王宮周辺

Thai Wang Rd. →P.158

Charoen Krung Rd.

N8 ター・ティアン船着場
Tha Tien

→P.160 →P.153

ワット・ポー

Atsadang Rd.

Fuang Nakhon Rd.

Ban Mo Rd.

MRT サームヨート駅
Sam Yot とっても甘いよ！

ワット・アルン

ザ・デック

MRT サナーム・チャイ駅
Sanam Chai

Rajini Rd.

Phahurat Rd.

パーフラット市場

N9 ラーチニー船着場
Rajini

1. パンダンの葉を使った緑のカスタード

---

4 第1級王室寺院 13:30
ワット・スタット
Wat Suthat

1. 鳥居状の構造物はヒンドゥー教の儀式で使われた
2. 白亜の壁がまぶしい本堂

入口前に大きな鳥居のようなものが立っている。本堂内にはスコータイから運ばれてきた大きな仏像が祀られていて必見。

Map 別冊P.5-C2

🏠146 Bamrung Muang Rd. ☎0-2224-9845 ⏰8:00～18:00 休無休 料100B（外国人料金）交MRT Sam Yot駅③出口から徒歩6分

---

5 甘うまトーストを召し上がれ 14:00
モン・ノム・ソット
Mont Nom Sod

1964年創業と歴史のあるスイーツの店。ココナッツのカスタードを、蒸しパンかトーストに塗って食べるオリジナルスイーツが、子供からお年寄りまで幅広い年齢層に人気。

Map 別冊P.5-C2

🏠160/1-3 Dinso Rd. ☎0-2224-1147 ⏰13:00～22:00 休無休 Card不可 交MRT Sam Yot駅③出口から徒歩11分 URLwww.mont-nomsod.com

1. パンダンの葉を使った緑のカスタード
2. こちらは木の実でオレンジに色付け
3. ピンクミルク（ノムデーン）40B

毎週水・木曜9:30から日本語ガイドがあるよ

1. 中庭の東屋 歴代王の肖像も展示 3. 昔の戦争の様子

6 タイの歴史と文化を学ぶならココ
国立博物館 15:00
National Museum

タイの歴史を知るにはここへ行こう。全土から集められた出土品や民俗資料などが広い館内にズラリと展示されている。本館は元副王の宮殿だったもの。

Map 別冊P.4-B1

🏠Na Phra That Rd. ☎0-2224-1333 ⏰9:00～16:00（入場は～15:30）休月・火・祝 料200B（外国人料金）交Phra Chang船着場から徒歩13分

白い服も借りられます！

ワット・マハータートで瞑想体験はいかが？

格式ある寺院で瞑想教室が行われている。英語で行う外国人向けのコースもあり、自由に参加できるのでのぞいてみて。

ワット・マハータート
Wat Mahathat

Map 別冊P.4-B2

🏠3 Maharat Rd. ☎0-2221-5999 ⏰8:00～17:00（境内は～20:30）休無休 料無料 交N9 Tha Chang船着場から徒歩5分

シーロム通りのオフィス街で働く地元っ子たちのように過ごそ！

ルムピニー公園から西に延びるシーロム通りは、タイの大企業や外資系企業が密集する、言わばバンコクの丸の内。オフィスで働く女の子たちのお気に入りを巡ろう！

TOTAL 8時間

シーロム通りおさんぽ

TIME TABLE

- **10:30** ルムピニー公園
  - ↓ 徒歩約15分
- **12:00** ラライサップ市場
  - ↓ 徒歩約16分
- **13:00** カルパプルック
  - ↓ 徒歩約4分
- **14:30** ワット・マハー・ウマー・テーヴィー
  - ↓ 徒歩約20分
- **15:30** サバーイ・タイ・マッサージ
  - ↓ 徒歩約15分
- **17:30** マハーナコーン・スカイウォーク

1 ルムピニー公園 10:30
ローカルに愛される都会のオアシス
Lumphinee Park

ラーマ6世が建設した広さ57.6万㎡の公園。早朝はジョギングや太極拳、ヨガに訪れる地元の人が多い。公園内に屋台街もあり朝食スポットとしても人気。

Map 別冊P.10-B1・2

◎4:30～22:00 ⑭無休
Ⓜ MRT Si Lom駅①出口からすぐ

池や噴水もある緑豊かな公園

1 ジョギングは日常の風景　2 遭遇率の高いオオトカゲ　3 昼間は暑いので朝や夕方がおすすめ

2 ラライサップ市場 12:00
若い女性に人気のマーケット
Talat Lalaisap

シーロム通りから入る小さな路地に、若い女性をターゲットにした露店がひしめく。衣料品やアクセサリーを扱う店が多く、プチプラで掘り出し物が見つかるかも♪

Map 別冊P.9-C2

🏠Soi 5, Silom Rd. ◎10:00～18:00（店により異なる）⑭土・日
Card不可 英可 Ⓜ BTS Sala Daeng駅②出口から徒歩8分

1 ピアスは1個25Bくらい。まとめ買いしたくなる安さ　2 日焼け対策にちょうどいいストローハットは100Bくらい　3 刺繍がかわいいストライプのシャツ200B

サービスもいいよ！

カフェのような雰囲気で居心地もいい！

1 1番人気は牛肉のグリーンカレー140B、ロティ別途45B　2 タイ版さつま揚げ、トート・マン・ブラー150Bはおつまみに　3 ベーカリーも併設し、カフェとしての利用も可能

3 カルパプルック 13:00
おしゃれな老舗タイ食堂
Kalpapruek

約40年前に店を始めた先代のおばあちゃんのアイデア料理が楽しめる。定番のタイ料理から、アレンジを加えた料理まで、種類豊富なメニューはどれも手頃。

Map 別冊P.8-B3

🏠27 Pra Muan Rd. ☎0-2236-4335
◎9:00～17:00 ⑭無休 Card J.M.V. 英 Ⓜ BTS Surasak駅③出口から徒歩7分

国立病院から誕生したコスメ

タイCCタワー **Map** 別冊P.8-B3 の1階

ハーブの研究機関として知られる、国立アパイプーベート病院によるコスメやサプリ、お茶を販売する直営店。リーズナブルで在住日本人にも大人気。

美白効果が高いというマンゴスチンのフェイシャル・クレンジング・ジェル120B

Map 別冊 P.8〜10

タニヤ通りは
日本人向けの
夜の店が密集

毎年10月に
お祭りがあるよ

4 ヒンドゥー寺院の装飾に目を奪われる
ワット・マハー・ウマー・テーウィー 14:30
Wat Maha Uma Devi

シーロム通りを歩いていると目に止まるヒンドゥー寺院。独特のカラフルな装飾を見学しながら参拝しよう。寺院内は撮影禁止。

Map 別冊 P.9-C2

🏠 2 Silom Rd. ☎0-2238-4007 ⏰8:00〜20:00 休無休 料無料 🚇BTS St.Louis駅①出口から徒歩10分

1. 周辺にはヒンドゥー関連の店などが並ぶ
2. 撮影は外からしかできない

シーロム通り

ジム・トンプソン・タイシルク本店 →P.129

ヤオ・ルーフトップバー →P.49

ランチドコ行く？

ジュエリー・トレード・センター →P.123

BTS シーロム駅
MRT シーロム駅

セブンイレブン

Silom Rd.
シーロム通り

BTS サラデーン駅 Sala Daeng

BTS チョンノンシー駅 Chong Nonsi

Rama 4 Rd.

MRT

ブルー・エレファント →P.77

BTS スラサック駅 Surasak

BTS セン・ルイ駅 Saint Louis

Sathorn Nua Rd.
Sathorn Tai Rd.

屋台もあるよ！

夕暮れ時もキレイ！

1. 74階の屋内展望台 2. 78階ルーフトップからの眺め

5 駅前の便利なマッサージ店 15:30
サバーイ・タイ・マッサージ
Sabai Thai Massage

ハーバルボールも気持ちいい♥

フットマッサージやタイ古式マッサージが気軽に受けられる。珍しいのは北タイ式のトック・セン。タマリンドの木を使ってセン（気の経路）を刺激するマッサージで60分600B。

Map 別冊 P.9-D2

🏠 16/2 Silom Rd. ☎08-5136-4522 ⏰10:00〜翌1:00（最終受付は24:00）休無休 CardJ.M.V.（+3%、500B〜）予不要 日英 🚇BTS Sala Daeng駅③出口からすぐ

1. タイ古式マッサージ＋ハーバルボール 120 分 900B 2. トック・セン 3. タイ古式マッサージは60分300B

6 バンコクの絶景スポット
マハーナコーン・スカイウォーク 17:30
Mahanakhon Skywalk

BTSチョンノンシー駅直結、地上314mの展望台は2018年開業。360度見渡せる造りで、74階の屋内展望台ではバンコクで最も高い位置にあるポストから絵はがきを送れる。ハイライトは78階の屋外展望デッキに備わるガラスの床。スリルを味わえると大きな話題になっている。

データは →P.48

バンコク最大のショッピングゾーン サヤーム周辺へ行こう！

**東南アジア最大級の巨大モールから、
小さなショップまで、買い物好きにはたまらないエリア。
おみやげから自分へのごほうびまですべて揃います！**

TOTAL 9時間

サヤーム周辺
おさんぽ

TIME TABLE

12:00 MBKセンター
↓ 徒歩2分
14:00 サヤーム・ディスカバリー
↓ 直結
15:00 サヤーム・センター
↓ 徒歩2分
16:00 サヤーム・スクエア
↓ 徒歩5分
17:30 サヤーム・パラゴン
↓ 徒歩10分
19:00 セントラルワールド

BTSナショナル・スタジアム駅と2～3階で直結

1 無数の店舗がひしめく屋内市場 12:00
MBKセンター（マーブンクローン）

MBK Center（Mar Boon Krong）

タイらしいショッピングセンター。フロアごとにファッション、タイ雑貨、携帯電話など、小さな個人商店が軒を連ねる。フードコートやファストフードの店も充実しているのでランチもOK。

[Map] 別冊P.12-B2・3

🏠444 Phayathai Rd. ☎0-2620-9000 🕘10:00～22:00 [休]無休 [Card]店により異なる [交]BTS National Stadium駅④出口直結 [URL]mbk-center.co.th

少数民族の雑貨を扱うフェアトレードの店ロフティー・バンブーは2階

1,2. バンコクの今を知るのにぴったりのショッピングセンター

サヤーム・パラゴンとも隣接している

2 スタイリッシュに大変身 14:00
サヤーム・ディスカバリー

Siam Discovery

サヤーム・センターに隣接する姉妹ショッピングセンター。最新のファッションやライフスタイル雑貨を扱うショップのほか、テクノロジーを駆使した設備にも注目したい。

[Map] 別冊P.12-B2

🏠989 Rama 1 Rd. ☎0-2658-1000 🕘10:00～21:00 [休]無休 [Card]店により異なる [交]BTS Siam駅①出口から徒歩2分 [URL]www.siamdiscovery.co.th

デザイン・設計は日本人建築家の佐藤オオキ氏

地上階はタイ国内外のデザイナーズブランドが集まる

ロイヤルプロジェクトのショップもある

3 最旬ファッションはココでGET 15:00
サヤーム・センター

Siam Center

人気のファッションビル。BTSサヤーム駅と直結。3階でタイブランドのファッションをチェックし、4階のグルメフロアでひと休みするのがおすすめ。

[Map] 別冊P.12-B2～P.13-C2

🏠979 Rama 1 Rd. ☎0-2658-1000 🕘10:00～22:00 [休]無休 [Card]店により異なる [交]BTS Siam駅①出口直結 [URL]www.siamcenter.co.th

タイの最新アートシーンをチェック★

無料でタイの最新アートが楽しめるギャラリー。館内は7～9階が展示スペース、5階にスタジオやホール、地下にはライブラリーがある。ミュージアムショップやカフェも併設。

9階建ての建物内部は吹き抜けになっている

バンコク・アート・アンド・カルチャー・センター

Bangkok Art and Culture Centre

[Map] 別冊P.12-B2

1階入口で迎えてくれるユニークな巨大フィギュア

アートを楽しんで！

🏠939 Rama 1 Rd. ☎0-2214-6630 🕘10:00～20:00 [休]月 [料]無料（特別展などは有料の場合もある） [交]BTS National Stadium駅③出口直結 [URL]www.bacc.or.th

✉「セントラルワールド」は、英語で発音よくしても通じません。タイ語ではセンタンワーと発音します。（千葉県・藤澤佐希子）

Map 別冊P.12〜13

王宮
サヤーム・スクエア
シーロム通り
スクムウィット通り
チャオプラヤー川
ルムピニー公園
ラーマ4世通り

バンコク・アート・アンド・カルチャーセンター
ギャラリー・コーヒー・ドリップ →P97

プラ・トリームールティ →P37

プラティナム・ファッションモールへ

ビッグC →P137

→P159

ワット・パトゥム・ワン・ナーラーム

BTS ナショナル・スタジアム駅
National Stadium

マンゴー・タンゴ →P98

BTS サヤーム駅 Siam

チュラーロンコーン大学 →P.52

Phloen Chit Rd.

エーラーワンの祠 →P.36

BTS チットロム駅 Chit Lom BTS

ユー＆ミー（グランド・ハイアット・エラワン内）→P.89

あの店どこだろ〜？

通りに小さなショップが連なるショッピングスポット

スカイウォークで直結！
BTSサヤーム駅とBTSチットロム駅は、歩行者専用の高架でつながっているので、ラクラク歩いて移動することができる。

サヤーム周辺

プチプラファッションの店がいっぱい！

5 17:30

ガラス張りの巨大ショッピングセンター
サヤーム・パラゴン
Siam Paragon

サヤームのランドマークとして定着した高級デパート。ブランドブティックからはやりのレストランまで、何でも揃う。スーパー（→P.137）やフードコート（→P.95）も便利。

水族館があるのもユニーク！

4 若者カルチャーを知るならココ！ 16:00
サヤーム・スクエア Siam Square

細い路地に無数のショップが並び、タイの若者でにぎわうバンコクの原宿的エリア。プチプラのカジュアルファッションや雑貨のショップはもちろん、手軽なカフェレストランも多い。

Map 別冊P.12-B2・3〜P.13-C2・3

🚇BTS Siam駅②④出口からすぐ

Map 別冊P.13-C2

🏠991 Rama 1 Rd. ☎0-2610-8000 🕐10:00〜22:00 ㊡無休 🅒店により異なる 🚇BTS Siam駅③⑤出口直結 URLwww.siamparagon.co.th

2020年8月には伊勢丹が28年の歴史に幕を下ろした

全面ガラス張りのエントランスがインパクトある建物

かき氷カフェのアフター・ユー（→P.97）は3階と7階にある

6 東南アジア最大級の巨大モール 19:00
セントラルワールド CentralWorld

売り場面積55万㎡を誇り、ZEN（ゼン）というデパートも併設している。1〜3階がファッション・雑貨フロア、6〜7階のレストランフロアも充実しており、1日過ごすことができる。

Map 別冊P.13-C2

🏠999/9 Rama 1 Rd. ☎0-2640-7000 🕐10:00〜22:00（レストランは店により異なる）㊡無休 🅒店により異なる 🚇BTS Chit Lom駅連絡通路直結 URLwww.centralworld.co.th

ファストファッションのジャスパルの姉妹ブランド、チャップスは2階

「セントラルワールド」と「プラティナム・ファッションモール」（→P.122）は徒歩5分なのでセットで回るのもおすすめ。

145

スクムウィット通り周辺の在住日本人愛されアドレス巡り

新しいレストランやショップ、スパなどが次々オープンし、行くたびに新鮮な楽しみが増える通り。
在住日本人が多いプロムポン駅周辺の人気店へGO！

TOTAL 8時間

スクムウィット通り おさんぽ

TIME TABLE

11:00 ムジナ
↓ BTS+徒歩約15分
12:00 グルメ・イーツ・エンポリアム
↓ 徒歩約10分
13:30 ナラヤ
↓ 徒歩約10分
14:30 パーデン
↓ タクシーで約10分
16:00 湯の森
↓ タクシーで約8分
18:00 鳥波多゛プロムポン店

1 セミオーダーのキュートなサンダル ムジナ 11:00

Muzina

2005年スタートのシューズブランド。レザーを使ったカスタムメイドのサンダルや靴がオーダーできる。2600B～。現品は10%オフ。

Map 別冊P.14-B2

🏠3rd Fl., Metha Wattana Building, 27 Soi 19, Sukhumvit Rd. ☎09-2909-1289 🕘10:00～18:00 [休]月 [Card]J.M.V. [日] [交]BTS Asok駅①出口から徒歩5分 [Instagram]@muzinajp ※セミオーダーシューズは、完成までに1ヵ月半～2ヵ月かかる。日本への送料は要問い合わせ

1.奥には洋服や小物が並ぶ 2.手前のピンクゴールドのショルダーバッグ4700B 3.シルバーのサコッシュ1290B

気軽に食べられる！

1.「Pad Thai Fai Ta Lu」のバナナの葉で提供されるエビ入りパッ・タイ370B 2.清潔感のある店内。窓側の席からは公園が望める

2 気軽な食堂街でランチ グルメ・イーツ・エンポリアム 12:00

Gourmet Eats Emporium

在住日本人に人気の高級デパート、エンポリアムにあるフードコート。2022年12月にリニューアルし、ミシュラン掲載の6店が入った。

Map 別冊P.16-B2

🏠4th Fl., Emporium, 622 Sukhumvit Rd. ☎0-2664-8000 🕘10:00～22:00 [休]無休 [Card]A.D.J.M.V. [英] [英] [交]BTS Phrom Phong駅②出口直結

1. 2フロアからなる店内は広々 2. 常に新しいアイテムに出合える 3. オリエンタルなファブリックのリボンバッグ245B

3 プチプラのリボンバッグ ナラヤ Naraya 13:30

サテンやコットンにリボンをあしらったデザインが日本でも一躍ブームとなった、タイのバッグブランド。バンコク市内に13店舗あり。

Map 別冊P.16-B2

🏠654-8 Soi 24, Sukhumvit Rd. ☎0-2204-1145 🕘9:30～22:30 [休]無休 [Card]A.D.J.M.V. [英] [交]BTS Phrom Phong駅②出口から徒歩すぐ [URL]www.naraya.com

4. シンプルなデザインのアイテムも。ショルダーにもなるバッグ430B

激安で有名なネイルサロンへ行ってみよう！

かなりローカルな雰囲気だけど、技術と安さで在住日本人に圧倒的な人気。1階は美容院でネイルは2階。予約はLINE公式アカウントから英語で行うのがおすすめ。

マニキュアは単色230B～、ジェルネイルは480B～

ゲーガイ Kaekai

Map 別冊P.16-B1

🏠10/8 Soi 39, Sukhumvit Rd. ☎08-1912-1380 🕘7:00～18:00 [休]無休 [Card]不可 [英] [英] [交]BTS Phrom Phong駅③出口から徒歩2分 [Instagram]@kaekai_salon

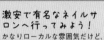

 帰国が深夜便だったので、ホテルをチェックアウト後、「湯の森」を満喫しました。（大阪府・O.M.）

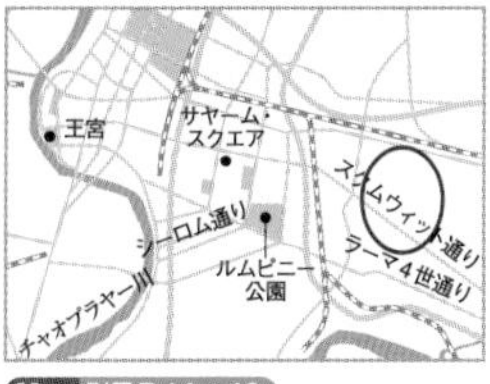

王宮
サヤーム・スクエア
スクムウィット通り
シーロム通り
ルムピニー公園
ラーマ4世通り
チャオプラヤー川

Map 別冊P.14〜16

4 パーデン 14:30

パフェとセンスのいいおみやげ

Parden

季節の絶品フルーツパフェが楽しめる人気のカフェ。軽食のサンドイッチもある。自分用に買いたくなるおしゃれなタイ雑貨もおすすめ。

Map 別冊P.16-B1

⌂2nd Fl., The Manor, 32/1 Soi 39,Sukhumvit Rd. ☎0-2204-2205 🕘11:00〜17:00（LO）※土・日は12:00〜 [休]月・火 [Card]不可 [日] [交]BTS Phrom Phong駅⑤出口から徒歩8分 [URL]parden.shopinfo.jp

キュートな雑貨♥

PARDEN

1. タイフルーツの手刺繍ワッペン各230B 2. タイ人のご主人と日本人の奥様のセンスが光る店 3. 季節のフルーツパフェ250B

MRT
渋滞中
Soi 19
ターミナル21
Soi 23
MRT スクムウィット駅 Sukhumvit
ASOK BTS アソーク駅
Soi 12
Soi 14
Soi 27
Soi 29
Soi 31
Soi Phromchit
フジ・スーパー
P.137
Soi 49 / 11 (Soi Promsri)
エムクオーティエ
Soi 39
P.133
アット・イース
P.113
Soi 33
Soi 35
ゲーガイ
Soi 43
高級デパート エンポリアム
Soi 20
Soi 22
シーロー乗り場
BTSプロムポン駅 PhromPhong
スクムウィット通り Sukhumvit Rd.
エンポリアム
P.133
Soi 24
Soi 26
Soi 45
Soi 47
Ratchadaphisek Rd.
Soi 16
アジアハーブアソシエイション
P.112
イム・チャン
P.85
ルン・ルアン
P.89
Soi 30
BTS
新しい店が多いね〜
MRT クイーン・シリキット・センター駅
Queen Sirikit National Convention Centre
Rama 4 Rd.

ZZZ

5 湯の森 16:00

タイの天然温泉をお試しあれ！

Yunomori Onsen & Spa

タイ国内各地の天然温泉からタンクローリーで輸送した湯を楽しめる。天然温泉風呂、ソーダバス、ジェットバス、露天風呂、チーク樽風呂にサウナまで揃う。

いい湯だな〜

1. マッサージや居酒屋なども併設し、まるで日本のスーパー銭湯 2. 大きな湯船でいい気分♪ 清潔で広々とした洗い場もある

Map 別冊P.16-B3

⌂A-Square, 120/5 Soi 26, Sukhumvit Rd. ☎0-2259-5778 🕘10:00〜24:00 [休]無休 [料]550B [Card]A.J.M.V. [日] [日] [交]BTS Phrom Phong駅④出口からタクシーで5分 [URL]www.yunomorionsen.com

6 鳥波多゛プロムポン店 18:00

日本人経営の焼き鳥専門店

New Torihada

おいしい焼き鳥♪

東京・人形町発の鶏料理専門店。新鮮な鶏肉を特別に仕入れており、タイの鶏肉のおいしさを実感できる。焼き鳥1本45B〜、鶏肉の各種刺身200B〜、親子丼150B。

1,2. UBC2ビルの地下にある
3. 締めに人気の親子丼

店内は小上がりやカウンターがある

Map 別冊P.16-B1

⌂B1F, UBC II Bldg., Soi 33 Sukhumvit Rd. ☎0-2662-1331 🕘11:30〜14:00、17:30〜22:30（土・日は17:00〜）[休]無休 [Card]J.M.V [予]夜はしたほうがよい [日] [日] [交]BTS Phrom Phong駅⑤出口から徒歩5分 [Instagram]torihada_bangkok

トンロー&エカマイ&プラカノン
最旬スポット歩き

スクムウィット通りのおしゃれスポットは東へと移り、
今はトンローからエカマイ、プラカノンが楽しい。
最新のショッピングセンターやナイトスポットはこちら！

TOTAL 9時間

トンロー＆エカマイ
おさんぽ

TIME TABLE

12:00	スパンニガー・イーティング・ルーム
↓ 徒歩8分	
13:30	ザ・コモンズ
↓ 徒歩約20分	
14:30	フェザーストーン
↓ タクシー10分（徒歩30分）	
16:30	ゲートウェイ・エカマイ
↓ 徒歩15分（BTS利用可）	
18:00	Wマーケット

12:00

1 毎日通いたくなるタイの家庭の味

スパンニガー・イーティング・ルーム
Supanniga Eating Room

タイ東部トラート出身のオーナーの祖母の家庭の味をモダンに再現。ワット・アルンを望む川沿いのター・ティアンTa Tien店もおすすめ。

Map 別冊P.17-C2

🏠160/11 Soi Thong Lo, Sukhumvit 55 Rd. ☎09-1774-9808 ⏰10:00～22:00無休 card A.J.M.V. 夜はしたほうがよい BTS Thong Lo駅③出口から徒歩11分 URL www.supannigaeating room.com

1. シックで大人な空間　2. 3階のテラス席がおすすめ
3. パネーンカレー280Bなど

トンローは赤バスが便利！

トンロー通りは約2.5km、片側3車線の大きな通りなので、移動は赤バスが安くて便利。1回8Bでバス停以外でも手を挙げれば停まってくれる。

ソイを往復してるよ！

セーンセープ運河ボート乗り場

トンローバス乗り場

楽しいよ！

Soi Thong Lo 20
Soi Thong Lo 19
Soi Thong Lo 13

チコ P.120

Soi Ekkamai 23
Soi Yaowarat
Soi Ekkamai 22
Soi Ekkamai 18
Soi Pridi Banomyong 41

エカマイ通り
トンロー通り

Soi Thong Lo 9
Soi Thong Lo 10
Soi Ekkamai 5
Soi Ekkamai 14
Soi Ekkamai 12
Soi Pridi Banomyong 31
Soi Ekkamai 10
Soi Ekkamai 6
Soi Ekkamai 4
Soi Pridi Ba

1
サバイチャイ P.78

プラカノン通り

Soi 53
Soi 55
Soi 59

トンローバス乗り場

BTSトンロー駅
Thong Lo

Soi 38

Sukhumvit Rd.

4

Soi 40/2

Soi 63
Soi 63

3

Soi 94 (Soi Phra Khanong)
Soi Pridi Ba
Soi Pridi Ba

エム・ケー・ゴールド P.86

BTSエカマイ駅 Ekkamai

13:30

2 最先端プチモールのひとつ

ザ・コモンズ The Commons

斬新なデザインの建物を見るだけでも楽しいモール。フードコートのように利用できるM階のマーケットが人気。2020年コモンズ・サラデーンThe Commons Saladaengがオープンし話題に。

Map 別冊P.17-D1

🏠335 Soi Thong Lo 17, Sukhumvit Rd. ☎08-9152-2677 ⏰8:00～翌1:00 無休 BTS Thong Lo駅③出口から徒歩13分 URL www.thecommonsbkk.com

1. 3階には人気カフェのロースト（→P.96）が入る　2. 夜はおしゃれローカルが集う

5

BTSプラカノン駅 Phra Khanong

プラトゥーナームからトンローまでセーンセープ運河のボートに乗りました。渋滞を気にせず移動できました。（北海道・ジュン）

3 ショッピング＆SNS映えドリンク 14:30
フェザーストーン Featherstone

ヨーロッパの薬局や屋根裏部屋をイメージしたカフェレストラン＆ライフスタイル・ショップ。花やフルーツを閉じ込めた氷入りドリンク「ワールド・ガーデニア」160Bがイチオシ。

1. 写真映えするカフェの空間 2. 雑貨のセンスもいい 3. 調合するようにシロップとソーダを注いで完成させて

Map 別冊P.3-C3

🏠60 Soi Ekkamai 12, Sukhumvit Rd. ☎09-7058-6846
🕐10:30～21:30 (LO) 🈲無休
Card A.D.J.M.V. 🚇BTS Ekkamai駅①出口からタクシーで8分
URL www.seefoundtell.com

しゃぶしゃぶよりタイスキに近い味

4 16:30
BTSエカマイ駅直結の便利モール
ゲートウェイ・エカマイ Gateway Ekamai

日本のライフスタイルをコンセプトに2012年にオープンしたモール。日本食レストラン、和カフェ、ドラッグストアまで揃う。

Map 別冊P.17-D3

🏠60 Soi Ekkamai 12, Sukhumvit Rd. ☎09-7058-6846 🕐10:30～21:30 (LO) 🈲無休 **Card** A.D.J.M.V. 🚇BTS Ekkamai駅④出口直結

1. しゃぶしゃぶを回転寿司スタイルで楽しめるシャブシ 2. トイレ休憩にも便利

巨大なアートオブジェ

5 18:00
アートが点在するおしゃれ屋台街
Wマーケット W Market

ギャラリーやホテルなどが集結する商業施設「W District」の一部。壁画アートやオブジェに囲まれた敷地内には約50店舗が出店。ルーフトップバーのシエロ（→P.51）も隣接。

ココは最高！

Map 別冊P.3-C3

🏠69-71, Sukhumvit Rd. ☎0-2381-2277 🕐16:00～24:00 🈲無休 **Card** 店により異なる 🚇BTS Phra Khanong駅③出口から徒歩5分

世界各国のフード屋台が並ぶ

週末限定のファーマーズマーケットもチェック★

エカマイ駅直結のゲートウェイ・エカマイなどで月1～2回開催されるファーマーズマーケットには、オーガニックにこだわった20ほどのベンダーが出店。その場で食べられるフードも多いので、ランチがてら立ち寄るのがおすすめ。

バンコク・ファーマーズ・マーケット
Bangkok Farmers' Market

Map 別冊P.17-D3など エカマイ駅周辺など

🏠🕐開催場所により異なる ☎09-2257-1106 🕐11:00～18:00 **Card** 店により異なる（不可の店が多い） **URL** www.bkkfm.org

1. バンコクのファーマーズマーケットの草分け。週末ごとに開催場所が異なるのでウェブサイトを確認しよう 2. フランス人経営の人気パン屋アマンティーも出店 3. タイ産ピーナッツバターのミナスは人気のベンダー

トンロー通りとエカマイ通りの移動は、通りの中ほどにあるトンロー通りソイ10からエカマイ通りソイ5を利用するのが便利。

縦書き：トンロー＆エカマイ＆プラカノン

バックパッカーの聖地★
カオサン通りへ行ってみよう！

バンコクといえば「カオサン通り」ってよく聞くけれど、
バックパッカーが集まるところだと思っている人も多いはず。
今おしゃれな店が増えているエンタメストリートに変身中！

TOTAL 7時間

カオサン通り界隈をおさんぽ

TIME TABLE

13:00 プラ・スメーン砦
↓ 徒歩8分
13:40 ワット・チャナ・ソンクラーム
↓ 徒歩6分
14:30 パートンコー・カフェ
↓ 徒歩3分
16:00 パイ・スパ
↓ 徒歩2分
18:00 カオサン通り

カオサン通りって何？

タイ語で「カオサン」とは炊いていない米という意味。昔は米屋が並ぶ通りだった。安宿や旅行会社が増え、世界中から旅行者が集まるようになったのは1980年代のこと。インターネットがない時代、旅の情報交換やチケット手配のために人が集まった。今は観光地化しており、ローカルも遊びに来る場所になっている。

カオサンのドナルドもワーイをしてるよ

川に面した芝生の公園に立つ真っ白な砦

1. 200年前の砲台が残る歴史遺産　2. 要塞の周辺は公園が整備されていて、休憩にぴったり

1 18世紀に築かれた要塞　13:00
プラ・スメーン砦
Phra Sumen Fort

チャオプラヤー川とバーンラムプー運河の分岐点に立つ、八角形の白亜の要塞。バンコクの基礎を築いたラーマ1世統治期に14の砦が建てられ、ここはそのひとつ。

Map 別冊P.4-B1

🕘24時間　[休]無休　[料]無料　[交]N13 Phra Arthit船着場から徒歩2分

途中でタイパンツを買いました♪

2 勝負事に御利益がある寺院　13:40
ワット・チャナ・ソンクラーム
Wat Chana Songkhram

カオサン通りとプラ・アーティット通りの間にあり、昼間は抜け道にもなる寺院。ライバルに勝つ、コンペで勝つ、困難に打ち勝つ……など、勝負事に御利益あり。

Map 別冊P.4-B1

🕘8:00～17:30　[休]無休　[料]無料　[交]N13 Phra Arthit船着場から徒歩5分

1,2. 平日でも地元の人が絶え間なく参拝に訪れる

3 進化系揚げパンに注目！　14:30
パートンコー・カフェ
Patonggo Cafe

1968年創業、カオサン界隈で有名な老舗カフェ・レストラン。名物はミシュランガイドのビブグルマンに選ばれたこともあるパートンコー（揚げパン）。アイスをのせたり、個性的なメニューが揃う。

Map 別冊P.5-C1

⌂246 Sipsamhang Rd.　☎0-2281-9754
🕘8:00～19:00　[休]第4木曜　[Card]不可
[英] [英]　[交]N13 Phra Arthit船着場から徒歩10分　[URL]www.patonggocafe.com

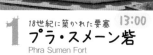

オリジナルのパートンコー、おいしいよ！

1. 食事系のパートンコーも。手前はムーヨーン（乾燥豚肉）、奥はソムタム　2. ホームメイドのバニラアイスのせ40B　3. 大通りの交差点に位置する　4. パンダンリーフとココナッツソースのパートンコー40B。ソースは5種類あり

ソースはチョコレートやオレンジもある

カオサン通りで買ったタイパンツを履いて、サヤームのおしゃれなレストランに入るのは恥ずかしかったです。（神奈川県・SOTUS）

王宮
サヤーム・スクエア
スクムウィット通り
シーロム通り
ラーマ4世通り
ルムピニー公園
チャオプラヤー川

Map 別冊P.4~5

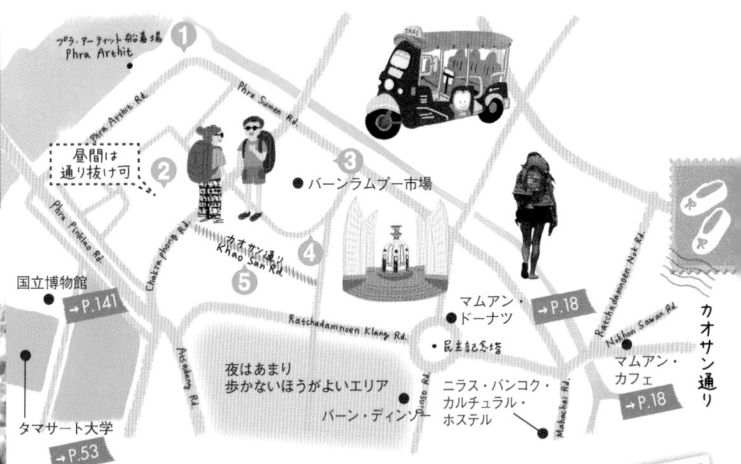

プラ・アーティット船着場
Phra Arthit
Phra Arthit Rd.
Phra Sumen Rd.
昼間は通り抜け可
バーンラムプー市場
Phra Pinklao Rd.
Chakraphong Rd.
カオサン通り
Khao San Rd.
国立博物館
→P.141
マムアン・ドーナツ
→P.18
Ratchadamnoen Klang Rd.
民主記念塔
Ratchadamnoen Nok Rd.
Nakhon Sawan Rd.
カオサン通り
Atsadang Rd.
夜はあまり歩かないほうがよいエリア
Dinso Rd.
ニラス・バンコク・カルチュラル・ホステル
バーン・ディンソー
Mahachai Rd.
マムアン・カフェ
→P.18
タマサート大学
→P.53

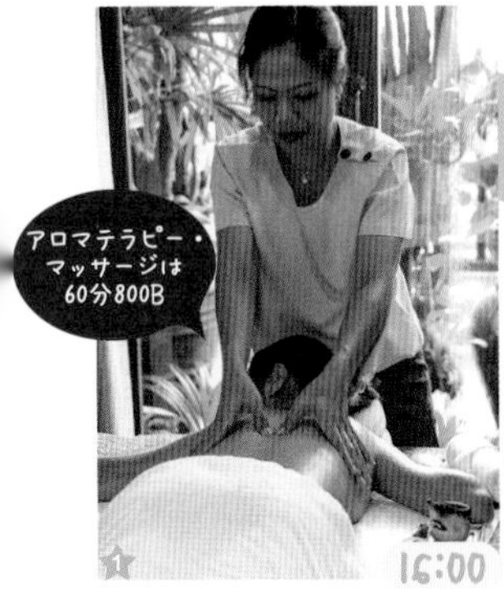

アロマテラピー・マッサージは60分800B
16:00

4 高床式のタイ建築を利用 パイ・スパ

Pai Spa

築140年以上のタイ建築を利用したスパ&マッサージ店。エアコンの効いた店内でタイ古式マッサージ60分380Bが受けられる。カオサン周辺にきれいな店は少ないのでおすすめ。

Map 別冊P.5-C1

🏠156 Rambutri Rd. ☎0-2629-5155
🕘10:00～23:00 [休]無休 [Card]M.V. [予]したほうがよい
[英] [英▶] [交]N13 Phra Arthit船着場から徒歩15分 [URL]www.pai-spa.com

1. シャワー完備の個室のトリートメントルームで、スクラブやラップなどのメニューを受けられる　2. 店頭ではゾウがお出迎え　3. タイ古式マッサージの部屋は大部屋だが、タイらしい雰囲気がうれしい

5 夜が1番盛り上がる♪ カオサン通り

18:00

Khao San Rd.

夕方になると歩行者天国になることもあり、路上も通りに面したレストランやバーも、とにかく大盛り上がり。屋台グルメで軽食を取って、店でアルコールを楽しむのがおすすめ。

Map 別冊P.4-B1～P.5-C1

[交]MRT Sam Yot駅③出口から徒歩20分

1. ネオンが灯るカオサン通り。夜は人であふれる　2,4. 屋台グルメの定番ローティーとパッタイ　3. バーやクラブでカクテルを楽しもう　5. 昼は人も少なく歩きやすい

夜遊びしたい人はおしゃれゲストハウスを予約！

ニラス・バンコク・カルチュラル・ホステル

Niras Bankoc Cultural Hostel

ラーマ4世時代の雰囲気のいい建物を利用。バス・トイレ付きの個室はエアコン、冷蔵庫などホテルさながらの設備。女性専用ドミトリーあり。

Map 別冊P.5-C2

🏠204-206 Mahachai Rd. ☎0-2221-4442 [料]ツイン1泊1750B～、ドミトリー1人500B～ [Card]M.V. [英▶] [室]8室 [交]BTS National Stadium駅②出口からタクシーで10分 [URL]nirasbankoc.com

バーン・ディンソー Baan Dinso

コロニアル建築を利用した一軒家ホステル。全室個室でエアコンや冷蔵庫付き。デラックスルーム（1泊ダブル2800B～）はバス・トイレ付きで快適。

Map 別冊P.5-C2

🏠113 Trok Sin, Dinso Rd. ☎09-6565-9795 [料]シングル1300B～、ツイン2400B～ [Card]A.D.J.M.V. [英▶] [室]9室 [交]BTS National Stadium駅からタクシーで15分 [URL]www.baandinso.com

2020年にカオサン通りは道路の改修工事を終了。段差のないきれいな道に生まれ変わった。

チャオプラヤー・リバーサイド 新旧バンコク巡り

**チャオプラヤー川沿いに広がる旧市街は
今いちばんホットなスポットが急増中！
昔ながらの街並みに潜む新しい店をチェック☆**

TOTAL 9時間30分

チャオプラヤー・リバーサイドおさんぽ

TIME TABLE

11:00 フアセンホン（和成豊）
↓ 徒歩すぐ
12:15 サムペン・レーン市場
↓ タクシーで15分
13:15 オーサーズ・ラウンジ
↓ 徒歩約10分
15:00 ウェアハウス30
↓ 徒歩約5分＋渡し船約2分
16:30 ジャム・ファクトリー
↓ タクシーで15分＋渡し船約2分＋徒歩約5分
18:00 ザ・デック

11:00

1 お手頃フカヒレランチを楽しもう！ フアセンホン（和成豊）

Hua Seng Hong

タイ語で「ヤオワラート」と呼ばれるチャイナタウンは、安うまグルメの宝庫。高級食材フカヒレやツバメの巣などがお手頃価格で楽しめる。地元の人や旅行者が大勢訪れ、おいしいと評判。

Map 別冊P.7-C2

⌂371-373 Yaowarat Rd.
☎0-2222-7053 🕘9:00～24:00
[休]無休 [Card]不可 [英] 《英》
[交]MRT Wat Mangkon駅①出口から徒歩3分
[URL]huasenghong.co.th

1. 漢字の看板が並ぶヤオワラート 2. フアセンホンのフカヒレ450B～ 3. 真っ赤な看板が目印。古くからある人気店

チャイナタウンは点心も安うま！

味と安さで人気のカントン・ハウスが、名前を新たにリニューアル。変わらずにおいしい点心をひと皿55B～楽しめる。

ローカルと観光客で混み合う店内

クルア・クルンテープ Krua Krungthep

Map 別冊P.7-C2

⌂530 Yaowarat Rd. ☎09-2249-8298
🕘11:00～21:45（LO） [休]無休 [Card]不可
[英] 《英》 [交]MRT Wat Mangkon駅①出口から徒歩5分 [URL]kruakrungthep.com

インド人街もおもしろい！

チャイナタウンの隣にはインド人街がある。インドのお香や神様のイラストを売る雑貨店、インド料理が食べられるレストランなどが並ぶ。

パーフラット市場 Talat Phahurat

Map 別冊P.6-B1

⌂Tri Phet Rd. 🕘8:00～17:00（店により異なる）
[休]無休 [Card]不可
[交]MRT Sam Yot駅③出口から徒歩6分

生地など手芸用品を扱う店が多い

1. バラマキみやげ探しにぴったり 2, 3. 靴からウイッグまで、何でも揃うユニークなマーケット

12:15

2 プチプラ雑貨の宝庫！ サムペン・レーン市場

Talat Sampheng Lane

Map 別冊P.7-C2

雑貨、アクセサリー、文房具、キッチン用品など、さまざまなショップがぎっしりと立ち並ぶ細い通りがサムペン・レーン。卸の店が多いが、店によっては小売りにも対応している。

⌂Sampheng Lane (Soi Wanit1)
🕘8:00～17:00（店により異なる） [休]無休 [Card]不可
[交]MRT Wat Mangkon駅②出口から徒歩5分

3 憧れのマンダリン・オリエンタルで優雅な時間 オーサーズ・ラウンジ

13:15

Authors' Lounge

Map 別冊P.8-A2

バンコクが誇る最高級ホテルのアフタヌーンティー。定番のトラディショナルのほかに、タイらしいスイーツやサンドイッチが並ぶタイティーと、ベジタリアンのセットも用意。

⌂Mandarin Oriental Bangkok, 48 Oriental Ave., Charoen Krung Rd. ☎0-2659-9000
🕘12:00～18:00 [休]無休
[Card]A.D.J.M.V. [予]したほうがよい
👔スマートカジュアル [英] 《英》
[交]BTS Saphan Taksin駅③出口から徒歩10分 [URL]www.mandarinoriental.co.jp/bangkok/

1. 圧倒的に美しい空間 2. アフタヌーンティーは12:00～18:00限定、ひとり1650B（税、サービス料別） 3. 紅茶はマリアージュフレールのもの

チャイナタウンにしかないタイスキの店「テキサス」Map 別冊P.7-C2 は、ほかのチェーンより好みの味でした。（千葉県・トリ）

4 古い倉庫をリノベーション 15:00
ウェアハウス30 Warehouse 30

第2次世界大戦時に建てられた倉庫を利用したコミュニティアートスペース。ギャラリーやコーヒーショップ、雑貨ショップなどがある。周辺にはアート作品が点在するので散策も楽しい。

Map 別冊P.8-B2

🏠 48, Soi 30 Charoen Krung Rd. 📞0-2237-5087 🕐10:00〜19:00（店により異なる）🚫不定休（店により定休日あり）🚃BTS Saphan Taksin駅③出口から徒歩17分
URL www.warehouse30.com

アート散策が楽しい！

1. 近くにある有名アーティスト「アレックス・フェイス」の作品 2. 倉庫を利用したおしゃれ施設

5 16:30
サブカル好きにはたまらないアート複合施設
ジャム・ファクトリー
The Jam Factory

古い製氷工場をリノベーションしたカルチャースポット。インテリアショップ、本屋、カフェ、レストラン、ギャラリーからなり、バンコクの今を感じることができる。

Map 別冊P.8-A2

🏠 41/5 Charoen Nakhon Rd. 📞0-2861-0950 🕐9:00〜22:00（店により異なる）🚫無休 Card店により異なる 英
英🚢N3 Si Phraya船着場から渡し船

1, 2. カフェを併設した本屋、キャンディード・ブックス 3, 4. モダンタイ料理のネバー・エンディング・サマー

P.151 カオサン通り
P.170 ラーチャダムヌーン・ボクシング・スタジアム
Ratchadamnoen Klang Rd.
Ratchadamnoen Nok Rd.
P.156 MRT サムヨート駅 Sam Yot
王宮
ワット・ポー P.158
P.160 ワット・アルン
MRT サナーム・チャイ駅 Sanam Chai
バーフ ラット市場
Yaowarat Rd.
① MRT ワット・マンコン駅 Wat Mangkon
② クルア・クルンテープ
MRT フアラムポーン駅 Hua La
パーク・クローン市場 P.140
Arun Amarin Rd.
BTS クローンサーン駅 Khlong San
⑤ Lad Ya Rd. アイコンサイアム P.132
④ BTS チャルン・ナコン駅 Charoen Nakhon
Krung Thonburi
BTS クルン・トンブリー駅
BTS ウォンウェン・ヤイ駅 Wongwian Yai
BTS ポー・ニミット駅 Pho Nimit
Charoen Nakhon Rd.
Taksin Rd.
Charoen Krung Rd.
アジアティック・ザ・リバーフロント P.46
ASIATIQUE
③ ドーム・アット・ルブア

光る丸いカウンターがスカイバー

6 18:00
リバーサイドからワット・アルンを望む
ザ・デック The Deck

ワット・アルンの対岸にあるプチホテルのレストランバー。メニューはタイ料理から西洋料理まで幅広い。レストランは、テラス席と屋内席があり、3階の屋上がバーになっている。

Map 別冊P.4-B3

🏠 Arun Residence, 36-38 Soi Pratu Nakyung Maharat Rd. 📞0-2221-9158 🕐8:00〜22:00（金・日は〜23:00。バーは17:00〜24:00、金・日は〜翌1:00）🚫無休 Card A.J.M.V. 英🍴したほうがよい 英🚃MRT Sanam Chai駅③出口から徒歩7分 🅾thedeckbytheriver

白身魚のディルソースがけ385B、ソフトシェルクラブのから揚げ350Bなど

眺めのよい席は予約がベター

リバーサイドのルーフトップバーといえば？
チャオプラヤー川の蛇行を眺めながらアルコールを楽しむなら、地下63〜65階にあるダイニングコンプレックス「ドーム」がおすすめ。ウォークインならスカイバーを利用したいと告げて入店しよう。

ドーム・アット・ルブア
The Dome at Lebua

Map 別冊P.8-B3

🏠 63-65th Fl., State Tower Bangkok, 1055 Silom Rd. 📞0-2624-9555 🕐18:00〜翌1:00（店により異なる）🚫無休（悪天時は要問い合わせ）Card A.D.J.M.V. 👔スマートカジュアル 🚃BTS Saphan Taksin駅③出口から徒歩7分 🅾lebua

手前が地中海料理のシロッコ

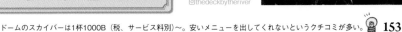

タイ限定に注目！
タイの
ファストフード
がおもしろい！

日本でおなじみの
ファストフードも、
タイだとひと味違うことに。
ご当地でしか楽しめない
おもしろメニューを
集めました！

マクドナルド
McDonald's
ドナルドがワーイで迎えてくれる

メニューは基本的に日本と同じだが、一部タイ限定のものがあるのでチェックしたい。店舗はあらゆるショッピングセンターに入っている。

ロビンソン **Map** 別冊P.8-B3
ビッグC **Map** 別冊P.13-C・D2
サヤーム・パラゴン **Map** 別冊P.13-C2
エムクオーティエ **Map** 別冊P.16-B1
ほか

食べ比べてみて！

エッグタルト 29B
スイーツのサイドメニューで人気者はコレ！
小ぶりで甘さ控えめ

スパイシー・フィッシュ・ライス・ボウル 75B
白身魚のフライに特製スパイシーソースがかかっている。期間限定メニュー。

ストレートに辛い！けど、ハマる味です

スパイシー・チキン・ライス・ボウル 85B
ナムプラーとマナーオ（タイのライム）であえたチキンが辛い！

思いのほか辛いので注意して！

フライド・ポテト 79B（Mサイズ）
基本的には日本と同じ味が楽しめるが、ソースは2種類。
スイート・チリソースがあるのはタイだけ！

サムライ・ポーク・バーガー 105B
正体はなんと日本のてりやきマックバーガー。
タイ独特の甘さのあるマヨネーズでひと味ちがう

パイナップル・パイ 35B
南国ならではのトロピカルフルーツがうれしい。
サクサクの生地は日本のアップルパイと同じ

ガパオ・ライス 99B
クリスピーチキンのガパオ・ライス。甘辛で食べやすい。
ライスシリーズは期間限定が多い

ケンタッキー・フライドチキン
KFC
味もメニューも独自路線！

フライドチキン（1ピース45B）に使われる香辛料の調合から日本とは異なり、ちょっとスパイシー。ご飯付きメニューが人気。

セントラルワールド **Map** 別冊P.13-C2
サヤーム・パラゴン **Map** 別冊P.13-C2
エムクオーティエ **Map** 別冊P.16-B1
ターミナル21 **Map** 別冊P.15-C2・3
ほか

かつや
Katsuya
トンカツのチェーンもある！

おなじみトンカツチェーンが、2014年タイに進出。カツ丼189B、ロースカツ定食159B。タイ限定のロースカツ・ナムトッケライス159Bも試してみて。

セントラルワールド **Map** 別冊P.13-C2
MBKセンター **Map** 別冊P.12-B2・3
ほか

タイカレーとカツがよく合う

タイ風カツカレー 189B
辛いパネーン・カレー（レッドカレー）はハマる味！

154

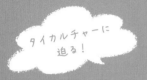

タイカルチャーに迫る！

バンコク＆アユタヤーの マストな観光スポットで ひと味違う楽しみ方しよう！

バンコク三大寺院から、ムエタイ、タイ舞踊、
世界遺産アユタヤー遺跡まで
観光をしながらタイの文化と歴史に迫りましょう。
憧れのゾウにも乗れちゃいます☆

SIGHSEENG

GRAND PALACE

1882年ラーマ5世により造られた、チャクリー・マハー・プラーサート宮殿は王宮で最も壮麗な建物

バンコク観光のハイライト

王宮とワット・プラケオ
Grand Palace & Wat Phra Kaeo

1782年、ラーマ1世がトンブリーからバンコクに遷都する際に、王宮と守護寺ワット・プラケオを建造。代々の国王の命で建物が増え、現在の姿になった。

Map 別冊 P.4-B2・3 王宮周辺

🏠 Na Pra Larn Rd. ☎0-2623-5500、0-2222-8181 ⏰8:30～15:30 🈺無休（特別な行事の際、ワット・プラケオの本堂や王宮に入れないことがある）💰500B（外国人料金。併設の王室紋章・貨幣博物館、タイシルク館にも入場可）🚇MRT Sanam Chai駅①出口から徒歩16分 🌐www.royalgrandpalace.th

バンコク三大寺院 1

歴代国王が暮らした王宮とタイで最も格式が高いワット・プラケオ

初めてのバンコクなら見ておきたい三大寺院のなかでも、王宮とワット・プラケオは、見どころがいっぱいです！

「王宮休みだよ」の声かけに注意 →P.74

※入場時にパスポートと荷物のチェックあり。

WAT PHRA KAEO

aruco オススメコース

① プラシー・ラタナ・チェーディー
② プラ・モンドップ
③ プラーサート・プラ・テープ・ビドーン
④ アンコール・ワットの模型
⑤ 回廊
⑥ 本堂
⑦ ボロマピマン宮殿（外観のみ）
⑧ チャクリー・マハー・プラーサート宮殿
⑨ ドゥシット・マハー・プラーサート宮殿
⑩ ワット・プラケオ博物館

所要2時間

黄金色に輝く建造物が多いワット・プラケオは、王宮の敷地内北東の一角にある

悪魔（ヤック）の隣には猿神（モック）が並ぶ

ワット・プラケオの本尊は別名「エメラルド仏」と呼ばれるヒスイでできた仏像

ワット・プラケオの仏塔を支える悪魔（ヤック）

入場の際には服装に注意！

タイの王室関係の施設に入る際には、厳しい服装チェックがある。ミニスカートやショートパンツ、キャミソールはNG。不適切な場合、上着を貸し出される。

タイの国民に愛された！ プーミポン前国王のことが知りたい！

2016年10月に88歳で亡くなったプーミポン・アドゥンヤデート（ラーマ9世）前国王。19歳で王位を継承し、その人の存在なしに今のタイはないといわれるほど、国民に心から敬愛された。その生前の活躍に迫ります！

2023年になっても街には前国王のパネルが見られる

現国王ワチラーロンコーン

シリキット王妃の写真も同様に見かける

活動 ロイヤルプロジェクト

1960年代にスタートした農村の貧困層を支援するプロジェクト。国王自らの足で全国を繰り返し視察、地域活性化と開発援助の3000以上の事業を進めた。

✉ 王宮とワット・プラケオはとても広くて暑さと混雑で観光が大変でした。帽子は必携です！（滋賀県・ゆう）

必見度は★をチェック！

① ワット・プラケオ博物館
王宮とワット・プラケオで過去に使われた装飾品や、全体像がわかるミニチュアなどを展示。

② プラ・シー・ラタナ・チェーディー
ラーマ4世がアユタヤーのワット・プラ・シー・サンペットを模して造らせた。仏舎利が納められている。

③ プラ・モン・ドップ
ラーマ1世が建造。仏教経典『トリピタカ』の原本が納められている。

プラーサート・プラ・テープビドーン
ラーマ1～8世の彫像を安置する王宮専用の御堂（内部は非公開）。ラーマ4世の時代に造られた。

④ 王宮とワット・プラケオ
アンコール・ワットの模型
カンボジア（当時タイの属国）のアンコール・ワットを見て感動したラーマ4世が建造。

ウィセーッチャイシー門
（正門）
GOAL START

服装検査室

プラ・スワンナ・チェーディー

ワット・プラケオ

ワット・プラケオ入口

④
①②③ ⑤

入場券売り場

⑥

王室紋章・貨幣博物館

王宮出口
王宮入口
鐘楼

⑩

トイレ
トイレ
カフェ

武具・鉄砲博物館

⑨

⑧

アマリン・ウィニチャイ堂

パイサン・タークシン堂

チャクラバー・ビマン堂

0　30m
N

王宮

⑤ 回廊
回廊の壁面にはインド叙事詩のタイ訳『ラーマキエン』のストーリーが描かれている。

⑩ ドゥシット・マハー・プラーサート宮殿
ラーマ1世が居住した宮殿だったが、1789年に火災で焼失、現在見られるのは再建されたもの。

⑦ チャクリー・マハー・プラーサート宮殿
1882年、西洋建築を取り入れラーマ5世が建造。1階の武具・鉄砲博物館のみ公開されている。

⑧ ボロマビマン宮殿
王宮に入ると左側に見える建物。ラーマ6～9世（9世は後にチットラダー宮殿へ移る）が居住した。外観のみ見学可。

⑨

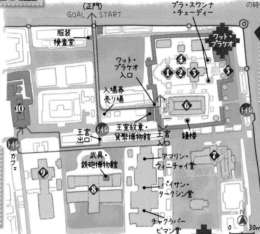

⑥ 本堂
高さ66cmのヒスイでできたエメラルド仏が安置されているメインの建物。内部を見学可能。

足るを知る経済
1997年以降、「足るを知る経済」を提唱。際限のない経済発展を目指すのではなく、ほどほどで満足し、環境や人間に配慮した持続可能な発展が国民の幸せだと説いた。

政治

暗黒の5月事件
軍事政権下では、政治家の調停役に徹し威厳を保った。1992年5月の民主化デモの際には、双方のリーダーを王宮に呼び「国民のためにならм」と沈静化を指示し、デモを一夜で収めた。

私生活

愛犬トーンデーン
サックス、カメラなど、多趣味で人間味あふれる人柄も国民に愛された理由。犬好きで2002年には愛犬トーンデーンを題材にした『トーンデーン物語』を出版した。

現国王のスキャンダルもあり、2020年9月にはそれまでタブーだった王室への大規模な抗議デモが行われた。

ワット・ポーで ちょこっと タイの仏教をお勉強

巨大寝釈迦仏で有名なワット・ポーを例にタイのお寺についてお勉強♪
日本とはちょっと違うタイの仏教についても教えます！

やあ！

仏像の背面に108の椀が並んでいるので、コインを1枚ずつ入れてタムブンしよう

本堂の外回廊には244の仏像が並ぶ

全長46m、高さ15mの巨大な涅槃仏

涅槃仏の足裏にはバラモン教の108の世界観が描かれている

本尊の台座にはラーマ1世の遺骨が納められている

黄金の寝釈迦仏が有名
ワット・ポー
Wat Pho

ラーマ1世が建てた王立寺院。ラーマ3世の時代には医学技術（タイ古式マッサージ）の教育施設となり、現在も学校を併設している。

ワット・ポーでルーシーダットン
&タイ式マッサージは →P.40

Map 別冊P.4-B3　王宮周辺

🏠2 Sanam Chai Rd.
☎0-2226-0335
🕐8:00～18:30（大寝釈迦仏のお堂は～16:00）
🈺無休　💰200B（外国人料金）
🚇MRT Sanam Chai駅
①出口から徒歩5分

これがタイの寺院の基本構造！

チケット
売り場
Thai Wang Rd.
ワット・
ポー
入口
売店
占い
③
大寝釈迦仏
経絡図
寺子屋 寺子屋
ラーマ2世
仏塔
④
ラーマ1世
仏塔
⑤
ラーマ4世
仏塔
ラーマ3世
仏塔
①本堂
②回廊
ルーシー
ダットン像
マッサージ
小屋
Mahārāt Rd.
Sanam Chai Rd.
チケット
売り場
入口
⑦
N

①本堂
回廊に守られた中央に立つ最も重要な建物。本尊（仏像）を安置し、宗教儀式が行われる。

②回廊
本堂を囲う塀で、聖域と俗界を区別する。格式がある寺では屋根があり仏像が並ぶ。

③礼拝堂
本尊以外の仏像を安置する場所で、ワット・ポーでは涅槃仏のある御堂。規模や数もさまざま。

④仏塔
本来仏舎利（釈迦の遺骨）を納める塔。ワット・ポーでは墓石として多数の仏塔が立つ。

⑤東屋
タイ語でサーラーと呼ばれる柱と屋根だけの小屋。仏教的意味はなく休憩所として使われる。

⑥鐘楼
鐘がつるされている台。時報や警報として使われる。太鼓が設置されているところもある。

⑦僧坊
僧侶が起居する場所。寺ならたいていどこでもあるが、ワット・プラケオにはない。

📩ワット・ポーの近くで男の人に『今の時間は入れないよ』と声をかけられました。無視したところ普通に入れました。（静岡県・ゆう）

ギモン 1
タイの仏教は
日本の仏教と同じ？

答え いいえ、違います。

これが
ワット・ポーの
寄進受付所

日本は大乗仏教、タイは上座部仏教で流れが異なる。大乗仏教は、出家せずとも誰もが救われる広く大衆を救う仏教で、上座部仏教は、出家や個人レベルでのタムブン（徳積み）が、その人を救うとされる。

ワット・カンラヤーナ
ミット **Map** 別冊P.6-A2

仏教行事にも
積極的マナ

ギモン 2
タイの人はどんなとき
に寺院に行くの？

答え 生活の一部のような感じです。

国民の95％が仏教徒で、日常的に寺院に行く。田舎では寺院の敷地内に小学校や集会所があるので、生活の場でもある。また個人レベルでのタムブンの量が重要視されるので、頻繁に寺院に喜捨寄進をすることになる。

ラク・ムアン **Map** 別冊P.4-B2

今日は仏教
行事にきました

ワット・パトゥム
ワン・ナーラーム
Map 別冊P.13-C2

私は
水曜の昼間の
生まれなのよ

ギモン 3
生まれた曜日が
大事というのは本当？

答え はい。曜日ごとの仏像もあります。

タイの人は性格診断や占いなどで曜日を用いることが多く、曜日ごとの仏像や色もある。日曜-赤、月曜-黄、火曜-ピンク、水曜の昼-緑、水曜の夜-グレー、木曜-オレンジ、金曜-青、土曜-紫。自分の生まれた曜日の仏像にお参りする。

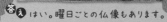

| 日 | 月 | 火 | 水 | 水 | 木 | 金 | 土 | 毎日 |

ラク・ムアンに
ある曜日の仏像
Map 別冊P.4-B2

僕も早く
出家が
したいな……

ギモン 4
男の人はみんな
出家すると聞きました。

答え そのとおり。
一時出家が慣習になっています。

男性は短期間でもいいから出家するのが慣わし。3ヵ月が一般的で、公務員はそのために休暇が取れる制度もある。ただし出家できるのは男性のみで、女性は自分の息子を出家させ徳を積むことに努めるしかない。

一時出家の僧侶もたくさんいて見分けはつかない

ギモン 5
仏教以外の
宗教の人もいるの？

答え います。
また同じ仏教でもスタイル違いも。

人口の4％がイスラム教。マレーシア国境に近いエリアに多く、バンコクにもモスクはあるが人口的には少ない。また同じ仏教でも華人は日本と同じ大乗仏教を信仰している。

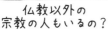

今日も
いい1日で
ありますように

チャイナタウン
の中国廟
Map 別冊P.7-C3

中国廟で熱心に
参拝する人々

ワット・ポーでタイの仏教をお勉強

フォトジェニック！
暁の寺 ワット・アルン で変身写真★

チャオプラヤー川西岸に見えるクメール様式の仏塔。
独特の美しい景観を背景に
タイ衣装の変身写真に挑戦してみよう！

変身写真に使えるタイ語

赤（青・黄・緑・ピンク）の衣装がいいです。
ซอนเสื้อผ้าสีแดง(สีน้ำเงิน, สีเหลือง, สีเขียว, สีชมพู)ค่ะ

背景に仏塔を入れて全身の写真を撮ってください。
ช่วยถ่ายเต็มตัวให้เห็นเจดีย์ด้านหลังนะคะ

上半身だけの写真もお願いします。
ช่วยถ่ายแคร่ครึ่งตัวอีกใบหนึ่งด้วยค่ะ

よし！チャレンジ！

1 おばちゃんに声をかける

仏塔が立つ境内への入口前など数軒ある。大人ひとり200B。好みの衣装がある店を利用しよう。

Point
数人で撮影するときにはそれぞれ違う色を選んだほうが写真映えする

2 好きな衣装を選ぶ

ズラリと衣装が並んでいる。おばちゃんが勝手にどんどん選んでくれるので、着たい色などがあればしっかり主張して

これもつけて！

3 おばちゃんに着せてもらう

撮影用簡易衣装なので着付けも簡単。おばちゃんの言うとおりに着て、アクセサリーを身につけると、あっというまにタイ美人の完成

Point
タンクトップなど衣装を着たときに目立たない服を着ていこう

壮大なクメール様式の仏塔が美しい
ワット・アルン
Wat Arun

アユタヤー王朝時代に建造。ラーマ1世が現在ワット・プラケオにあるエメラルド仏を一時期ここに安置したことでも知られる。

Map 別冊P.4-A3　王宮周辺

🏠 34 Arun Amarin Rd.
☎ 0-2891-2185　🕗 8:00～18:00　休無休　💰100B（外国人料金）　N8 Tha Tien船着場から渡し船（5B）で3分

高さ75mの大仏塔から境内を望む

仏塔に上れるよ！

大仏塔のテラスからの川の眺めもすばらしい

本尊の台座にはラーマ2世の遺骨が納められている

三大寺院を巡る半日の現地ツアーは駆け足すぎました。寺院好きなら1日は時間を取るのをおすすめします。（奈良県・鹿せんべい）

น่ารัก
ナーラック！
（かわいい）

仏塔を入れた写真と
自分たちに寄った写真の
両方を撮ろう

4
自分のカメラで
撮影

暁の寺ワット・アルンで変身写真★

大仏塔をバックにはい、ポーズ！
撮影は誰か通りがかりの人か、店の
おばちゃんに頼んで。せっかくだか
らキレイな1枚を！

渡し船からの
景色もステキ

ワット・アルンへは、
ター・ティアン船着場
から渡し船に乗ることに
なる。ここからの景色
がとてもすばらしいので
記念写真がおすすめ。

1. 渡し船は人が
集まり次第出航
2. のんびりと川
を渡るのは楽し
い

夜はライトアップ！

ワット・アルンは夜になるとラ
イトアップされる。ザ・デック
（→P.153）など、対岸には景色
と食事が楽しめる店が増えてい
るので、チェックしておこう。

仏への敬意を示す
ために頭が上がら
ないように設計さ
れた仏塔の階段。
急なので注意！

地元っ子は
こんな風にも
撮っている！

みんなでジャーンプ！

キメカットはここで撮影

ワットアルンは、三島由紀夫の小説『豊饒の海』の第三巻「暁の寺」の題に使われている。小説を読んでいくのもおすすめ。

世界遺産のアユタヤー遺跡で
憧れのゾウに乗ろう!

バンコクから北へ約80kmにあるタイの古都アユタヤーで、
遺跡観光と一緒にエレファントライドも楽しんじゃおう♪

アユタヤーの歴史
1350年、地方豪族ラーマティボディにより建都。最盛期は、現在のタイ北部と東北部（現ラオス）を除く現在のタイ全域を掌握し、日本との貿易も盛んだった。ビルマ軍の攻撃で滅亡するまで、417年間35代の王により繁栄を続けた。

ゾウに乗って 遺跡で記念撮影
エレファント・キャンプの敷地の外はすぐに遺跡群。王宮跡まで行って折り返すコースが一般的で、所要15分程度、ひとり400B。

必見遺跡は… →P.164

Let's GO!

ゾウ乗りで便利なタイ語

もう少し進んでください
ไปอีกหน่อยค่ะ
パイ・イーク・ノーイ・カ

遺跡を背景に入れて写真を撮ってください
ถ่ายถ่ายรูปให้หนอยค่ะ ให้เห็นวัดอยู่ทางด้านหลังนะค่ะ
チュワイ・ターイ・ループ・ハイ・ノーイ・カ ハイ・ヘン・ワット・ユー・ターン・ランナカ

ゾウさんに餌をやりたいです
อยากให้อาหารช้างค่ะ
ヤーク・ハイ・アー・ハーン・チャーン・カ

パオーン!

ワット・プラ・ラームをバックに1枚。撮影はほかのゾウ使いなどにお願いできる（20B程度のチップを払う）

ゾウさんとふれあい
キャンプ内ではゾウさんと触れ合って記念撮影をすることができる。子供のゾウもいてかわいい！（有料）

ゾウさんは近づいても安全なので、寄り添ってパチリ

園内のみのエレファントライドはひとり300B

ゾウさんの高さは約3m。乗り場は高いところに設けられている

162 ▽ 現地ツアーのゾウ乗りで、遺跡の前で写真が撮れませんでした。事前確認がベターでした。（山口県・ゾウさん）

エレファントショー

ゾウは実は芸達者。音楽に合わせて踊ったり、フラフープを回したり、かわいい姿を見せてくれる。ショーは不定期でおもに週末に開催。

観客に向かってお辞儀をする姿もキュート

小さな台の上で後ろ足を上げてポーズ！　すごい！

台に乗ったゾウの下をくぐったりもできる参加型のショー

チップもゾウが回収するよ！

ショーは基本的に無料で見られるので、終わったあとはチップを。なんとゾウ自らがカゴを持って回収に来る。その賢さにまた感心。

エサやり

1日に150kgのエサを必要とするゾウさん。ふれあいやショーを楽しんだあとは、エサでちょっとお礼をしてあげよう。（有料）

ゾウの餌は、トウモロコシやキュウリ、サトウキビなど

鼻で器用に餌を受け取るゾウさん。あっという間にカゴは空っぽに

アユタヤーの人気アトラクション！

アユタヤー・エレファントキャンプ

Ayutthaya Elephant Camp

遺跡群の中央にある、ゾウと触れ合えるスポット。悠々とゾウに乗って歩けば、昔の王様の気分が味わえる。記念撮影や餌やりも可能。

[Map] 別冊P.19-B2

🏠Pa Thong Rd., Ayutthaya
☎08-6901-3981　🕘9:00〜17:00
[休]荒天時　[料]園内7分300B、園外15分400B、25分500B（1人の料金）
[交]アユタヤー駅からトゥクトゥクで10分

アユタヤーの遺跡を巡ろう！

バンコクからのアクセス

現地旅行会社のツアー

バンコクの旅行会社の日帰りツアー（→P.183）が最も便利。半日、1日、ライトアップ、＋水上マーケットに行くツアーなど。

公共交通機関

🚌 ロットゥー（ミニバス）はチャトゥチャック・ミニバスステーション [Map] 別冊P.2-B1 から出ている。所要1時間30分〜2時間、70B。

🚆 クルンテープ・アピワット中央駅 [Map] 別冊P.2-B1 から6:10〜23:05の間に1日16本。所要50分〜1時間15分。列車により2等61B〜、3等20B〜。ディーゼル特急と急行241B〜。

How to 遺跡巡り

レンタサイクル＆バイク	ゲストハウスや鉄道駅周辺で借りることができる。1日50B程度。借りる際にパスポートを預けるのが一般的。
トゥクトゥク（エンジン付き三輪車）	料金交渉が必要で50B〜、チャーターは1時間200Bから1日500B程度が相場。最初にどこを何時間で、いくらで回るか明確にしてから利用すること。

バンコクとは違う形のトゥクトゥク

レンタサイクルやレンタルバイクを利用する際、不用意にカゴに荷物を入れないように。ひったくりが多発している。

[世界遺産] アユタヤーの必見遺跡へGo！

最盛期には「ロンドンのように見事」とたたえられたかつての国際都市アユタヤー。14～18世紀の遺跡群は世界遺産に登録されている。

[A] 破壊され何も残っていない アユタヤー王宮跡

Grand Palace

城壁などがほんの一部残るのみ

1350年に王宮が建てられ、その後も歴代王がこの地に宮殿を構えた。ビルマ軍に破壊され今は何も残っていない。

[Map] 別冊P.19-A2

🕘8:00～16:30 [休]無休
[料]50B（外国人料金）

[B] 草原に寝釈迦仏が横たわる ワット・ローカヤースッター

Wat Lokayasutha

必見POINT
野ざらしの状態だが、漆喰で塗られた白いお顔に袈裟の山吹色が映える

アユタヤー王朝の中期に造られたとされる。草原に全長28mの巨大な涅槃仏が見られるが、これは1956年に芸術局により再建されたもの。

[Map] 別冊P.19-B1

🕘8:30～18:30 [休]無休 [料]無料

1. かつては仏教施設があったといわれるが、破壊された跡が残るのみ 2. タイ人の信仰の場所として今も機能 3,4. 涅槃仏の平らな足裏は超人を意味する

[C] アユタヤー王朝の王室守護寺院 ワット・プラ・シー・サンペット

Wat Phra Sri Sanphet

アユタヤー王朝で最も格式の高い寺院。セイロン様式の仏塔には3人の王が眠る。夜になるとライトアップされ、また違った景色を見せる。

[Map] 別冊P.19-B2

🕘8:00～18:00
[休]無休 [料]50B（外国人料金）

必見POINT
今は仏塔のみが残るが、当時は王室専用の寺院として仏教施設があった

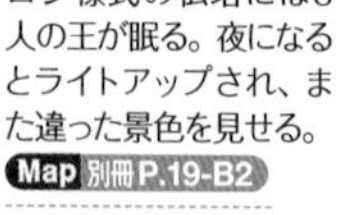

1,2.仏塔それぞれに15～16世紀の9～11代王の遺骨が納められている 3.破壊された仏像の姿も

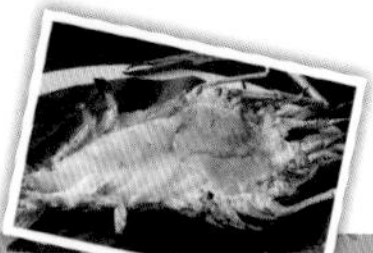

ランチタイムは名物の手長エビ料理♪

川沿いにある地元の人に人気のレストラン。料金もリーズナブルで、アユタヤー名物の手長エビ料理は1匹900B～。うま味たっぷりプリプリの身をシンプルにグリルで味わおう。

サイトン・リバー
Saithong River Restaurant

[Map] 別冊P.19-B2

🏠45 Moo 1, U-Thong Rd.
☎0-3254-1449
🕘10:00～22:00 [休]無休
[Card]J.M.V. [日] [英]

✉ アユタヤー鉄道駅周辺で自転車を借りたら、渡し船に乗せるのが大変でした。借りるなら川を渡ってからがベターです。（千葉県・maririn）

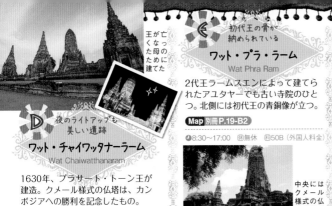

王が亡くなった母のために建てた

[D] 夜のライトアップも美しい遺跡
ワット・チャイワッタナーラーム
Wat Chaiwatthanaram

1630年、プラサート・トーン王が建造。クメール様式の仏塔は、カンボジアへの勝利を記念したもの。

Map 別冊P.19-B1

🕘8:00～18:00 [休]無休 [料]50B（外国人料金）

[E] 初代王の骨が納められている
ワット・プラ・ラーム
Wat Phra Ram

2代王ラームスエンによって建てられたアユタヤーでも古い寺院のひとつ。北側には初代王の青銅像が立つ。

Map 別冊P.19-B2

🕘8:30～17:00 [休]無休 [料]50B（外国人料金）

中央にはクメール様式の仏塔がそびえる

塔の途中まで上ることができる

[F] 1958年に宝物が発見された
ワット・ラーチャブーラナ
Wat Ratchaburana

1424年、8代王ボロム・ラーチャーにより建造。王が納めた宝物箱が見つかったことでも知られる。

Map 別冊P.19-A2

🕘8:00～18:00
[休]無休 [料]50B
（外国人料金）

アユタヤーの必見遺跡へGO！

N
0 1km
Ayutthaya-Pa Mok Rd.
ロッブリー川
チャンタラカセーム宮殿（国立博物館）
Chantarakasem Palace
↑ロッブリー、チェンマイへ
ワット・ナー・プラメーン
Wat Na Pramaen
タイサノム砦
バンコク南バスターミナル行きミニバス乗り場
クンペーン・レジデンス
Khun Phaen's Residence
U-Thong Rd.
Pa Ma Phraw Rd.
Naresuan Rd.(Chao Phrom Rd.)
A
B
C
E
F
G
I
U-Thong Rd.
パサック川
アユタヤー駅
Bang-Ain Rd.
Klong Ma Kam Rieng Rd.
Pa Thon Rd.
Chee Kun Rd.
Ratchana Rd.
オールド・ロッブリー川
アユタヤー・エレファントキャンプ
Ayutthaya Elephant Camp
ツーリストポリス
チャオ・サーム・プラヤー国立博物館
Chao Sam Phraya National Museum
Sri Sanaphet Rd.
アユタヤー歴史研究センター
Ayutthaya Historical Study Centre
ワット・スワン・ダーラーラーム
Wat Suwan Dararam
H
D
スリヨータイ王妃のチェーディー
Phra Chedi Suriyothai
アユタヤー観光情報センター
Ayutthaya Tourist Information Centre
U-Thong Rd.
チャオプラヤー川
ワット・パナン・チューン
Wat Phanan Choeng
バンコク、バーン・パイン離宮へ↓
日本人町跡

アユタヤーの人気スポット水上マーケットへ行こう！

2010年オープンのテーマパーク。ボートで運河を巡るのはもちろん、エレファントライドも可能。運河沿いのショップでおみやげ探しも楽しい。

[I] アヨータヤー水上マーケット
Ayothaya Floating Market

Map 別冊P.19-A3

🏠65/12 Moo 7, Pailing, Ayutthaya ☎0-3588-1733
🕘9:00～18:00
[休]無休 [料]200B
（外国人料金）
[交]アユタヤー駅からトゥクトゥクで10分

必見POINT
落とされた仏頭が木の根に取り込まれ神秘的なパワーを感じさせる

[G] 木の根に埋まってしまった仏頭で有名
ワット・マハータート
Wat Mahathat

13世紀に建てられた最重要寺院のひとつ。ビルマ軍によって破壊され、今は一部の仏塔と基礎が残るのみ。

Map 別冊P.19-A・B2

🕘8:00～18:00 [休]無休 [料]50B（外国人料金）

1. 記念撮影スポットとして人気 2. 高さ44mの仏塔があったとされる

1,2. セイロン様式の仏塔は1592年に20代王ナレースエンが建てた

[H] 20代王ナレースエンが眠る
ワット・ヤイ・チャイ・モンコン
Wat Yai Chai Mongkon

初代王によって1357年に建てられた。高さ62mの仏塔とそれを囲む何十もの坐仏像、また大きな寝仏像もある。

仏塔には上れるよ

Map 別冊P.19-B3

🕘8:00～17:00
[休]無休 [料]20B（外国人料金）

トゥクトゥクを利用してA～Hの遺跡をすべて回るなら4時間、800B程度が目安。

コスパ◎やおしゃれゲストハウスも！

aruco厳選バンコクホテル案内

世界中から旅行者が訪れるバンコクは、ホテルの数もたくさんで、どこにしようか迷いそう。ここではaruco女子にピッタリのすてきなホテルをカテゴリーに分け紹介します！

宿泊料金について

ラックレートと呼ばれる定価ではなく、シーズンや曜日によって細かく変動するホテルが多い。また、ホテル予約のウェブサイトを利用すれば安く宿泊できることも。

バンコクなら手が届く！

5つ星ホテル

日本より物価が安いバンコクでは、世界の一流ホテルチェーンもちょっと奮発すればステイできそう！

History

ホテルの歴史

1887年にバンコク初の西洋風ホテル「ザ・オリエンタル・ホテル」として創業。作家サマセット・モームや、ジョゼフ・コンラッドなどの著名人が定宿としたことで知られる。

憧れのフレンチ、ル・ノルマンディーも

ようこそオリエンタルへ

1. チーク材の鐘が印象的なロビー 2. 川沿いのリバーサイド・テラス 3. ル・ノルマンディーの華やかな店内 4. 南国の木々が茂るプールも 5. 宿泊した著名作家の名前を冠したオーサーズ・スイート 6. マンダリンルーム

アジア有数の最高級ホテル

Mandarin Oriental Bangkok

マンダリン・オリエンタル

アジアのコロニアルホテルの代表的存在。伝統と格式に裏付けされたホスピタリティあふれるサービスと設備は類を見ず、世界のホテルランキングトップの常連。チャオプラヤー川を望む建物には、13のレストランとバー、世界のセレブに愛されるスパなどを併設する。

arucoではココも紹介♪

オリエンタル・スパ P.108

オーサーズ・ラウンジ P.152

Map 別冊P.8-A2 チャルーン・クルン通り周辺

⌂48 Oriental Ave., Charoen Krung Rd. ☎0-2659-9000 [日本]マンダリン・オリエンタル・ホテル・グループ [Free]0120-663230 [料]1泊1万6575B～ [Card]A.D.J.M.V. [英] [室]368室 [交]BTS Saphan Taksin駅③出口から徒歩10分 [URL]www.mandarinoriental.com

アフタヌーンティーが楽しめるオーサーズ・ラウンジ

1. 客室はダークウッドのフロアで落ち着ける 2. エンジのカーペットが印象的なロビー

ミシュラン星付きシェフのタイ料理が楽しめるナーム

スタイリッシュなデザインホテル

Como Metropolitan Bangkok

コモ・メトロポリタン

サートーン通りから少し奥へ入った所にある、静かな環境に囲まれたデザインホテル。コム・デ・ギャルソンのユニホームをまとったスタッフの洗練された物腰が優雅な滞在を約束してくれる。

Map 別冊P.10-B2・3 シーロム通り周辺

⌂27 Sathorn Tai Rd. ☎0-2625-3333 [料]1泊5166B～ [Card]A.D.J.M.V. [英] [室]169室 [交]MRT Lumphini駅②出口から徒歩9分 [URL]www.comohotels.com

和の心でおもてなし

The Okura Prestige Bangkok

オークラ・プレステージ

高層ビルの26階から34階までが客室で、どの部屋からもバンコク市街の眺望が楽しめる。日系ホテルらしく、随所に和テイストが取り入れられている。

Map 別冊P.13-D3 プルンチット駅周辺

⌂57 Witthayu Rd. ☎0-2687-9000 [日問合]オークラホテルズ&リゾーツ [Free]0120-003741 [料]1泊7110B～ [Card]A.D.J.M.V. [日] [室]240室 [交]BTS Phloen Chit駅②出口からすぐ [URL]www.okurabangkok.com

1. 最低でも47㎡と広々。湯沸かしポットの横には日本風の急須が 2. 眺めのいいスパ「オークラ・スパ」も人気 3. 25階にあるインフィニティプール

空に浮いてるみたい！

開放的でおしゃれ～！

タイ風モダンを存分に楽しむ

The Siam

1.モノトーンでまとめられたヴィラタイプの客室 2. メインの客室棟は中央部がアトリウム風吹き抜け 3.プールはチャオプラヤー川に面したガーデンにある

ザ・サヤーム

モノトーンとアールデコが調和したゴージャスな隠れ家風ホテル。約1万㎡の敷地内にレセプション棟、吹き抜けの中庭がある客室棟、レストラン、独立した客室が点在。客室は全室スイート仕様。

Map 別冊P.2-A1 バンコク郊外

⌂3/2 Khao Rd. ☎0-2206-6999 [料]1泊1万9500B～ [Card]A.D.J.M.V. [英] [室]39室 [交]BTS Victory Monument駅③出口からタクシーで15分 [URL]www.thesiamhotel.com

全室リバービューのモダンなホテル

The Peninsula Bangkok

優雅な気分♪

ペニンシュラ

香港の名門ホテル・ペニンシュラが、チャオプラヤー川岸に開業したのは1998年。全室リバービューの客室はスタンダードでも46㎡の広さを誇る。人気のアフタヌーンティーは14:00～18:00限定。

Map 別冊P.8-A3 チャルーン・クルン通り周辺

⌂333 Charoen Nakhon Rd. ☎0-2020-2888 [日問合]ペニンシュラホテルズ予約センター[Free]0120-348288 [料]1泊1万2600B～ [Card]A.D.J.M.V. [英] [室]370室 [交]BTS Saphan Taksin駅③出口から徒歩5分の専用船着場から専用渡し船 [URL]www.peninsula.com

1. サートーン船着場から無料のシャトルボートでアクセス 2. TV付きの大理石のバスルームを備えるなど設備も充実 3. 39階建ての各フロアに12室を配置

バンコクのホテル予約はいくつかの予約サイトを比較して、お得なキャンペーン料金などをチェック。

予算はふたりで1泊1万円程度！
コスパ高ホテル

充実の設備やステキなデザインのホテルに、リーズナブルに宿泊したい！ バンコクではそんな願いもかないます。

中庭でもくつろげる

1,2. 朝食はレストラン「Jam Jam」で提供。エッグステーションも 3. コンビニ、ファストフード、マッサージ店もある商業施設「アイム・チャイナタウン」に併設 4. 中庭ではイベントが行われることも 5. ロビースペースにはビリヤード台がある 6. 客室はシンプルで機能的

2020年チャイナタウンにオープン！
Asai Bangkok Chinatown
アサイ・バンコク・チャイナタウン

タイの老舗ホテルチェーン「デュシット」が手がけるライフスタイルホテルブランド。曲線を生かしたデザインの客室は機能的でおしゃれ！ プールやスパはないが、流行に敏感なローカルに人気のレストラン「Jam Jam」を併設。

Map 別冊P.7-C2 チャイナタウン周辺

🏠531 Charoen Krung Rd. ☎06-2220-8999 🕐1泊2500B〜 Card A.D.J.M.V. 👥224室 🚇MRT Wat Mangkon駅 ①出口から徒歩2分 URL www.asaihotels.com

---

アーリーのSNS映えホテル
Josh Hotel
ジョシュ

古いホステルを改装して2017年にオープン。架空の人物「Mr. Josh」のライフスタイルをイメージしたホテルで、どこを切り取っても絵になると話題に。居心地最高のプール、レストランバー、シアターなど施設も充実。メディアの撮影にもよく使われている。

Map 別冊P.2-B1 パホンヨーティン通り周辺

🏠19/2 Soi Ari 4, Phahonyothin Rd. ☎0-2102-4999 🕐1泊1189B〜 Card J.M.V. 👥59室 🚇BTS Ari駅 ③出口から徒歩7分 URL www.joshhotel.com

18世紀の古い建物をリノベーション

1. プールの底には「JOSH HOTEL」の文字 2,6. カフェ「JOSH KAFFA」は18時以降、地中海料理を提供 3. バーは2ヵ所ある 4. ライフスタイルホテルとしておしゃれにリノベーションされた 5. 客室は18〜20㎡が中心だが、洗練されていて快適

💌 アサイ・バンコクに泊まりました。夜のチャイナタウン散策が楽しかったです！（北海道・山下）

2022年に
オープンしたばかりの
おしゃれホテル

おしゃれなのにアットホーム！

Karaarom Hotel

カラアロム

パーリ語で「家」を意味する「kha-ra」から付けられた名前のとおり、木を多用した心地のいいホテル。ダイニングカフェバーと、センスのいいセレクトショップ、屋上にはプールもある。ほとんどの客室がミニキッチン付き。

1. ミニキッチンには調理器具と食器が揃う 2,3. 客室は21㎡のスタジオタイプから、48㎡のファミリールームまで7カテゴリー 4. フィットネスとプールがある 5. 朝食はハーフビュッフェスタイル 6. 朝食は併設のカフェで提供 7. ショップのセレクトもいい

[Map] 別冊P.17-C3 トンロー駅周辺

🏠8 Napasup 2, Sukhumvit 36 Rd.
☎08-8867-4777 [料]1泊2500B～
[Card]J.M.V. [英] [室]50室 [交]BTS Thong Lo駅②出口から徒歩7分
[URL]www.karaarom.com

遊び心いっぱい！

注目のプラカノンでアートな滞在

Beat Hotel Bangkok

ビート

プラカノンのアート複合施設「W District」内にあるプチホテル。タイの新進気鋭アーティストが壁面を描いた客室に宿泊できる。街を見下ろすインフィニティデザインの屋外プールも居心地がいい。

[Map] 別冊P.3-C3 プラカノン駅周辺

🏠W District, 69-69/1, Sukhumvit Rd.
☎0-2178-0077、09-8271-8801 [料]1泊1200B～ [Card]J.M.V. [英] [室]54室
[交]BTS Phra Khanong駅③出口から徒歩5分
[URL]beathotelbangkok.com

1. ソファでゆったり過ごせるレストラン兼ラウンジにはビリヤード台も 2. フロントではキラキラのヒツジのアート作品が迎える 3,4. 客室は13人のアーティストが手がける 5,6. オブジェや絵がそこかしこに

美女たちによる華麗なショー

ニューハーフで有名なタイらしいショーが楽しめる。ニューハーフ界の老舗名門「カリプソ」でその力強く優美な女性たちの姿に酔いしれたい。

大迫力よ♥

バンコクの老舗キャバレー

カリプソ・キャバレー

Calypso Cabaret

Map P.2-A3 チャルーン・クルン通り周辺

⌂Warehouse 3, Asiatique the Riverfront, 2194 Charoen Krung Rd. ☎0-2688-1415 🕘19:30～と21:00～ [休]無休 [料]ショーのみ1200B、食事付き2000B [Card]J.M.V. [英] [交]BTS Saphan Taksin駅②出口近くのCEN Sathorn船着場から無料シャトルボートで10分、またはタクシーで10分 [URL]www.calypsocabaret.com

1 ブロードウェイの講師が手がけるショーは飽きることのない展開　2 ショーのあとは記念撮影が可能。チップを忘れずに

やっぱり背が高い！

タイの文化とニューハーフ

どうしてタイにはニューハーフショーが多いの？

「マイ・ペン・ライ（大丈夫、気にしない）」精神が強く、さまざまなことに寛容な国民性が影響しているといわれる。ショーのほかにはスパやコスメショップで働く人が多い。ちなみにジェンダーに配慮したトイレを設置する学校もあるそう。

有名なコンテストについて知りたい！

タレントのはるな愛が2009年に優勝した「ミス・インターナショナル・クイーン・コンテスト」は、タイのパタヤーで開催される世界的なトランスジェンダーのビューティコンテスト。前回は2020年3月に開催された。

タイカルチャーにどっぷり

キャバレーショー＆ムエタイ

本場じゃないと観られない！きらびやかなショーと国技ムエタイ。

ムエタイのルールを知っておこう

400年以上前に護身用として発展し、スポーツとなった今も、ひざ蹴りやひじ打ち、顔面への攻撃も自由の激しい競技。1ラウンド3分の5ラウンド制で、防御や攻撃のポイントの合計で争う。

戦いの舞も必見！

1945年創立の王室系スタジアム

ラーチャダムヌーン・ボクシング・スタジアム

Ratchadamnoen Boxing Stadium

Map P.5-D1 カオサン通り周辺

⌂1 Ratchadamnoen Nok Rd. ☎0-2281-4205 🕘18:00～または19:00～ [休]無休 [料]2階席1500B、1階席2500B、VIP席3500B [Card]J.M.V. [英] [交]MRT Sam Yot①出口から徒歩22分 [URL]rajadamnern.com

選手と記念撮影も可能★

2014年に移転した陸軍系スタジアム

ルムピニー・ボクシング・スタジアム

Lumpinee Boxing Stadium

Map P.3-C1外 バンコク郊外

⌂6 Ram Intra Rd. ☎0-2282-3141 🕘火・金19:00～／土10:00～、17:30～ [料]3階席1000B、2階席1500B、リングサイド2000B [Card]A.M.V. [英] [交]BTS Wat Phra Sri Mahathat駅②出口から徒歩20分 [URL]www.lumpineemuaythai.com

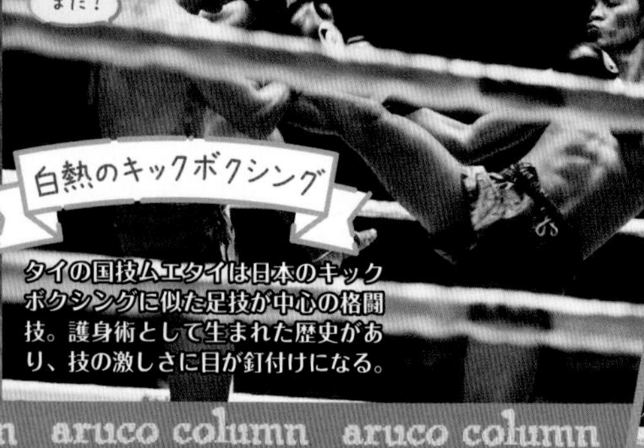
まだまだ！
ハイキックだ！

白熱のキックボクシング

タイの国技ムエタイは日本のキックボクシングに似た足技が中心の格闘技。護身術として生まれた歴史があり、技の激しさに目が釘付けになる。

初めてでも
大丈夫！

安全・快適
旅の基本情報

エネルギッシュな東南アジアの都市バンコクは
雑然としていてなんとなく危ないイメージ。
言葉も通じないし、文字も読めない……でも大丈夫！
基本をおさえればトラブルは回避できるし、
実は安全に旅できることがわかるハズ！

INFOMATION

aruco的 おすすめ旅グッズ

「何を持っていこうかな♪」……そう考えるだけで、ワクワク、旅は始まっている。快適で楽しい女子旅をするためのお役立ちグッズを、タイ通のスタッフがご紹介。リストをチェックして、万全の旅支度でテイクオフ！

旅のお役立ちアイテム

□ 帽子とサングラス

寺院や遺跡見学時の日差しに備えて、街歩きの際は忘れずに。サングラスはUVカットのものがおすすめ。

□ 日焼け止め

ドラッグストアやスーパーで現地調達も可能だけど、やっぱり日ごろ使っている物を持ち歩くのが安心。

□ ビーチサンダル

ビーチやプールサイドはもちろん、部屋でくつろぐとき、ちょっとお散歩に出るときにも使える。

□ 歯磨きセット

バンコクのホテルは、最高級クラスを除き、歯磨きセットがないところがほとんど。

□ ポケット＆ウエットティッシュ

タイ式トイレにはトイレットペーパーがないことも。ウエットティッシュは屋台で食事するときに便利。

□ はおりもの

ショッピングセンターやホテル、BTSは冷房が効き過ぎで寒いくらい。はおりものやストールは必須。

□ 折りたたみ傘

雨季はスコールに見舞われることも多いので、バッグに入れておくと安心。日傘の代わりにもなる。

□ 常備薬

水や食べ物が変わると、おなかをこわしがち。飲み慣れた胃腸薬や下痢止めを持っていこう。

□ 化粧品

コンビニやドラッグストア、コスメショップなどで現地調達も可能だが、使い慣れたものを持参するのがベター。

機内手荷物のアドバイス

日本（東京）からバンコクまでは直行便で約6時間。機内は寒いこともあるので、夏でもカーディガンなどのはおりものは持っていこう。また乾燥対策として、リップクリームや保湿クリームがあると安心。

機内持ち込み制限についての詳細はP.174をチェック！

基本の持ち物チェックリスト

貴重品

- □ パスポート
  残存有効期限は要チェック！ →P.11
- □ ビザ（必要な人のみ）→P.11
- □ 航空券（eチケット控え）
- □ クレジットカード
- □ 現金（円）
- □ 海外旅行保険証書

洗面用具

- □ シャンプー類
- □ 歯磨きセット
- □ 洗顔ソープ
- □ 化粧水、乳液
- □ タオル

衣類

- □ 普段着
- □ おしゃれ着
- □ 下着、パジャマ

その他

- □ 常備薬
- □ 虫除けスプレー
- □ 生理用品
- □ 電卓
- □ 目覚まし時計
- □ 雨具
- □ スリッパ
- □ カメラ
- □ 電池、充電器
- □ 変圧器、変換プラグ
- □ スマートフォン
- □ マスク
- □ エコバッグ

▼ バンコクはおしゃれな店が多く、ちゃんとした服も持っていけばよかったと後悔。（群馬県・U）

知って楽しい！ タイの雑学

タイといえばトムヤム・クン、タイ古式マッサージ……。
タイのカルチャーは、日本でもなじみがあるが、
実際にどんな国なのかは意外に知らないところ。
基本データと歴史をざっくり教えます！

タイの基礎知識

正式国名	タイ王国 Kingdom of Thailand
国旗	三色旗 （紺は国王、白は宗教、赤は国民を象徴）
国歌	プレーン・チャート （タイ王国国歌）
面積	約51万4000km²（日本の約1.4倍）
人口	約6609万人 （2022年タイ内務省）
首都	バンコク Bangkok
元首	ワチラーロンコーン国王 （ラーマ10世） Vajiralongkorn
民族構成	タイ族75%、華人14%、そのほかマレー族、クメール族、カレン族、ミャオ族、モン族、ヤオ族、ラフ族、リス族、アカ族など11%。
宗教	仏教94%、イスラム教5%、キリスト教0.5%、ヒンドゥー教0.1%、ほか0.4%。
言語	公用語はタイ語。外国人向けのホテルやレストランでは英語が通じる。

タイの大祭

● ソンクラーン

タイの正月は毎年4月13〜15日。この前後の週末と合わせて長期休暇になる会社が多く、店もクローズするところが多い。最も暑い時期で、学校は夏休みになる。また、もともと寺院で水を使いお清めをしていた習慣が、水のかけ合いに発展し、今では「水かけ祭り」の異名をもつ。バンコク市内でも水鉄砲やホース、バケツで誰かれ構わず水をかけ合うので、この時期に旅行する場合は、ぬれてもいい覚悟で出かけよう。

外国人でもかけられるので注意★

タイの歴史年表

タイ族の国家がタイ中部に興ったのが13世紀。当時は北部、東北部、南部にそれぞれ別の国があり、現在のタイ王国に統一されたのは18世紀後半のこと。以下はバンコクを含む中部の歴史。

スコータイ王朝（12〜15世紀）

12世紀クメール帝国（現カンボジア）の勢力下にあったスコータイ地域で内乱が起こり、それをタイ族が平定したことで国家が興る。第3代国王ラームカムヘーンの頃に最盛期を迎え、現在のタイの国土以上の地域を支配、タイ文字を生み出したり、上座部仏教を普及させたりと文化面でも発展を遂げる。

アユタヤー王朝（1350〜1767年）

スコータイ王朝時代の13世紀には、貿易の拠点として栄えていたアユタヤ。1350年、この地に地方豪族ラーマティボディが、衰退しつつあるスコータイ王朝を横目に興した国がアユタヤー王国だ。周囲からも容認され、北部と一部東北部（現ラオス）を除く現在のタイ全域を掌握し発展を遂げる。

トンブリー（タークシン）王朝（1767〜1782年）

1767年、ビルマ軍に占拠されたアユタヤーを救ったのが、猛将タークシンだ。トンブリー（現バンコクのチャオプラヤー川西岸部）に移り、極度の精神錯乱状態に陥りタークシンは処刑されてしまうが、国を守った王として今でも人気。

チャクリー王朝（1782年〜現在）

ラーマ1世
タークシン王の臣下、チャオプラヤー・チャクリー将軍がラーマ1世と名乗り王位に就く。チャオプラヤー川の東岸に遷都し、バンコクの基礎を造る。
ラーマ4世
近代化の礎を築いたのがミュージカル『王様と私』のモデル、ラーマ4世。1851年に即位し、鎖国状態を開放、外国との貿易を始め、経済を立て直す。
ラーマ5世
1868年に王位を継承したラーマ5世は、司法・行政改革を行い、中央集権制を確立、交通網を整備。5人の王妃と、160人以上の側室をもったことも有名。
ラーマ9世
1950年に弱冠19歳で即位したプーミポン・アドゥンヤデートは、さまざまな王政の危機を乗り越え、タイに安定をもたらした。2016年10月に逝去し、現王ラーマ10世が即位。

現地情報

在住者向けの日本語フリーマガジンのオンライン版はこちら。

『週刊ワイズ』 ……………………………… URL www.wisebk.com
『DACO』 …………………………………… URL www.daco.co.th
『WOM』 …………………………………… URL www.wom-bangkok.com
『バンコクマダム』 ………………… URL www.bangkokmadam.net
『と暮らす』 ………………………………… URL www.freecopymap.com

タイ入出国かんたんナビ

直行便なら日本（東京）から約6時間のフライトでバンコクに到着！
空港には出発の2時間前を目安に到着しておこう。

バンコクへのフライト

直行定期便は羽田、成田、中部、関西、福岡、札幌、那覇の7ヵ所の空港発着。タイ国際航空、日本航空、全日空、ZIPAIR、ピーチ・アビエーション、エアアジア、タイベトジェットの7社が就航している。
（2023年6月現在）

日本からタイへ

1 到着

US$1万5000相当額以上の現金や、貴金属類などを持ち込む場合、税関申告書の記入が必要。到着したら案内に従って進む。

↓

2 入国審査

入国審査カウンターImmigrationで、パスポートを渡すと入国スタンプが押される。普通の観光の場合、質問などされることはほとんどない。

↓

3 荷物を受け取る

ターンテーブルから出てきた荷物をピックアップ。荷物が出てこなかった場合は、バゲージ・サービスBaggage Serviceのカウンターで係員にクレームタグを見せて手続きを。

↓

4 税関審査

出口が税関のカウンターになっている。申告するものがない人は緑色の「Nothing to Declare」の表示がある出口を通ればOK。申告するものがある人は赤の「Declare」のカウンターへ。

↓

5 到着ロビー

必要な両替をしてから市内のホテルへ。交通手段はP.176、178参照。

タイから日本へ

1 搭乗手続き

航空会社のカウンターでeチケット控えとパスポートを提示して荷物を預け、搭乗券をもらう。VAT（付加価値税）の還付を受けたい人は、チェックイン前に空港の税関Customで手続きを。

↓

2 セキュリティチェック

出国審査の前に、X線による手荷物のセキュリティチェックを受ける。ペットボトルなど液体物は没収されるので注意。

↓

3 出国審査

出国審査カウンターはタイ人用と外国人用に分かれている。パスポートと搭乗券を提示。

↓

4 搭乗・帰国

日本の主要な空港での入国審査は基本的に自動化されスタンプもない。税関申告はVisit Japan Web（詳細→P.175）からの申請が推奨されている。

荷物について

機内預け荷物重量制限

エコノミークラスは23〜32kgが一般的。超過料金は航空会社や路線、利用クラスなどによって異なる。

液体機内持ち込み制限

基本的には100ml以下の容器に入れ、透明プラスチック袋（容量1ℓ以下、縦横の合計40cm以下、ジッパー付き、ひとり1枚）に入れれば問題ない。

モバイルバッテリー持ち込み制限

一般的に160Wh、32000mAhを超える容量のものは機内持ち込み不可。それ以下の場合は航空会社によって異なる。

タイ入国時の免税範囲

品名	内容
酒類	1本（1ℓ以内）
たばこ	紙巻たばこ200本（またはその他250g）
通貨	原則無制限。ただしUS$1万5000相当額以上の場合、税関申告が必要

日本入国時の免税範囲

品名	内容
酒類	3本（1本760mlのもの）
たばこ	紙巻たばこ200本、葉巻たばこ50本、加熱式たばこ個装等10個（紙巻たばこ200本相当数）、その他のたばこ250gまで ※免税数量は、それぞれの種類のたばこのみを購入した場合の数量。複数の種類のたばこを購入した場合の免税数量ではない。
香水	2オンス（約56ml。オーデコロン、オードトワレは含まれない）
その他	20万円以内のもの（海外市価の合計額）
おもな輸入禁止品目	・麻薬、向精神薬、大麻、あへん、覚せい剤、MDMA ・けん銃等の鉄砲・爆発物、火薬類 ・貨幣・有価証券・クレジットカード等の偽造品、偽ブランド品、海賊版等

※免税範囲を超える場合は税金の支払いが必要。海外から自分宛てに送った荷物は別送品扱いになるので税関に申告する。

「Visit Japan Web」で税関申告をしましたが、空港で顔認証登録の機械に並ぶ必要があり時間がかかりました。（千葉県・チーバ）

※空路入国の際の入出国カードは2022年7月に廃止。

ローマ字記入でね！

入出国カード（表） ※黒または青のペンで記入。

T.M.6 ตม.6	บัตรขาออก DEPARTURE CARD		T.M.6 ตม.6	บัตรขาเข้า ARRIVAL CARD
THAI IMMIGRATION BUREAU			THAI IMMIGRATION BUREAU	

DEPARTURE CARD（表・左）

ชื่อสกุล Family Name … CHIKYU（姓）
ชื่อตัวและชื่อรอง First & Middle Name … ARUCO（名）
วัน-เดือน-ปีเกิด Date of Birth … 10 MM 8 YYYY 1995
เลขที่หนังสือเดินทาง Passport no. … TH1234567（パスポート番号）
สัญชาติ Nationality … JAPANESE（国籍）
หมายเลขเที่ยวบินหรือพาหนะอื่น Flight no./ Vehicle no. … TG641（出発便名）
ลายมือชื่อ Signature … 地球歩子（パスポートと同じサイン）

TD97671

ARRIVAL CARD（表・右）

ชื่อสกุล FAMILY NAME … CHIKYU（姓）
ชื่อตัว FIRST NAME … ARUCO（名）
ชื่อกลาง MIDDLE NAME
เพศ/Gender … Male／Female ×
สัญชาติ Nationality … JAPANESE（国籍）
เลขที่หนังสือเดินทาง Passport no. … TH1234567（パスポート番号）
เลขที่ตรวจลงตรา Visa no.
อาชีพ Occupation … 職業（例は下記参照）
ประเทศที่ท่านเดินทางมา Country Where You Boarded … JAPAN
วัตถุประสงค์ในการเดินทาง Purpose of Visit … SIGHTSEEING（滞在目的）
ระยะเวลาที่พำนัก Length of Stay … 5days（滞在日数）
เมือง-รัฐ City / State … TOKYO（居住都道府県）
Country of Residence … JAPAN（居住国）
ที่อยู่ Address in Thailand … MANDARIN ORIENTAL（滞在先住所：ホテル名でOK）
โทรศัพท์ Telephone … 02-1234-5678（滞在先電話番号）
อีเมล Email … chikyu@arukikata.co.jp（e-メールアドレス）
ลายมือชื่อ Signature … 地球歩子（パスポートと同じサイン）

สำหรับเจ้าหน้าที่/For Official Use

TD97671

เฉพาะชาวต่างชาติ กรุณากรอกข้อมูลบนบัตรทั้ง 2 ด้าน / For non-Thai resident, please complete on both sides of this card

※職業記入例：会社員Office Clerk、公務員Public Official、主婦Housewife、年金生活者Pensioner、学生Student

入出国カード（裏）

เฉพาะชาวต่างชาติ / For non-Thai resident only

Type of flight 航空便の種類
☐ Charter チャーター ☒ Schedule 定期便

Is this your first trip to Thailand? タイは初めてか
☒ Yes はい ☐ No いいえ

Are you traveling as part of a tour group? 団体旅行か
☐ Yes はい ☒ No いいえ

Accommodation 宿泊先
☒ Hotel ホテル ☐ Friend's House 友人宅
☐ Youth Hostel ユースホステル ☐ Apartment アパートメント
☐ Guest House ゲストハウス ☐ Others その他

Next city/Port of disembarkation. TOKYO（出国先）

Purpose of Visit 入国目的
☒ Holiday 観光 ☐ Meeting 会合 ☐ Sports 運動
☐ Business 商用 ☐ Incentive 褒賞旅行 ☐ Medical & Wellness 医療
☐ Education 就学 ☐ Convention 会議 ☐ Transit トランジット
☐ Employment 就業 ☐ Exhibition 展示会 ☐ Others その他

Yearly Income 年収（米ドル換算）
☐ Less than 20,000 US$
☐ 20,001 - 60,000 US$
☒ More than 60,000 US$
☐ No Income

IMPORTANT NOTICE
In accordance with Immigration Act, B.E. 2522
1. All passengers must complete the T.M.6 card.
2. The passenger must keep the departure card with his/her passport or travel document and present the card to the Immigration Officer at the Checkpoint at the time of departure.
3. If the alien stays in the Kingdom longer than 90 days, he/she must notify in writing at the nearest Immigration Office, concerning place of stay, as soon as possible upon expiration of 90 days. And required to do so every 90 days.
4. Aliens are not allowed to work unless they are granted Work Permit.

便利になりそうだね

visit Japan webについて

日本入国時の手続き「入国審査」、「税関申告」をウェブで行うことができるサービス。必要な情報を登録することでスピーディに入国できる。URL vjw-lp.digital.go.jp

公式サイトはこちら　　Visit Japan Webトップページ

「携帯品・別送品申告書」記入例

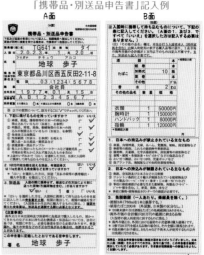
A面　　B面

タイ入出国かんたんナビ

違法コピーのCDやDVD、肉類、ほとんどの生の果物は日本に持ち込めないので注意を。詳細は URL www.customs.go.jp

175

空港からバンコク市内へ

スワンナプーム国際空港から市内への交通手段は以下のとおり。
予算と所要時間もいろいろなので、旅のスタイルに合わせて選ぼう。

何に乗ってく？

明るくてきれいな空港ビル

空港案内 その1

スワンナプーム国際空港
（バンコク国際空港／BKK）
Suvarnabhumi International Airport

バンコクには2ヵ所の空港があるが、おもな国際線はスワンナプーム国際空港に発着する。2006年開港、24時間オープンの空港だ。
URL www.airportthai.co.th　Map 別冊P.3-D3外

空港内は施設が充実している

空港内の両替について

到着ロビーの両替所は基本24時間営業だが、レートがかなり悪い。おすすめは地下1階のエアポートレイルリンクの乗り場近く。ただし営業時間は5:30〜24:00。

短期の旅行ならここで全額両替してもOK

空港でのVAT（付加価値税）還付の手続き

出国時、チェックイン前に税関で、購入商品と所定の用紙を提示し、スタンプをもらう。手続き終了後、出発ロビーのVAT還付窓口で還付金を受け取る。混雑することがあるので、通常よりさらに30分以上余裕をもって空港に到着しよう。VAT還付条件の詳細は→P.11参照。

空港から市内へのおもな交通手段

リムジンタクシー
Limousine Taxi

料金	1050〜1500B程度（有料道路の料金込み）
運行時間	24時間
所要時間	30〜60分

料金は割高だが、そのぶんトラブルが少なく、英語も多少通じる。到着階の荷物受け取りエリアと到着ロビーに申し込みカウンターがある。料金は距離や車種により異なるので、きちんと希望を伝えること。カウンターで料金を支払う。URL www.aot-limousine.com

メータータクシー
Meter Taxi

タクシー利用→P.181の注意

| 料金 | 350〜500B程度＋有料道路料金＋空港手配手数料50B＋荷物料金1個20B |
| 運行時間 | 24時間 | 所要時間 | 30〜60分 |

旅慣れた人にはおすすめ。1階から外へ出ると乗り場がある。タッチパネル式の自動配車機を使い、指定された車に乗る。乗車時にメーターが35Bになっていることを確認。有料道路を使った場合の料金は乗客の負担。降車時にメーターの料金に、空港の手配手数料50Bと荷物料金1個20Bを足して支払う。

エアポートレイルリンク
Airport Rail Link

シティライン

料金	15〜45B
運行時間	5:30〜24:00
所要時間	26分（パヤー・タイ駅まで）

空港ターミナルビル地下1階のスワンナプーム駅と市内を結ぶ鉄道。全8駅の各駅停車、シティラインCity Lineのみ。終点のパヤー・タイ駅でBTSと接続。途中のマッカサン駅でMRTペッチャブリー駅と通路で接続。切符は窓口か自動券売機で購入する。1時間に3〜5本あるが、ラッシュ時は混雑するので、スーツケースを持っての移動は大変。以前あったエクスプレスは廃止された。URL www.srtet.co.th参照。

エアポートバス／ロットゥー（ミニバス）
Airport Bus/Rot Tour (Mini Bus)

エアポートバスはカオサン通り直行（S1）が1階7番出口から出発。1階8番出口付近にはパタヤー行きのチケットカウンターも。ロットゥーは荷物が少なく、バンコクの地理に詳しい人向け。空港敷地内のパブリック・トランスポーテーション・センターPublic Transportation Center発着。

ロットゥー（ミニバス）

空港出発ロビーには免税店、レストラン、マッサージ店もあり、バーツを使い切れました。（京都府・アイ）

空港 M A P
スワンナプーム国際空港

地下1階：エアポートレイルリンク駅
1階：バスロビー（メータータクシー乗り場）
3階：ミーティング・グリーティング・ギャラリー
　　　（レストラン街）
5階：展望フロア（郵便局）

到着したら
2階フロアに
出るのね！

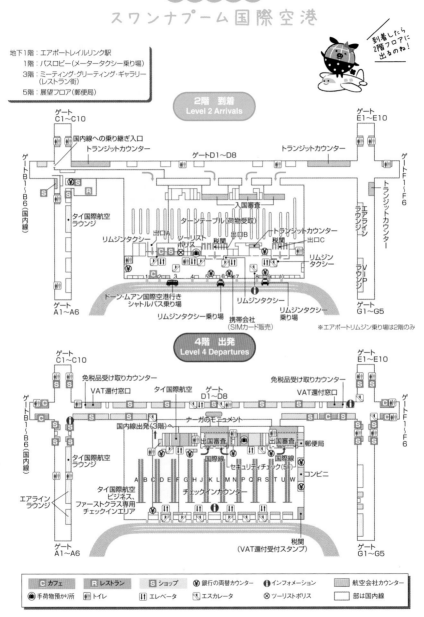

2階　到着
Level 2 Arrivals

ゲート
C1～C10

ゲート
E1～E10

ゲートB1～B6（国内線）

国内線への乗り継ぎ入口
トランジットカウンター

ゲートD1～D8

トランジットカウンター

ゲートF1～F6

入国審査

タイ国際航空
ラウンジ

ターンテーブル（荷物受取）

トランジットカウンター

エアラインラウンジ

リムジンタクシー

ツーリスト
ポリス

出口A

税関

出口B

税関

出口C

リムジン
タクシー

VIP
ラウンジ

ドーン・ムアン国際空港行き
シャトルバス乗り場

リムジンタクシー

ゲート
A1～A6

リムジンタクシー乗り場

携帯会社
（SIMカード販売）

リムジンタクシー
乗り場

ゲート
G1～G5

※エアポートリムジン乗り場は2階のみ

4階　出発
Level 4 Departures

ゲート
C1～C10

ゲート
E1～E10

ゲートB1～B6（国内線）

免税品受け取りカウンター

VAT還付窓口

タイ国際航空

ゲート
D1～D8

免税品受け取りカウンター

VAT還付窓口

ゲートF1～F6

ナーガのモニュメント

国内線出発（3階）へ

タイ国際航空
ラウンジ

出国審査

出国審査

郵便局

エアライン
ラウンジ

タイ国際航空
ビジネス、
ファーストクラス専用
チェックインエリア

国際線

国際線

セキュリティチェック（5F）

コンビニ

A B C D E F G H J K L M N P Q R S T U W

チェックインカウンター

ゲート
A1～A6

税関
（VAT還付受付スタンプ）

ゲート
G1～G5

C カフェ	R レストラン	S ショップ	銀行の両替カウンター	インフォメーション	航空会社カウンター
手荷物預かり所	トイレ	エレベータ	エスカレータ	ツーリストポリス	部は国内線

空港から市内へもGrab（→P.181）も使えるが、タクシー乗り場へは入れないので、指定された場所まで自分で移動すること。

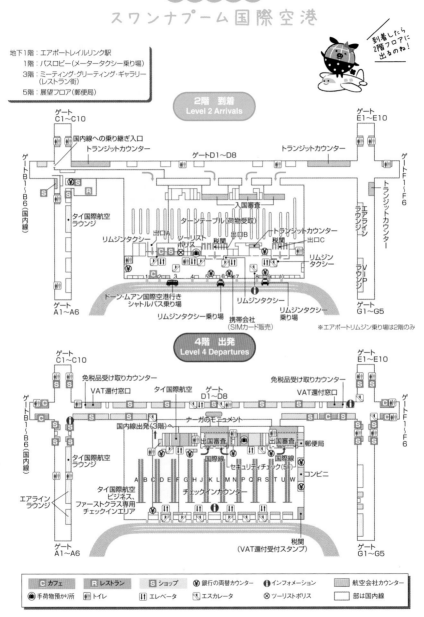

空港からバンコク市内へ

ドーン・ムアン国際空港（DMK）
Don Mueang International Airport

LCCが多く乗り入れ利用客が増加

1914年開港の歴史ある空港だが、スワンナプーム国際空港のオープン後、現在はLCCと国内線が発着。国際線は第1ターミナル、国内線は第2ターミナルを利用。
URL donmueang.airportthai.co.th　Map 別冊P.3-C1外

市内へのおもな交通手段

メータータクシー
Meter Taxi

料金	200〜300B程度＋空港手配手数料50B＋荷物料金1個20B
運行時間	24時間
所要時間	30〜60分

英語が通じなかったり、高い金額をふっかけられたりするが、タクシー利用の注意をよく読んで利用しよう。有料道路を使った場合は乗客の負担。降車時にメーターの料金に50Bと荷物の料金を足して支払う。

タクシー利用の注意 → P.181

SRT（ダークレッドライン）
SRT Dark Red Line

料金	クルンテープ・アピワット中央駅まで33B
運行時間	5:37〜翌0:07
所要時間	クルンテープ・アピワット中央駅まで16分

2021年11月に開通した市内への高架鉄道。時間帯によって12〜20分に1便ある。クルンテープ・アピワット中央駅からはMRTに接続。

MRTバーン・スー駅に接続

エアポートバス
Airport Bus（BMTA Bus）

料金	A1とA2は30B、A3とA4は50B
運行時間	7:00〜24:00
所要時間	20〜40分

A1は5分間隔、A2は15分間隔で運行。どちらもBTSモーチットMo Chit駅で停まるので、BTSに乗り換えて目的地まで移動できる。A3はルムピニー公園、A4はカオサン通り方面行き。そのほかにLimo Bus（リモバス）というエアポートバスもある。シーロム、サヤーム、カオサン通り周辺で下車できる全席指定のバス（150B）。

空港MAP　ドーン・ムアン国際空港

ⓘ インフォメーション	Ⓒ カフェ
🛗 エレベーター	エスカレーター
🖂 郵便局	🚻 トイレ	💰 銀行の両替カウンター

ターミナル1 3階 出発　Level 3 Departure

出国審査カウンター
航空会社カウンター　航空会社カウンター
エアアジア国際線チェックインカウンター　チェックインカウンター
1　2　3　4　5　6　7　8
航空会社カウンター
ターミナル2国内線へ
税関　税関　VAT還付受付スタンプはここ　航空会社カウンター　税関　VAT還付受付スタンプはここ

ターミナル1 1階 到着　Level 1 Arrival

携帯会社（SIMカード販売）
到着　リモバスカウンター
ツアー、ホテル予約　SRTダークレッドライン、ターミナル2（国内線）へ
携帯電話　メータータクシーカウンター
ツアーサービス　レンタカー
1番出口　2番出口　3番出口　6番出口　7番出口　8番出口
A1、A2、A3、A4バス乗り場
スワンナプーム国際空港行きシャトルバス乗り場　メータータクシー乗り場

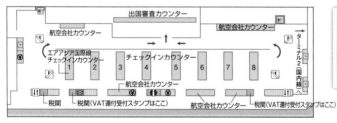

おもなLCCはこっちだ！

バンコク市内の移動手段

旅行者が利用するおもな交通手段としては、BTS（スカイトレイン）、MRTブルーライン（地下鉄）、タクシーの3つ。
料金や言葉の問題もなく、利用しやすいのはBTSとMRT。
目的地まで直接行ける便利さではタクシーだ。

 ## BTS（スカイトレイン）
Skytrain
路線図 → 別冊P.18

人気のエリアには、だいたいBTSで行くことができる。
乗り方はとっても簡単なので、すぐに乗りこなせるようになるハズ。
別冊P.18の「バンコク交通図」を持って、さあ、乗ってみよう♪

チケットの種類と料金

料金は距離により17～62B。数人のグループで
移動する場合タクシーのほうが安くなることも。
旅行者が使いやすいチケットは以下の3種類。

何かと
便利な
ラビットカード

● 1回券 Single Journey Card
自動券売機で購入する1回乗車券。

● 1日券 One-Day Pass
購入当日の1日乗り放題券。150B。

● ラビットカード Rabbit Card（Stored Value）
日本のSuicaやPASMOのようなプリペイドカードで、発行手
数料100B。窓口で4000Bまでチャージが可能。カードは購入
から5年間有効。購入時にパスポートが必要。

路線と運行時間

シーロム線とスクムウィット線が
メイン。両線の乗り換えはサヤー
ム駅Siam駅のみ。運行は5:15～
翌0:46で、時刻表はなく、2分30
秒～8分の運転間隔。2020年12
月にゴールドラインが開通。シー
ロム線に接続するクルン・トンブ
リー駅からクローンサーン駅まで
の3駅が延伸予定。

ラビットカードはフードコート
などの支払いにも利用できる

空港からバンコク市内へ／バンコク市内の移動手段

出発！

BTSの乗り方

BTSは高架を走っているので駅が見つけやすい。
おもなショッピングセンターとも連絡している。

車内はエアコンが
効いている！
飲食物の持ち込み✕

1 運賃を確認する

1回券を購入する場合、改札
の手前に路線図と運賃表が
あるので、料金を確認する。
1日券やラビットカードを購
入する場合は直接窓口へ。
窓口は簡単な英語が通じる。

2 チケットを購入

1回券は券売機で購入する。
行き先の料金のボタンを押
してからコインを投入する
と、チケットが出てくる。小
銭がない場合は窓口でも購
入可能。

3 改札から入場

1回券、1日券、ラビットカー
ドのいずれも、改札機上の
「TAP HERE」と書かれた丸
いセンサー部分に触れると
ゲートが開くシステム。

4 改札を出る

1回券は黒いスリットに入れ
るとゲートが開く。1日券、
ラビットカードは上のセン
サー部分にタッチする。

MRTブルーライン
Bangkok Metro, Blue Line

路線図→別冊P.18

車体はBTSと似ている

2004年に開通、2019年12月に延伸部分が開通し、環状線として運行している。王宮やワット・ポーのある旧市街の駅も開通したので観光客も利用価値大。

チケットの種類と料金

料金は距離により16〜43B。BTS同様、数人のグループで移動する場合はタクシーのほうが安くなることも。

●1回券 Single Journey Token
自動券売機または窓口で購入するコイン式の1回乗車券。

●ストアード・バリュー・カード Stored Value Card
プリペイド式のカード。料金は180B（発行手数料30B、デポジット50Bで、100B分の乗車料金込み）。窓口でチャージが可能。購入から5年間有効。

●クレジットカードのタッチ機能（VISA、Mastercard）
タッチ決済可能なクレジットカードがそのまま利用できる。

路線と運行時間

バンコク市街を走るブルーラインの運行時間は6:00〜24:00で、間隔は4〜7分。BTSとはスクムウィット駅でアソーク駅、シーロム駅でサラデーン駅、チャトゥチャック・パーク駅でモーチット駅などが連絡。2016年にはバーン・スー駅近くのタオプーン駅からバンコク郊外へ延びる高架式のパープルラインも運行を開始した。

MRTは新しい路線も計画されている！

2023年6月にイエローラインが試運転を開始。ピンクライン、オレンジライン、ブラウンラインも建設中だ。いずれも郊外路線だが最新情報を確認しておこう。

駅のトイレ事情

MRTは主要駅を中心にトイレの設置が増えている。スクムウィット駅、シーロム駅、カンペーン・ペッ、ペッチャブリー駅など。BTSの駅にはトイレはない。

出発！

MRTの乗り方

MRTブルーライン（地下鉄）の乗り方。出入口にはMRTのマーク、駅名が出ているのでわかりやすい。

① 手荷物検査を受ける

危険物の持ち込みを防止するため、エスカレーターの上か下で常時手荷物検査を行っている。係員にかばんを開けて中を見せる必要があるので、スーツケースの際には少し大変。

② チケットを購入

1回券は券売機で購入可能。英語表記もある。行き先駅名をタッチすると、料金が表示される。硬貨と紙幣が使える。すべてのチケットでも買える。

これが1回券のトークン

③ 改札から入場

改札機のセンサー部分にトークン、ストアード・バリュー・カード、クレジットカードを触れるとゲートが開く。トークンとストアード・バリュー・カードは下側。クレジットカードはマークのある上側。

④ 改札から出る

列車内の雰囲気やマナーはBTSと同じ。下車する時は改札の投入口にトークンを入れるとゲートが開く。ストアード・バリュー・カードやクレジットカードの場合はセンサーにタッチ。

久しぶりのバンコク旅行は路線や駅が増えていて、どこ行きに乗ればいいのかわからなくなりました。（山梨県・キャンプ大好き）

タクシー
Taxi

赤、青、緑、ピンクなどの車体で、メーターが付いている。基本料金は1kmまで35B、以降1kmごとに6.5～10.5B加算（距離による）、時速6キロ以下で走行の渋滞時は1分ごとに3B加算。

タクシーメーターの見かた

目的地に着いたときのメーターの数字が料金を表す。料金以外に小さな数字が表示されるが、これは走行時間と走行距離。

配車アプリを使用

流しのタクシーが通らない場所や、タイ語ができなくて詳細な目的地を伝えるのが難しいときに便利なのが配車アプリ。タイでは「グラブGrab」が利用しやすい。在住者には、最近「Bolt」も人気。

絶対便利！
「Grab」や「Bolt」の使い方は地球の歩き方ニュース&レポートをチェック

タクシーの乗り方

① 空車をひろう

流しのタクシーをひろうのが安全。フロントガラス右下のランプが赤く点灯しているのが空車のサイン。斜め下に手を出して呼び止め、通り名など行き先をなるべくタイ語で告げ、乗車OKかどうかを確認。乗車拒否も少なくない。

② 乗り込む

OKが出たら自分でドアを開けて乗車。レストラン名など、詳しい行き先を告げて出発。座席に座ったらシートベルトを着用。メーターを作動させないドライバーには注意を。

移動に役立つ
タイ語

〇〇へ行ってください
パイ〇〇カ
ไป 〇〇 ค่ะ

停めてください
チョートドゥワイカ
จอดด้วยค่ะ

ここで降ります
ロンティーニーカ
ลงที่นี่ค่ะ

タイ語→別冊P.21

③ 支払い

目的地に着いたらメーターに従って支払い。おつりをちゃんととくれるドライバーは3割くらい。適当に切り上げられるのが気になる人は事前に小銭の用意を。

ドライバーの登録番号

タクシーの一般的な料金と所要時間
（下記は渋滞がない場合の目安の料金）

	王宮	サヤーム・スクエア	ルムピニー公園	トンロー	カオサン通り	チャイナタウン
王宮	――	15分 75B	20分 90B	30分 145B	8分 55B	8分 55B
サヤーム・スクエア	15分 75B	――	5分 60B	20分 100B	18分 75B	13分 65B
ルムピニー公園	20分 90B	5分 60B	――	15分 90B	18分 90B	13分 65B
トンロー	30分 145B	20分 100B	15分 90B	――	30分 165B	25分 115B
カオサン通り	8分 55B	18分 75B	18分 90B	30分 165B	――	10分 65B
チャイナタウン	8分 55B	13分 65B	13分 65B	25分 115B	10分 65B	――

タクシー利用の注意五ヵ条

一、客待ちしているタクシーは相手にしない
客待ちをしているタクシーはメーターを使わず「500バーツ」などと言ってくることが多い。流しの車をひろおう。

一、メーターを使わないタクシーには乗らない
出発時にメーターが「35B」なのを確認。作動させない、数字が違う場合は注意し、聞かないときは降りる。

一、メーターがやけに早く回る車は途中でも降車する
メーターが早く回る車だった場合、適当な所で停めてもらい、そこまでの料金を払ってすぐに降りる。

一、おつりがないことが多いので小銭を事前に用意する
数十バーツの料金に500Bや1000B紙幣を出すとおつりがないと言われることも。小銭を用意しておこう。

一、暗くなってから女性のみ（特にひとり）で利用は注意
特に22:00以降、どうしても利用しなければならない場合は、登録番号を確認し、何かあったら携帯でツーリストポリス☎1155に通報できるようにしておく。

Grab（グラブ）は流しのタクシーよりも基本的には高い。状況に応じて上手に利用しよう。

水上バス
Chaophraya River Boat

ルート→別冊P.18

チャオプラヤー川を往復する水上バス。現在チャオプラヤー・エクスプレス・ボートChaophraya Express Boatとマイン・スマート・フェリーMine Smart Ferryの2社が運航。BTSサパーン・タークシン駅がサートーン船着場と連絡している。運航時間は6:00〜19:00頃。料金は1回16〜33B。時刻表はなく、次にどの船が来るのかわからないので、チケット購入の際にスタッフに確認しよう。
[URL]www.chaophrayaexpressboat.com [URL]www.minesmartferry.com

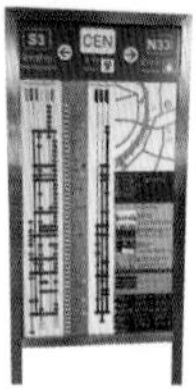

船着場の航路一覧
自分の降りる船着場の名前を確認

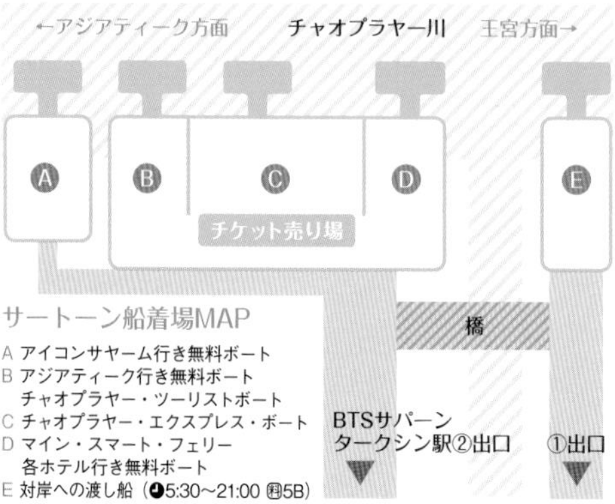

サートーン船着場MAP
A アイコンサヤーム行き無料ボート
B アジアティーク行き無料ボート
　チャオプラヤー・ツーリストボート
C チャオプラヤー・エクスプレス・ボート
D マイン・スマート・フェリー
　各ホテル行き無料ボート
E 対岸への渡し船（◷5:30〜21:00 料5B）

チャオプラヤー・エクスプレス・ボートは旗の色で路線を確認できる

チャオプラヤー・エクスプレス・ボート
マイン・スマート・フェリー
チケット売り場

マイン・スマート・フェリーは2020年運航スタートの電気フェリー

トゥクトゥク
Tuk Tuk

バンコクの名物乗り物

かわいらしい車体の三輪タクシー。路地が入り組んだチャイナタウン発祥といわれ、小回りが効くので場所によっては便利。乗車前に料金を交渉し、到着後に支払う。

詳細は→P.28

シーロー
Subaru

駐在奥様の強い味方

スクムウィット通りのプロムポン駅周辺で利用しやすいのがこれ。軽トラックの荷台を座席に改装したもので、ソイ（路地）の入口に乗り場がいくつかある。

路線バス
Bus

約200路線が市内を網羅。バスのナビゲーションアプリ「ヴィアバスViaBus」を入れておくと路線図やバス停がわかるので便利。

モーターサイ
Bike Taxi

ソイ（路地）の移動に便利なバイクタクシー。BTSで目的地近くの駅まで移動し、そこから利用するのがおすすめ。ドライバーは赤やオレンジ色のベストを着ている。

BRT（高速バス）
BRT

2010年に運行をスタートした専用レーンを走るバス。BTSチョンノンシー駅から、バンコク市内南部経由でトンブリー側にあるBTSタラート・プルー駅までをつないでいる。

運河ボート
Saen Saeb Boat

セーンセープ運河のボート。ジム・トンプソンの家（船着場フア・チャーン）〜セントラルワールド（プラトゥーナーム）〜トンロー（ソイ・トンロー）間の移動に便利。

チャオプラヤー・ツーリストボートは30分間隔で来ないこともあり、ほかの船に乗ったほうが早かった。（東京都・匿名）

バンコクの現地旅行会社利用法

現地発のツアーを催行したり、お得なクーポンを
販売していたりと、便利な旅行会社。
日本からインターネットでの予約も可能なので、上手に活用したい。

日本語堪能な
ガイド付き
ツアーが充実

人気の現地発ツアー

1 バンコク市内観光（半日）

王宮とワット・プラケオ、ワット・ポー、ワット・アルンの三大名所を巡る内容。午前と午後の1日2回催行のことが多い。所要4時間～4時間30分。食事なし。

各社の料金
A 2700B　B 2700B

寺院巡り！
詳細は→ P.156～161

2 アユタヤー遺跡（ゾウ乗り体験）

世界遺産アユタヤー遺跡。ハイライトになる遺跡の観光と、ゾウ乗り体験（料金別途の場合あり）がセットになったシンプルなプラン。午前と午後の1日2回催行。所要5時間。食事なし。

各社の料金
A 2300B　B 2600B

詳細は→ P.162

3 アユタヤー遺跡（ライトアップ）

アユタヤー遺跡のライトアップを見学するツアーもあり、Aはライトアップのみ見学する所要5時間30分、夕食付き。Bは所要7時間、夕食付き。バンコク帰着は21:30頃。

各社の料金
A 3800B　B 3300B

詳細は→ P.162

4 ピンク・ガネーシャ（ワット・サマーン・ラタナーラーム）

最強パワースポットで巨大ピンク・ガネーシャにお願いしたあとは、ワット・ソントン、チャチューンサオの百年市場も立ち寄る。Aはレトロな鉄道で行く。所要9時間。Bは午前の半日ツアー。

各社の料金
A 4400B　B 2900B

詳細は→ P.38
願いをかなえてくれる！

5 メークローン・マーケット

往復バスで一部鉄道に乗車。Aは所要5時間、火・木曜以外催行、昼食なし。Bは所要5時間、毎日催行、ローカルフードの昼食付き。

各社の料金
A 3000B　B 2400B

折りたたみ市
詳細は→ P.62

6 パタヤー（ラーン島）

パタヤーからさらにスピードボートで20分のラーン島まで足を延ばし、白砂の砂浜ときれいな海で遊ぶことができる。所要10時間30分、昼食付き。

各社の料金
A 6100B　B 3800B

ラーン島は→ P.58

日本語で申し込めるおもな旅行会社

A ウェンディー・ツアー
Wendy Tour

東南アジア6ヵ国で展開する旅行会社。2023年7月現在、すべて日本語ガイド付きのプライベートツアーで催行している。上記ツアーは2名で参加した場合の1名当たりの料金。

Map 別冊P.12-B1　プラトゥーナーム周辺

🏠 Room J, 6th Fl., Phayathai Plaza Bldg.,128/63 Phaya Thai Rd. ☎0-2216-2201　🕘9:00 ～ 16:00　🈺 土・日・祝　**Card**M.V.　🚇BTS Phaya Thai駅①出口から徒歩3分　URL www.wendytour.com

B パンダ・トラベル（パンダバス）
Panda Travel Agency Ltd.

種類豊富なツアーを催行。定番から、カオヤイ国立公園（→P.66）や、期間限定のジムトンプソンファームツアーなど、ユニークなツアーも行っている。バンコク市内に、ふたつのオフィスがある。

Map 別冊P.9-D2　シーロム通り周辺

🏠 12th Fl., Wall Street Tower, 33/58, Surawongse Rd. ☎0-2632-9914　🕘9:00 ～18:00　🈺 土・日・祝　**Card**J.M.V.　🚇BTS Sala Daeng駅①出口から徒歩3分　URL www.pandabus.com

現地ツアー
予約アプリも便利！

公式アプリをチェック！

日本の「じゃらん」や「楽天トラベル」のような感覚で利用できる、インターネット旅行会社も増えている。現地発ツアーはもちろん、スパやマッサージも日本語で予約OK。バンコクで便利なのが、台湾本社の「kkday」、香港本社の「klook」、続いて日本本社の「Veltra」。

旅の便利帳

バンコクの旅に必要なノウハウをわかりやすくまとめました。
旅の基本をきっちりおさえていれば、
イザというときに慌てず対処できますよね。

困ったときは
すぐ確認！

お金・クレジットカード

お金

通貨単位はバーツ（バート）Baht（THB）。本書ではBと表記。補助単位はサタン（Satang）で、100サタンが1バーツ。紙幣は20、50、100、500、1000の5種類、硬貨は25、50サタン、1、2、5、10バーツの6種類が一般的に流通している。チップやタクシーの支払い用に、小額紙幣を多めに用意しておくと便利。

クレジットカード

ホテルやレストラン、スパ、ショップでは、VISAやMastercardなど国際ブランドのカードならばたいてい使える。PIN（暗証番号）が必要な場合が多いので、旅行前に確認を。ただし、食堂や商店、市場、タクシーでは使えないので現金も必要。ATMでのキャッシングも可能だが、手数料や利息がかかる。

両替所

バンコクでの両替は両替所で行うのが一般的。ショッピングセンターなど便利な場所にもあるので、事前に確認しておきたい。レートがいいのは店舗が多いSuper Rich Thailandや、サヤーム駅ならSiam Exchange、サラデーン駅ならThaniya Spirit。

20バーツ　50バーツ

100バーツ　500バーツ　1000バーツ

※このほか旧国王の肖像入り紙幣も流通している

25サタン　50サタン　1バーツ

2バーツ　5バーツ　10バーツ

電話

電話はホテルの部屋や公衆電話、携帯電話などからかけられる。公衆電話はバンコクの街なかではほとんど見かけないので注意。ホテルからかけると通話料に加えて手数料がかかる。日本で使用している携帯電話やスマートフォンの利用方法やサービス内容は各電話会社に問い合わせを。タイ国内の電話番号に市外局番はなく、一般の固定電話は0から始まる9桁、携帯電話は10桁の番号。

日本からタイへ

| 事業者識別番号 0033（NTTコミュニケーションズ）0061（ソフトバンク）※携帯電話の場合は不要 | ＋ | 国際電話識別番号 010 | ＋ | タイの国番号 66 | ＋ | 相手の電話番号（固定電話・携帯とも最初の0は取る） |

※携帯電話の場合は010のかわりに「0」を長押しして「＋」を表示させると、国番号からかけられる
※NTTドコモ（携帯電話）は事前にWORLD CALLの登録が必要

タイから日本へ

| 国際電話識別番号 001/007/008/009など | ＋ | 日本の国番号 81 | ＋ | 相手の電話番号（固定電話・携帯とも最初の0は取る） |

現地での電話のかけ方

固定電話、携帯電話にかける場合も
すべての番号をダイヤルする。

日本で使っているスマホでeSIMを初めて利用しました。「airalo」というアプリで購入。本当に便利でした。（東京都・サバーイ）

電圧とプラグ

電圧は220V、50Hz。プラグはAまたはBF、C型が主流。中級以上のホテルでは洗面所に110Vのコンセントが設置されていることが多い。写真は3種類のプラグが使えるコンセント。日本の電化製品（海外非対応）をそのまま使う場合には変圧器が必要。

トイレ

中心部のホテルやショッピングセンター、レストランなど、一般的に観光客が利用する場所は洋式の水洗トイレが一般的。郊外の公衆トイレや中心部でも食堂などでは、まだまだタイ式も残っている。タイ式は近くのバケツなどに入った水を汲んで自分で流す。紙は用意されていないので、用意しておくと安心。紙は流せないので、近くのゴミ箱に捨てよう。

郵便

郵便局の営業時間は月〜金曜8:30〜16:30、土曜9:00〜12:00、日曜、祝日は休み。スワンナプーム国際空港の郵便局は24時間営業。日本への航空郵便の料金は、はがきが12〜15B、封書は10gまでが14Bで、10g増すごとに5Bずつ加算される。

水

タイの水道水は飲まないこと。歯磨きは問題ない。中級以上のホテルでは、客室に毎日無料の飲料水がサービスされる。コンビニやスーパーマーケットでは、500mlのペットボトルが15B程度で売られている。

インターネット

ホテルではWi-Fiが無料で使えるところが多く、パソコンやスマートフォンで気軽にネット接続できる。同じく街なかのカフェやレストラン、ショッピングセンターでも無料でWi-Fiが使える場所が増えている。通信用のデータSIMも空港やコンビニなどで気軽に買えるので、SIMフリー携帯を持っていくのも便利。

喫煙

タイでは法律で屋内の公共の場所での喫煙が禁止されている。公共交通機関やショッピングセンター、レストラン、ナイトスポットも室内は禁煙。違反者や、たばこのポイ捨て（ゴミのポイ捨て）にも最高2000Bの罰金が科される。また、IQOSなどの電子たばこは所持・使用ともに違法。最高で懲役10年、50万Bの罰金になるので要注意。

チップ

ていねいなサービスを受けた場合、いくらか渡すとスマート。金額は場所のランクやサービスにより使い分けたい。

中級ホテルでは荷物を運んでくれたボーイや、ルームサービスに20B。レストランでは会計の10%程度。レストランでサービス料が含まれている場合、おつりの小銭を置いていく人が多い。

マッサージでは満足度に応じて1時間につき50B程度〜。スパは店のグレードに応じて100B程度〜。タクシーは不要。

階数表記

タイのショッピングセンターでは階数表記がさまざま。一般的には日本の1階がGF.（グランドフロア）、2階が1F.（ファーストフロア）だが、1階がLF.,（ロビーフロア）、MF.（メザニン、中2階）と表記するところもあるので、それぞれ確認したい。

旅の安全情報

女の子同士、グループでワイワイ楽しく旅していると気も緩みがち。
日本にいるとき以上に、警戒アンテナをピンと立てることを忘れないで!
トラブルのパターンを知っておけば、予防対策も万全に。

注意してね〜

治安

外務省海外安全ホームページの危険情報で、2023年6月現在、バンコクには「十分注意」が発令されている。しかし、自分の手荷物から目を離さない、親切を装って声をかけてくる人は相手にしない、深夜のひとり歩きはしないなど、最低限の注意をするだけで、ほとんどのトラブルは回避できる。

外務省海外安全ホームページ
URL www.anzen.mofa.go.jp

病気・健康管理

年間を通して暑さが厳しいので、こまめに水分を補給して熱中症や日射病対策を。屋内では逆に冷房が強く、内外の温度差で体調を崩すケースもある。バンコクには日本語対応可の病院(→P.187)があるので、いざというときのためにチェックしておこう。また、食事や水による食あたりに備えて、日本から飲み慣れた薬を持参しておくと安心。

海外旅行保険

旅行中はどんなトラブルが起きるかまったく予想がつかないもの。病院での診療は、保険に加入していないと、高額の医療費を請求される。カメラやスマホなど携行品の盗難も保険に加入していれば補償の対象になる。出発前に海外旅行保険に入っておけば安心。地球の歩き方ホームページでは海外旅行保険情報を紹介している。
URL www.arukikata.co.jp/web/article/item/3000681/

こんなことにも気をつけて!

事前に手口を知って、トラブルはできるかぎり避けよう!

 エピソード ①
スリ・置き引き・ひったくり

とにかく多いのがこの3つ。ホテル、ショッピングセンター、BTSのエスカレーター、レストランやフードコート、マーケットなどで被害が多発。刃物でバッグを切り裂いて持ち去る手口も多いので、荷物は体から離さず、常に注意を払うこと。路上で後ろから来たバイクにバッグをひったくられる事件も多いので、バッグは車道と反対側に持とう。

 エピソード ②
ホテルのセーフティボックス

中級以下のホテルで発生しているのが客室のセーフティボックスを狙った犯罪。警察の目の行き届いた高級ホテル以外では、利用しないほうが無難。貴重品は分散させ、一部は身につけ、不必要な分はスーツケース内のわかりにくいところに入れ、しっかりカギをかけておくこと。フロントのセーフティボックスも、利用しないほうがいい。

 エピソード ③
強姦・わいせつ行為

暗くなってから女性がひとり(ときに複数人の場合でも)でタクシーやモーターサイに乗車した際に、わいせつ目的で連れ回される事件が発生。夜間の女性のみの行動には十分に注意したい。なるべくBTSなどが運行している24:00までにホテルに戻ることを心がけ、夜遊びしたいときには知人男性と一緒に行動するか、近くのホテルに宿泊するのがベター。

 エピソード ④
麻薬所持は極刑

タイでは麻薬や覚醒剤などの所持、密売は非常に厳しく取り締まっており、厳罰に処せられる。外国人も例外ではないので、絶対に麻薬や覚醒剤には手を出さないこと。知らない人に依頼された荷物などは絶対に預からない。荷物から麻薬や覚醒剤が出てきたら、身に覚えがなくともタイの法にのっっとって罰せられる。2022年に医療目的の大麻草利用が合法になり話題になったが、娯楽目的の大麻草は引き続き認められていない。

 エピソード ⑤
ニセ警官

自称警察官が現れて、身分証明書の提示や荷物のチェックを迫り、その際に貴重品を抜き取るというもの。英語で「POLICE」と書いたニセ身分証を見せられるので信じてしまいそうになるが、「現金を見せろ」「荷物を見せろ」と言われた際には、警察署までの同行を求めること。またパスポートはコピーを携帯し、むやみに現物を提示しないこと。本物の警察官が路上で、現金や荷物の提示を求めることは一般的にない。

 エピソード ⑥
声をかけてくる親切な輩には要注意

繁華街や観光地、空港で英語や日本語で声をかけられ、警戒心が緩んだところで、低品質の宝石やオーダーメイドの服を高額で買わされたり、睡眠薬入りのジュースを飲まされ金品を奪われたという被害もある。見ず知らずの人が妙に親切にしてくるような場合は、毅然とした態度をとり、すぐにその場から立ち去ること。他人からもらった飲食物は口にしないなど、日常的な注意を怠らないで!

BTSのエスカレーターで人がぶつかってきて倒れそうになり、そのスキに携帯を盗まれました。(愛知県・匿名)

困ったときの イエローページ

トラブル1 パスポートを紛失したら

まずはツーリストポリスとともに
現地日本大使館に届け出て手続きを

まずは最寄りのツーリストポリスにて紛失・盗難届出証明書（Police Report）を取得する。そして日本大使館に本人が出向き、紛失したパスポートの失効手続きを行う。その後パスポートの新規発給、または帰国のための渡航書の発給の手続きを行うことになる。

**パスポートの
失効手続きに必要な物**
- ☐ ツーリストポリス発行の
紛失・盗難届出証明書1通
- ☐ 写真
（縦4.5×横3.5cm）**1枚**

**パスポートの新規発給もしくは
帰国のための渡航書に必要な物**
- ☐ 旅程が確認できる書類
（eチケット控えなど）
- ☐ 写真（縦4.5×横3.5cm）**1枚**
- ☐ 身分を証明する書類・証明書1通
- ☐ 戸籍謄本1通（パスポートの場合）
- ☐ 手数料（以下を現地通貨にて払う）
パスポートは1万1000円（5年有効）、1万6000円（10年有効）。帰国のための渡航書は2500円。

トラブル2 事件・事故に遭ったら

すぐにツーリストポリスや
日本大使館で対応してもらう

置き引きや盗難、事件に遭ってしまったら、すぐにツーリストポリスへ電話を。

緊急連絡先

ツーリストポリス **1155**
（英語可）
警察・救急 **191**

在タイ日本国大使館領事部
（邦人援護班）
0-2207-8502
0-2696-3002
Map 別冊P.11-C2
URL www.th.emb-japan.
go.jp

トラブル3 クレジットカードを紛失したら

盗難でも紛失でも、至急カード会社に
連絡し、利用停止手続きを

もし、クレジットカードを紛失してしまった場合は、すぐにカード会社に連絡して、カードの利用を止めてもらう。盗難による紛失なら、警察にもすぐ連絡を。下記すべて日本語対応。

緊急連絡先

カード会社

アメリカン・エキスプレス **65-6535-2209**
ダイナース **81-3-6770-2796**
JCB **001-800-81-10036**
マスターカード **001-800-11-887-0663**
Visa **001-800-441-1255**

トラブル4 病気になったら

バンコクには日本語の通じる
病院も。緊急なら救急車を！

日本語対応の病院を把握しておくと安心。

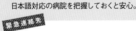

緊急連絡先

サミティヴェート・
スクンビット病院 **0-2022-2222**
Map 別冊P.17-C1 （日本語）

バムルンラード病院 **0-2066-8888**
Map 別冊P.14-A・B1 （英語）

バンコク病院 **0-2310-3257**
Map 別冊P.3-C2 （日本語）

BNH病院 **0-2022-0831**
Map 別冊P.10-A2 （日本語）

プラ・ラーム・ナイン
（ラーマ9世）病院 **0-2202-9999**
Map 別冊P.3-C2 （英語）

トラブル5 荷物を忘れたら

落とした場所の
遺失物取扱所に問い合わせる

BTS、MRT、空港など、それぞれの問い合わせ先へ。機内で紛失した荷物は利用した航空会社へ問い合わせを。

緊急連絡先

遺失物相談

BTS
（スカイトレイン） **0-2617-6000**

MRT **0-2761-4000**

スワンナプーム
国際空港 **0-2132-1888**
遺失物セクション

その他連絡先

保険会社
（日本のカスタマーセンター）
損保ジャパン **0120-081-572**
東京海上日動 **0120-789-133**
AIG保険 **0120-041-799**

航空会社
タイ国際航空 **0-2356-1111**
日本航空 **001-800-811-0600**（日本語）
全日空 **0-2238-5121**（日本語）

観光案内
タイ国政府観光庁（TAT）
URL www.thailandtravel.
or.jp

旅の安全情報／イエローページ

貴重品の紛失に備え、現金、カード、パスポートのコピー、海外旅行保険の書類は分散して持つようにしたい。

：プチぼうけんプランで紹介した物件

コカ	プロムポン駅周辺	87	P.16-B2
サイトン・リバー	アユタヤー	164	P.19-B2
ザ・デック	王宮周辺	153	P.4-B3
▶ サナドゥ・ビーチ・リゾート・レストラン	ラーン島	61	本誌P.59
サバイチャイ	エカマイ駅周辺	78	P.17-D2
▶ ザ・ブルーミング・ギャラリー	トンロー駅周辺	33	P.17-C2
サヤーム・パラゴン・グルメ・イーツ	サヤーム・スクエア周辺	95	P.13-C2
▶ シエロ・スカイバー・レストラン	プラカノン駅周辺	51	P.3-C3
▶ シチズン・ティー・キャンティーン	チャイナタウン周辺	33	P.7-C3
スックサヤーム	チャルーン・クルン通り周辺	95	P.8-A2
スパンニガー・イーティング・ルーム	トンロー駅周辺	148	P.17-C2
セーウ	トンロー駅周辺	89	P.17-C2
ソムタム・ダー	シーロム通り周辺	79	P.9-D2
ソンブーン・シーフード	ラチャダーピセーク通り周辺	78	P.3-C2
タイテイスト・ハブ・マハナコーン・キューブ	シーロム通り周辺	92	P.9-C2
Wマーケット	プラカノン駅周辺	149	P.3-C3
▶ タラート・ルワムサップ	アソーク駅周辺	56	P.15-C2
タリン・プリン	トンロー駅周辺	81	P.16-B2
チーウィット・チーワー	サヤーム・スクエア周辺	97	P.13-C2
▶ ティチュカ・ルーフトップバー	トンロー駅周辺	50	P.17-C3
ティップサマイ	王宮周辺	88	P.5-C2
ドーム・アット・ルブア	シーロム通り周辺	153	P.8-B3
鳥波多゛ プロムポン店	プロムポン駅周辺	147	P.16-B1
▶ トンサイ・マーケット	バンコク郊外	55	P.3-D3外
▶ トンヨイ・カフェ	パホンヨーティン通り周辺	30	P.2-B1
ナラ・タイ・キュイジーヌ	チットロム駅周辺	76	P.13-C2
ハイ・ソムタム・コーンウェーント	シーロム通り周辺	90	P.9-D2
▶ ハイソー・ルーフトップバー	シーロム通り周辺	49	P.10-B2
55 (ハーシップハー)ポッチャナー	トンロー駅周辺	84	P.17-C2
パタラ・ファイン・タイ・キュイジーヌ	トンロー駅周辺	77	P.17-C1
パーデン	プロムポン駅周辺	147	P.16-B1
パートンコー・カフェ	カオサン通り周辺	150	P.5-C1
バラニー	アソーク駅周辺	88	P.15-C2
バーン・アイス	トンロー駅周辺	91	P.17-C2
バーン・パッタイ	シーロム通り周辺	80	P.8-B3
▶ バーンラック・バザール	シーロム通り周辺	57	P.8-A・B3
ピア21フードコート	アソーク駅周辺	93	P.15-C2・3
フアセンホン (和成豊)	チャイナタウン周辺	152	P.7-C2
フェザーストーン	エカマイ駅周辺	149	P.3-C3
プラチャック	シーロム通り周辺	85	P.8-B3
ブルー・エレファント	シーロム通り周辺	77	P.8-B3
▶ ブルー・ホエール	王宮周辺	31	P.4-B3
▶ ブルーン・ボー・ディー・レストラン	バンコク郊外	26	P.3-D3外
▶ ブーン・トン・キアット・ハイナニーズ・チキンライス	トンロー駅周辺	84	P.17-D1
マクドナルド	シーロム通り周辺など	154	P.8-B3 など
マムアン・カフェ	カオサン通り周辺	18	P.5-D2
マムアン・ドーナツ	カオサン通り周辺	18	P.5-C1
マンゴー・タンゴ	サヤーム・スクエア周辺	98	P.12-B2
マンゴー・マニア	エカマイ駅周辺	99	P.17-D3
ミックス・チャトゥチャック・フードコート	バンコク郊外	94	P.2-B1
▶ ミニストリー・オブ・ロースターズ	バンコク郊外	26	P.3-D3外
メイク・ミー・マンゴー	王宮周辺	99	P.4-B3
メー・ワーリー	トンロー駅周辺	99	P.17-C2
モン・ノム・ソット	王宮周辺	141	P.5-C2
▶ ヤオ・ルーフトップバー	シーロム通り周辺	49	P.8-B2
ユー&ミー	チットロム駅周辺	89	P.13-C3
▶ ラレーナ・リゾート・レストラン	ラーン島	61	本誌P.59
ル・ドゥー	シーロム通り周辺	18	P.9-C2
ルン・ルアン	プロムポン駅周辺	89	P.16-B2
ロースト	トンロー駅周辺	96	P.17-D1
ローンロット	王宮周辺	79	P.4-B3

買う

名称	エリア	ページ	別冊MAP
アイコンサヤーム	チャルーン・クルン通り周辺	132	P.8-A2
アーブ	プルンチット駅周辺	115	P.13-C2
イブアンドボーイ	サヤーム・スクエア周辺	116	P.13-C2
ウェアハウス30	チャルーン・クルン通り周辺	153	P.8-B2
▶ エムクオーティエ	プロムポン駅周辺	27,133	P.16-B1
MBKセンター (マーブンクローン)	サヤーム・スクエア周辺	144	P.12-B2・3
エンポリアム	プロムポン駅周辺	133	P.16-B1・2
カード・ココア	プロムポン駅周辺	135	P.16-B2
カルマカメット	プロムポン駅周辺	115	P.16-B2
グルメ・マーケット	サヤーム・スクエア周辺	137	P.13-C2
ゲートウェイ・エカマイ	エカマイ駅周辺	149	P.17-D3
ゴールデン・プレイス	王宮周辺	135	P.4-A2
ザ・コモンズ	トンロー駅周辺	148	P.17-D1
ザ・セレクテッド	チャルーン・クルン通り周辺	121	P.8-A2
サムペン・レーン市場	チャイナタウン周辺	152	P.7-C2
サヤーム・スクエア	サヤーム・スクエア周辺	145	P.12-B2・3～ P.13-C2・3
サヤーム・センター	サヤーム・スクエア周辺	144	P.12-B2
サヤーム・ディスカバリー	サヤーム・スクエア周辺	144	P.12-B2
サヤーム・パラゴン	サヤーム・スクエア周辺	145	P.13-C2
ザ・レジェンド	プラトーナーム周辺	121	P.12-B1
▶ サンデーマーケット	チェンマイ	73	P.20-A2
ジム・トンプソンの家	サヤーム・スクエア周辺	129	P.12-B2

★ キレイになる ★

泊まる

地球の歩き方 シリーズ一覧

2023年8月現在

地球の歩き方　ガイドブックシリーズ　各定価1540～3300円

A ヨーロッパ
- A01 ヨーロッパ
- A02 イギリス
- A03 ロンドン
- A04 湖水地方＆スコットランド
- A05 アイルランド
- A06 フランス
- A07 パリ＆近郊の町
- A08 南仏プロヴァンス コート・ダジュール＆モナコ
- A09 イタリア
- A10 ローマ
- A11 ミラノ ヴェネツィアと湖水地方
- A12 フィレンツェとトスカーナ
- A13 南イタリアとシチリア
- A14 ドイツ
- A15 南ドイツ フランクフルト ミュンヘン ロマンティック街道 古城街道
- A16 ベルリンと北ドイツ ハンブルク ドレスデン ライプツィヒ
- A17 ウィーンとオーストリア
- A18 スイス
- A19 オランダ ベルギー ルクセンブルク
- A20 スペイン
- A21 マドリードとアンダルシア &鉄道とバスで行く世界遺産
- A22 バルセロナ＆近郊の町 イビサ島/マヨルカ島
- A23 ポルトガル
- A24 ギリシアとエーゲ海の島々＆キプロス
- A25 中欧
- A26 チェコ ポーランド スロヴァキア
- A27 ハンガリー
- A28 ブルガリア ルーマニア
- A29 北欧
- A30 バルトの国々
- A31 ロシア
- A32 極東ロシア シベリア サハリン
- A34 クロアチア スロヴェニア

B 南北アメリカ
- B01 アメリカ
- B02 アメリカ西海岸
- B03 ロスアンゼルス
- B04 サンフランシスコとシリコンバレー
- B05 シアトル ポートランド ワシントン州とオレゴン州の大自然
- B06 ニューヨーク マンハッタン＆ブルックリン
- B07 ボストン
- B08 ワシントンDC
- B09 ラスベガス セドナ＆グランドキャニオンと大西部
- B10 フロリダ
- B11 シカゴ
- B12 アメリカ南部
- B13 アメリカの国立公園
- B14 ダラス ヒューストン デンバー グランドサークル フェニックス サンタフェ
- B15 アラスカ
- B16 カナダ
- B17 カナダ西部
- B18 カナダ東部
- B19 メキシコ
- B20 中米
- B21 ブラジル ベネズエラ
- B22 アルゼンチン チリ パラグアイ ウルグアイ
- B23 ペルー ボリビア エクアドル コロンビア
- B24 キューバ バハマ ジャマイカ カリブの島々
- B25 アメリカ・ドライブ

C 太平洋／インド洋の島々＆オセアニア
- C01 ハワイ I オアフ島＆ホノルル
- C02 ハワイ II ハワイ島 マウイ島 カウアイ島 モロカイ島 ラナイ島
- C03 サイパン
- C04 グアム
- C05 タヒチ イースター島
- C06 フィジー
- C07 ニューカレドニア
- C08 モルディブ
- C10 ニュージーランド
- C11 オーストラリア
- C12 ゴールドコースト＆ケアンズ グレートバリアリーフ ハミルトン島
- C13 シドニー＆メルボルン

D アジア
- D01 中国
- D02 上海 杭州 蘇州
- D03 北京
- D04 大連 瀋陽 ハルビン 中国東北地方の自然と文化
- D05 広州 アモイ 桂林 珠江デルタと華南地方
- D06 成都 重慶 九寨溝 麗江 四川 雲南 貴州の自然と民族
- D07 西安 敦煌 ウルムチ シルクロードと中国西北部
- D08 チベット
- D09 香港 マカオ 深圳
- D10 台湾
- D11 台北
- D13 台南 高雄 屏東＆南台湾の町
- D15 中央アジア サマルカンドとシルクロードの国々
- D16 東南アジア
- D17 タイ
- D18 バンコク
- D19 マレーシア ブルネイ
- D20 シンガポール
- D21 ベトナム
- D22 アンコール・ワットとカンボジア
- D23 ラオス
- D24 ミャンマー
- D25 インドネシア
- D26 バリ島
- D27 フィリピン
- D28 インド
- D29 ネパールとヒマラヤトレッキング
- D30 スリランカ
- D31 ブータン
- D32 パキスタン
- D33 マカオ
- D34 釜山・慶州
- D35 バングラデシュ
- D36 南インド
- D37 韓国
- D38 ソウル

E 中近東 アフリカ
- E01 ドバイとアラビア半島の国々
- E02 エジプト
- E03 イスタンブールとトルコの大地
- E04 ペトラ遺跡とヨルダン
- E05 イスラエル
- E06 イラン
- E07 モロッコ
- E08 チュニジア
- E09 東アフリカ ウガンダ エチオピア ケニア タンザニア ルワンダ
- E10 南アフリカ
- E11 リビア
- E12 マダガスカル

J 日本
- J00 日本
- J01 東京 23区
- J02 東京 多摩地域
- J03 京都
- J04 沖縄
- J05 北海道
- J07 埼玉
- J08 千葉
- J09 札幌・小樽
- J10 愛知

地球の歩き方　御朱印シリーズ　各定価1430円～
神社シリーズ　御朱印でめぐる全国の神社／関東の神社／関西の神社／東京の神社／神奈川の神社／埼玉の神社／京都の神社／福岡の神社／東北の神社／茨城の神社／四国の神社/etc.

お寺シリーズ　御朱印でめぐる東京のお寺／高野山／関東の百寺／鎌倉のお寺／神奈川のお寺／埼玉のお寺／千葉のお寺／茨城のお寺／京都のお寺／奈良の古寺／東海のお寺/etc.

寺社シリーズ　御朱印でめぐる東京の七福神／中央線沿線の寺社／東急線沿線の寺社／関東の聖地/etc.

地球の歩き方　島旅シリーズ　各定価1344円～
五島列島／奄美大島／与論島／利尻礼文／天草／壱岐／種子島／小笠原／隠岐／佐渡／宮古島／久米島／小豆島／直島 豊島／伊豆大島／沖縄本島周辺離島／淡路島/etc.

地球の歩き方　旅の図鑑シリーズ
各定価1650円～　世界244の国と地域／世界の指導者図鑑／世界の魅力的な奇岩と巨石139選／世界246の首都と主要都市／世界のすごい島300／世界なんでもランキング／世界のグルメ図鑑／世界のすごい巨像/etc.

地球の歩き方　Platシリーズ
各定価1100円～
パリ／ニューヨーク／台北／ロンドン／グアム／ドイツ／ベトナム／スペイン／バンコク／シンガポール／アイスランド／マルタ／ドバイ／ウズベキスタン／台南/etc.

地球の歩き方　旅の名言＆絶景シリーズ
各定価1650円　ALOHAを感じるハワイのことばと絶景100／自分らしく生きるフランスのことばと絶景100／心に寄り添う台湾のことばと絶景100/etc.

---

aruco
www.arukikata.co.jp/aruco

海外
1. パリ
2. ソウル
3. 台北
4. トルコ
5. インド
6. ロンドン
7. 香港
8. エジプト
9. ニューヨーク
10. ホーチミン ダナン ホイアン
11. ホノルル
12. バリ島
13. 上海
14. モロッコ
15. チェコ
16. ベルギー
17. ウィーン ブダペスト
18. イタリア
19. スリランカ
20. クロアチア スロヴェニア
21. スペイン
22. シンガポール
23. バンコク
24. グアム
25. オーストラリア
26. フィンランド エストニア
27. アンコール・ワット
28. ドイツ
29. ハノイ
30. 台湾
31. カナダ
32. オランダ
33. サイパン ロタ テニアン
34. セブ ボホール エルニド
35. ロスアンゼルス
36. フランス
37. ポルトガル
38. ダナン ホイアン フエ

国内　東京
- 東京で楽しむフランス
- 東京で楽しむ韓国
- 東京で楽しむ台湾
- 東京の手みやげ
- 東京おやつさんぽ
- 東京のパン屋さん
- 東京で楽しむ北欧
- 東京のカフェめぐり
- 東京で楽しむハワイ
- nyaruco 東京ねこさんぽ
- 東京で楽しむイタリア＆スペイン
- 東京で楽しむアジアの国々
- 東京ひとりさんぽ
- 東京パワースポットさんぽ
- 東京で楽しむ英国

OK!!

STAFF

Producer
今井 歩 Ayumu Imai

Editor
関いつこ Itsuko Seki （NATOMICS）

Writers
関いつこ Itsuko Seki （NATOMICS）、日向みく Miku Hinata、木村秋子 Akiko Kimura、
水野純（編集工房緑屋）Jun Mizuno (MIDORIYA)

Photographers
松井聡美 Satomi Matsui (Westmountain)、石澤真実 Mami Ishizawa、井出友樹 Yuki Ide、
是枝右恭 Ukyo Koreeda、サカモトヨウコ Yoko Sakamoto、©iStock

Designers
上原由莉 Yuri Uehara、竹口由希子 Yukiko Takeguchi

Illustration
赤江橋洋子 Yoko Akebashi、TAMMY

Maps
曽根拓（株式会社ジェオ）Hiroshi Sone (Geo)、まえだゆかり Yukari Maeda、
高棟博 Hiroshi Takamune (Mune Pro)

Illustration map
みよこみよこ Miyokomiyoko

Proofreading
株式会社東京出版サービスセンター Tokyo Shuppan Service Center Co.,Ltd.

Special Thanks to
小島秀美 Hidemi Kojima、Nattavoot Visityuthasart（バンコクコーディネーター）、
水高 愛（株式会社テレビ朝日）Ai Mizutaka (TV Asahi Corporation)

地球の歩き方 aruco㉓ バンコク 2024〜2025

2023年9月12日 初版第1刷発行

著作編集	地球の歩き方編集室
発行人	新井邦弘
編集人	宮田崇
発行所	株式会社地球の歩き方
	〒141-8425 東京都品川区西五反田2-11-8
発売元	株式会社Gakken
	〒141-8416 東京都品川区西五反田2-11-8
印刷製本	開成堂印刷株式会社

※本書は基本的に2023年2〜6月の取材データに基づいて作られています。
発行後に料金、営業時間、定休日などが変更になる場合がありますので、最新
情報は各施設のウェブサイト・SNS等でご確認ください。
更新・訂正情報：URL https://www.arukikata.co.jp/travel-support/

✉ **本書の内容について、ご意見・ご感想はこちらまで**
〒141-8425 東京都品川区西五反田2-11-8
株式会社地球の歩き方
地球の歩き方サービスデスク「arucoバンコク」投稿係
URL https://www.arukikata.co.jp/guidebook/toukou.html
地球の歩き方ホームページ（海外・国内旅行の総合情報）
URL https://www.arukikata.co.jp/
ガイドブック『地球の歩き方』公式サイト
URL https://www.arukikata.co.jp/guidebook/

●**この本に関する各種お問い合わせ先**
・本の内容については、下記サイトのお問い合わせフォームよりお願いします。
URL https://www.arukikata.co.jp/guidebook/contact.html
・広告については、下記サイトのお問い合わせフォームよりお願いします。
URL https://www.arukikata.co.jp/ad_contact/
・在庫については Tel ▶ 03-6431-1250（販売部）
・不良品（落丁、乱丁）については Tel ▶ 0570-000577
学研業務センター 〒354-0045 埼玉県入間郡三芳町上富279-1
・上記以外のお問い合わせは Tel ▶ 0570-056-710（学研グループ総合案内）

感想教えて
くださーい♪

読者プレゼント
ウェブアンケートにお答え
いただいた方のなかから抽
選ですてきな賞品をプレゼ
ントします！詳しくは下記
の二次元コードまたはウェ
ブサイトをチェック☆

応募の締め切り
2024年8月31日

URL https://arukikata.jp/rsxnfe